湛庐文化 Cheers Publishing

a mindstyle business

与 思 想 有 关

移动商业的先行者

CHUCK MARTIN

查克·马丁

MOBI

美国知名智库
移动未来研究院掌门人

查克·马丁是美国知名智库——移动未来研究院首席执行官，曾担任IBM副总裁。移动未来研究院作为移动研究领域的前沿机构，一直致力于研究移动世界的商业与营销策略，探索营销人员与移动消费者进行互动的最佳方法、时机和地点。

移动未来研究院的会员企业都是全球最知名和最具创新精神的公司，且很多都是《财富》500强企业；而个人会员只有大公司的高层才有资格加入，目前有来自全球50个国家的1500位高级管理者。作为这样一个机构的掌舵人，马丁能够在与企业及企业高管的接触中，收获大量有用的、最新的信息。

LE INFLUENCE

移动革命最早的预言者

马丁专注移动互联网研究 15 年，一直是数字互动市场的重要先驱者。他很早便精准预估了互联网革命的冲击并预言：移动革命将全面改变你我的生活。

马丁是媒体邮报传播集团媒体研究中心主管，通过参加《媒体邮报》的定期活动、最为知名的移动峰会和 OMMA 手机会议，他与移动行业的领袖们时常沟通。要知道，这些活动都是移动和在线媒体营销及广告业内知名的、经常性的活动。他还花费了大量时间采访行业领袖，汲取他们的经验。所以，马丁不仅了解移动市场的最新动态，也十分熟悉那些最优秀、最明智的行业领军人物的前瞻性思想。

马丁认为，世界变得趋向移动化并不局限于技术方面的变革，而是意味着大众行为方面的根本性变化。移动应用时代不仅给了我们丰富、便捷的信息应用体验，加快了生活与工作的节奏，也在改变着我们获取信息和进行决策的方式。

最能把握移动市场脉搏的人

身为移动领袖、研究者和演讲者，马丁拥有敏锐的商业直觉和市场把握能力。他在媒体邮报传播集团专为媒体、营销与广告专业人士研究、分析传统广告与线上广告的效益和趋势；在进入移动未来研究院后，则致力于移动世界的商业战略和战术研究。

为了将自己的领悟惠及大众，马丁推出了多部与移动互联有关的优秀作品，包括《数字化阶级时代》《E时代的七大趋势》《决战第三屏》等，当仁不让地成为《纽约时报》商业畅销书作家。

在最新力作《决战移动终端》中，马丁指出，传统的销售漏斗理论已死，移动购物时代需要全新的销售理论。他提出了移动购物生命周期理论，引发了各方关注，美国前总统比尔·克林顿也曾与他探讨。目前，马丁在全球各地演讲，帮助大家理解移动购物，加拿大、澳大利亚、中国都常有他的身影。

MOBILE INFLUENCE

MOBILE INFLUENCE

The **New Power** of the **Consumer**

决胜移动终端

移动互联时代
影响消费者决策的6大关键

[美] 查克·马丁 (Chuck Martin) ◎著
向坤◎译

浙江人民出版社
ZHEJIANG PEOPLE'S PUBLISHING HOUSE

《决胜移动终端》测试题

本测试题由著名营销及销售行为专家孙路弘特别编制，测试后请登录以下链接查询测试结果。

链接:http://www.salestrainings.org/itest/ydzd.asp

1.你认为在美国，如下品类商品中，通过移动终端购买哪类最少？（ ）

A.服装类　　B.美容化妆类

C.3C数码类　　D.食品饮料类

2.你认为在美国，人们使用移动终端最希望实现的目标是：（ ）

A.寻找折扣券　　B.进行多处价格比较

C.寻找产品独特性的价值　　D.找到实体店铺的地址

3.你认为在美国，通过移动终端购物的人哪类比例最大：（ ）

A.年收入在6万美元到7.5万美元之间

B.年收入在7.5万美元到10万美元之间

C.年收入在10万美元以上

D.年收入在4万美元到6万美元之间

4.你认为在美国，通过移动终端购物的人哪类比例最大：（ ）

A.18~24岁　　B.25~34岁

C.35~44岁　　D.45~54岁

5.你认为通过移动终端购物的人，如下表现行为哪类较多：（ ）

A.心中已经有产品，再去寻找

B.心中没有产品，浏览中就采购了

C.就想买点什么，逛出来的

D.碰巧看到就定了

6.你认为通过移动终端影响人们购买，哪个做法更加有效：（ ）

A.社交圈中渗透　　B.App中植入

C.推送产品传播广告　　D.短信推送

7.在移动终端上，哪类主题的邮件被打开查看的可能性最高：（ ）

A.消费品类　　B.酒店服务业品类

C.金融服务业领域　　D.娱乐游戏领域

8.你认为传统的线下营销影响力与移动终端传播影响力最大的不同是：（ ）

A.传播的通路变了　　B.传播的速度变了

C.传播的量变了　　D.传播的时间变了

9.你认为25~34岁之间的人在移动终端上使用最频繁的是：（ ）

A.电子邮件　　B.新闻浏览　　C.社交网络

D.游戏应用　　E.查找地址　　F.寻求评价

G.文字处理

10.你通过移动终端购买过最多的是：（ ）

A.电子书　　B.日用产品　　C.数码产品

D.服装类产品　　E.其他　　F.购买的次数不到10次

移动终端的力量

车品觉
阿里集团商业智能部副总裁，
数据委员会会长

移动互联网在改变一切，这句话夸张吗？但如果你注意身边的变化就会发现，移动终端的进步正在真正地实践一个一直未爆发的 O2O 概念，其中的关键就是世界正在快速数据化中。这意味着互联网与日常的生活已经渐渐结合为一个新的世界。这个新世界将会容许无数的破坏性创新，电子商务将会首当其冲因为移动互联网而出现变革，消费者在网站停留的时间变得不再重要，企业监控购买转化率的漏斗已死，消费者更多以碎片化的方法访问你的网站。移动互联网所带来的交易占比不再是你的部分而是全部，这是值得所有电商甚至全人类关注的。

作为一个数据人，我已经感觉到移动互联网在全方位影响着现有的大数据框架，包括如何更有效地串联从移动设备中收集到的数据，及其与 PC 数据的打通，此外 SO（社会化）、LO（场景）、MO（移动）在此刻也已经深深地植入了营运数据之中。大数据的第一个价值就是还原真实，然后形成关联、挖掘机会。当前最大的挑战是，“移动化”已成为大数据不可或缺的战略部分了。正如作者在书中所说的："要么就去主动参与塑造未来，要么就被强加一个未来。"当进入一个新世界时，我们不能依赖于自己的经验和过去的思维方式，而应该专注于如何在新市场赢得这场移动战役。由于智能手机和平板电脑的出现，营销者需要从根本上来进行重新思考：购物将成为迭代重复而非线性的过程，消费者不再是"去购物"，他们总是"在购物"。作者在书中的核心观点是，传统的销售漏斗模型不能适应移动互联时代，现在我们需要构建全新的移动购物生命周期。要适应这个时代，营销人员首先要意识到，在用户使用移动终端的时候，他们有机会在不同时刻施加移动影响力。

作者在书中以全新的视角描述了购买的决策场景并探索了该如何应对，我个人觉得当中有不少的思考框架值得参考，大家切勿囫囵吞枣，应仔细推敲。

如何创造移动影响力

当开始写这本书的时候，我清楚地意识到了中国的移动市场在全球移动革命浪潮中的重要性。

拜访上海的苹果体验店，我看到了中国消费者对于移动设备的巨大好奇心和兴趣。在韩国、美国、挪威、瑞典、澳大利亚和英国，智能手机的普及率已经超过了 50%。现在，中国的手机普及率也与之相差无几，因为有越来越多的中国消费者发现了移动终端的巨大力量和它给商业带来的巨大便利。世界上最大的潜在移动市场就在亚太地区和拉丁美洲。

移动终端正在全球范围内发挥越来越大的影响力，不管在什么位置，它们都影响着我们日常生活的方方面面。不过，移动终端带来的商业的迅猛增长仍然处在早期阶段，而形成这种迅猛增长的原因之一就是，智能手机和平板电脑让每个人都拥有在任何时候、任何地点购买任何商品的能力。

消费者之前从来没有想过，能在任何地方随心所欲地购买商品。消费者可以在前往商店购物前搜寻足够多的商品信息，也可以舒服地坐在沙发上用平板电脑观看自己感兴趣的商品视频和照片。在前往商店购物前，移动购物用户不管处在什么位置，都可以查看心仪产品在某个特定商店的库存，以免白跑一趟。

移动化的发展趋势不断在增强，定位技术也变得越来越复杂，这使营销人员有能力为移动购物用户提供更多的价值。研究发现，消费者希望在购物时接收更多的相关推荐。这意味着我们有能力通过类似 GPS（全球定位系统）的多种技术，在消费者移动时跟踪到他们的行动轨迹。

通过在商店内放置低功率的传感器，营销人员和各品牌零售商可以跟踪到手机的运动方向。他们可以追踪到很多数据，其中包括店前的人流量、有多少人仔细观看了特定的商品橱窗、有多少人进入了商店以及他们接下来的去向，还可以从中发现重复性的购买者。

这意味着，零售商可以发现有多少消费者会在特定时间段内返回同一家商店，以及当他们回来时会去哪个商品区。商家会基于以上信息，微调橱窗展示方式，因而可以发现各商品区在一天的哪个时段人流量最高，从而协调人员安排。这些都不需要捕捉用户的个人信息，当然，这也是因为技术还没发展到那一步。

随着越来越多的营销人员利用可以在短距离内进行广播的技术，消费者可以收获到更多的好处。举个例子来说，这本书中介绍的 Shopkick 正利用苹果 iOS 7 系统上推出的 iBeacon，在消费者进入特定商店时给他们发送信号，提醒消费者打开 Shopkick，以通知他们商品和交易的位置。这个应用会让消费者想起他们前往商店前在智能手机或者平板电脑上留意过的商品，并且可以有效地引导他们找到自己喜爱的商品。

零售商同样发现，设计一个移动 App 并不能解决移动商务的全部问题，因为很多消费者在移动终端键入网址以进行研究和购买商品。这意味着，商家必须同时拥有 App 和手机网站才能更好地为消费者服务。

零售商和营销人员面对的最大挑战是，跟上移动购物用户的变化趋势。随着消费者的移动购物能力越来越强，他们逐渐成为推动变化的力量。他们在商店扫描商品并且尝试决定某件商品最合适的价格。商家似乎要跟上消费者的步伐之时，消费者可能已经到达下一个阶段了。消费者的期望值越来越高，这就为商家带来了更大的挑战。

在这个阶段，只有一小部分消费者使用了智能手机和平板电脑内置的所有功能。但是随着 App 不断发挥作用，那些功能会变得更好用，使用人数也会变得越来越多。移动终端在本质上是全球化的，所以无论出现在哪个位置，它们都将在全球范围内发挥作用，包括中国。

移动购物生命周期是一个全球性的现象，并且将影响中国每个地方的消费者：当消费者在家使用平板电脑和智能手机研究商品时，移动设备会影响他们的购买行为；当消费者前往商店购物时，营销人员也会通过其手中的移动设备影响他们；当消费者进入商店并接收到手机报价和优惠券时，营销人员就正式接触到消费者，可以为他们提供高度个性化和针对性更强的产品；当消费者前往收银台时，手机支付技术将发挥作用，而这也会影响最终的购物结果。支付过程会得到 NFC（近场通信）技术的支持，这种技术将在 2014 年内置于全球范围内的 5 亿部手机上。

《决胜移动终端》译成中文在中国出版，让我感到无比荣幸。希望通过这本书，企业执行者、营销人员和各种规模的商家能更好地理解一个越来越移动化的世界即将带来的影响，同时能够获得如何在这个变化的世界中取得成功的一些指南。

移动终端，引爆下一个战场

消费者的购物方式、做出购买决策的方式以及他们在整个购买流程的所有行为都在发生革命性的转变，这场革命的驱动力是智能手机和平板电脑的全球性大规模使用。这一前所未有的变革让消费者变得更有话语权。而这场移动购物革命不仅影响了消费者，也影响了位于世界各地的不同规模的各类零售商。通过移动终端，消费者可以用一种不同的方式随时随地进行购物。

移动购物用户希望在自己的移动终端上接收到的信息，能够与他们所在的位置和正在做的事情相联系。在准备出门购物前，他们就已经在智能手机和平板电脑上开始琢磨要买些什么东西了；在出门前往商店或者只是在外办事时，他们都会随身携带手机，随时查找就近的购物信息；他们都有智能手机，并且 58% 的人会用智能手机来购物……他们在逛街时会使用手机，而且越来越多的人在逛商店时扫描条码；他们会通过在手机上安装的价格查询 App 来比价，并最终使用自己的手机完成支付；他们在完成购物后，还会通过发送文字和照片与亲朋好友分享信息……

在这场移动购物革命中，由于使用移动终端而变得更有话语权的消费者，即所谓的“移动”消费者，已经逐渐占据了主流。他们因手中的终端而拥有了全新的力量，他们使用移动终端的新方式促使营销人员在很大程度上必须做出改变。目前，全球已经拥有60多亿移动手机用户，大部分人都拥有一部手机（在很多地方，人们不止拥有一部手机）。在这些手机中，超过10亿部是智能手机，并且智能手机的数量有望在2015年超过20亿部，而这些移动购物用户的购物方式正在发生改变。

营销人员有很多机会参与正在转变的消费者的购物决策过程，以施加移动影响力。在这本书中，你将看到各类公司是如何在移动购物过程中影响消费者行为的。我们还讨论了一些在行业中引领移动购物革命的公司。就像你看到的那样，在整个购物流程中，销售者和消费者的职能正从根本上发生转变。

全球化的影响

人们越来越习惯于使用移动终端搞定购物，而购物方式的转变也已经成为一个全球性的现象。虽然在这个过程中有一些市场相对领先，但在本质上所有的市场都在朝着相同的方向发展。一些知名品牌已主动在全球范围的移动战略上进行了部署。移动购物在多个地区的增长潜力都表现得十分惊人。让我们看看这些数据：

- 在106个国家，手机的持有量超过了其总人口数。
- 欧洲的移动广告增长最迅猛。
- 预计到2016年全球移动广告市场产值将超过280亿美元。
- 在中国，超过一半的手机用户使用手机钱包。
- 在拉丁美洲，手机持有量是其总人口的1.07倍。
- 到2016年将有100亿手机用户。
- 安装了Wi-Fi的家庭比例：韩国，80%；英国，73%；德国，72%；

法国，71%；日本，68%；加拿大，68%。

不管在哪个国家，手机 App 都十分重要，目前安卓和苹果都自称其 App 商店中拥有超过 70 万种可下载的 App，App 就像手机网站一样能够带来收入。在各个国家不同版本的苹果 App 商店中，增长最快的国家和地区是日本（560%），俄罗斯（115%），中国（109%）和中国台湾（101%）。俄罗斯的"Google Play"收入增长速度为 250%，是美国同指标增长速度的 3 倍多。

在不同的国家移动购物用户使用手机的方式也有所不同，因此针对他们购物行为的研究方法会呈现出些许不同。在上海之行中，我遇见了不少总经理、董事和很多奢侈品品牌的中国区负责人，包括香奈儿、路虎、奔驰、奥迪、雅诗兰黛、斯沃琪、宝格丽、爱马仕等。就像其他市场一样，这些品牌的领导者都在探索在移动趋势下他们应该做些什么，并且对在发达国家产生的移动创新兴趣浓厚。他们主要着眼于可行的移动商业模式，从广告到电子商务都在考虑范围之内。拉丁美洲的很多地方也是如此。与我在上海见面的大部分人都说，他们制定好了移动战略，而且有很多已经执行了一年多了。几乎一半的人都表示，他们随身携带两部手机，而这在美国和其他国家很常见。

和美国市场的情况不同，中国的运营商不会补贴手机厂商，这就使得消费者需要支付购买手机的所有成本，而这个数字在上海的苹果专卖店从 800 美元到 900 美元不等。这使得中国成为一个独特的市场。作为坚持和苹果合作的范例，成立三年之久的手机生活方式出版物《周末画报》（*iWeekly*）的手机 App 只能在 iPhone 和 iPad 上提供。虽然安卓在操作系统市场上处于领先地位，诺基亚和三星在营销销售中也略胜一筹，但是《周末画报》坚持只和苹果合作。

这种选择产生了成效，根据《周末画报》创始人虞萍的说法，这款

App 已被下载了超过 500 万次，成为在中国排名第一的生活方式 App——在中国 20% 的 iPhone 上安装了这款 App。既然 iPhone 的用户是中国最富裕的一批人，那么这批用户肯定是奢侈品品牌的首要目标。

中国的手机市场拥有 10 亿手机用户，超过了拉丁美洲的 6.3 亿。但是在这两个市场中，都是两个地区占主导：在拉丁美洲是巴西和哥伦比亚，在中国是北京和上海。

当互联网创造了在线购物时，消费者变得更加具有互动性，虽然营销信息仍然集中控制和瞄准了大批潜在消费者。现在，消费者不再被动地通过看电视或者杂志来接收营销信息了，移动终端成为他们接收信息的主要渠道。零售收入正在向移动终端集中，预计到 2014 年超过一半的总在线零售收入将来源于此，这个数字源于全美零售联合会发布的《整合移动计划》（*Integrated Mobile Initiative*），该计划涵盖了与移动零售有关的挑战和机遇等重要信息。

智能手机数量的迅速增长已经广为人知，只要留意一下市场就可以发现这种现象。其中，安卓手机占据主导地位，而苹果设备紧随其后。在短短几年内，通过智能手机完成的销售预计能够达到实体店销售总额的 19%，也就是说，移动购物直接引起的销售能够达到 6 890 亿美元。

平板电脑虽然不像智能手机一样无处不在，也是移动购物中的一个重要的平台。由于平板电脑有着更大的屏幕且在家中使用方便，所以消费者可以在看电视或者做饭时使用平板电脑购物。平板电脑的用户数量预计能够在 2017 年将达到 6.72 亿人，这个趋势引起了营销人员的高度关注。

平板电脑不但能够被用来研究产品和比价，还能作为有效的广告平台，而营销人员可以借助这个平台接触那些舒服地待在沙发上的移动购物用户。总部位于伦敦的上思广告（M&C Saatchi Mobile）发现，从全世界在广告方面的投入情况来说，平板电脑广告的转化率是在手机上的 4 倍。当通过创新活动带入要宣传的产品时，平板电脑广告转化率可以比手机上举办的类似活动高出 5~6 倍，相较而言，这是广告行业平均转化率的 2~3 倍。

平板电脑用户还喜欢在客厅使用该设备，约每五个购物者中就有一个在实体店购物，而有超过一半的人会通过平板电脑购物。2017 年移动互联网搜索广告上的市场份额预计能够达到 120 亿美元，而其中大量市场份额会迁移到平板电脑端，因为消费者更倾向于通过平板电脑而不是台式机来打开搜索引擎广告。

学习你所不知道的东西

在为这本书开展的整个研究过程中，我们发现了一个共同的主题：一旦一家公司在市场中启动了移动购物方面的探索，它就会进一步发现自己还在很多方面处于未知状态。不同的消费者有着不同的行为模式，而直到消费者真正发现并且使用公司在移动方面的创新成果时，公司才能预见未来的使用模式。

零售商同样有着自己的竞争力。因此，一些公司不希望分享其自认为在移动方面的秘诀。但是，一旦启动了移动方面的探索，他们的策略就会迅速地在全世界范围内公开。通常来说，各种品牌采取的移动方面的举措都得到了移动行业公司的技术和平台支持，而这点在这本书中也有描述。

在这本书中，我们提到了移动购物的大量最新动态，并尝试突出一些来自于最优秀和最具智慧的行业领军人物提出的前瞻性思想。

这本书的每个章节都展示了营销人员能够影响移动购物者行为的每一个环节。我们通过《媒体邮报》的定期活动、最为知名的移动内部峰会和

OMMA[①]手机会议接触到很多行业领导者，花费大量时间与很多移动行业的领头羊进行沟通与采访，从而获得了他们乐于分享的经验之谈。

不管是从全美还是从全球来看，或是从现在和未来的数字来看，整个趋势都表明移动购物行为在全球范围内的发展方向是相同的。我们相信，《决胜移动终端》将在这条发展之路上提供一些指引。

① OMMA，英国一家致力于通讯行业终端产品研发的公司，2007年由数个国际知名公司共同出资成立。

目录 MOBILE INFLUENCE

02 关键1：预购阶段 /035
创造购物新体验

移动趋势把即时性变为了驱动力，人们常常会说："在我到那里之前所有的好东西都被销售一空，因为我开会时错过了时间。"在移动购物者前往实体店前的预购阶段，移动终端完全可以创造一种崭新的方式为消费者制造惊喜和愉悦。

移动营销的心理定式
人们会通过移动终端买什么
管理预购阶段的渠道
创造崭新的移动购物方式

03 关键2：在途阶段 /061
偏好追踪

移动消费者拥有指尖上的权力，能够在任何时候去寻找和购买任何他们需要的商品。你是"搜寻者"，还是"巡洋舰用户"？什么才是最终极的位置驱动力？他们此刻的兴趣集中点在哪里？充分利用移动终端，推动一切向前！

指尖上的权力，与消费者一起变化
你是搜寻者，还是巡洋舰用户
优惠券，终极位置驱动力
移动签到
利用移动终端进行家庭购物
利用移动终端买车
利用移动终端加油
利用移动终端购票

04 关键3：在店阶段 /093
精确定位

在移动购物时代，实体店正成为一种资产。移动终端再一次改变了从购买到销售流程的变化趋势，而位置成为了移动购物生命周期的重要组成元素。随着移动终端的影响力越来越大，位置和基于位置的服务正成为巡洋舰用户

01 移动购物者的崛起

从来没有任何一种力量像现在的移动终端一样，如此强有力地改变着消费者的消费行为方式。有了移动终端，消费者不再需要“去购物”，他们随时随地都“在购物”。

移动购物生命周期
品牌移动化的4大关键领域
移动购物者的新需求
购物全天候
移动战略，一个品牌的核心

MOBILE INFLUENCE

从来没有任何一种力量像现在的移动终端一样，如此强有力地改变着消费者的消费行为方式。有了移动终端，消费者不再需要“去购物”，他们随时随地都“在购物”。有了移动终端，消费者的行为机动性更强，他们可以一边忙碌，一边通过手中小巧的终端随时随地接收信息。现在的消费者在购物的各个阶段都可以通过手中的手机发出指令，不管是购物前、交易中还是付款后。这给商品零售商带来了新的挑战和机遇，促使他们寻找影响消费者购物决策的新方式。

移动购物与传统的购物方式大相径庭。首先，它是全天候的。与过去传统购物方式不同，移动购物可以随时进行。消费者不需要再待在某个实体店或者坐在电脑前点击鼠标购物，他们可以在看电视、乘坐交通工具，甚至走路散步时做出购物决策。其次，消费者可以决定自己需要的卖家和商品处在什么位置、离自己有多远。只需要轻触几次屏幕，就能根据自己的位置找到周围哪里有自己需要的商品。再次，移动购物的发展空间异常巨大，根据权威性的思科全球移动数据流量预测报告，2016 年之前，接入移动互联网的设备将会超过地球上的人类数量总和。最后，移动商务是个性化的。移动终端本身就是高度个性化的产品，且设备之间的交流有着固有的一对一的特性——不管这种交流是通过声音、文字，还是通过图像、视频。

从根本上来说，移动终端赋予了人们在任何时间、任何地点购物的能力，传统的购物行为已经被彻底革命了。在实体店，拥有智能手机的消费者中 58% 的人会使用他们的移动终端到相关的网上商城去逛逛，55% 的人则会利用智能手机进行线上线下比价。到 2014 年底，使用手机远程购物的消费者总数有望达到5.8亿。不管移动终端对于购物行为究竟有多大的影响，可以明确的是，这种影响只会与日俱增。

移动脉动效应

并非只有那些各式各样的实体零售店会受到影响，所有产品和服务的品牌以及销售者都会受到影响。这种影响很明显，因为在购物过程中有一个我称为“移动脉动”的效应。举个例子来说，当门票大多通过智能手机和平板电脑来销售的时候，更多的消费者在检票时将不再选择传统的检票方式，而是展示在他们智能手机上的密码和凭证。而移动脉动效应就是，销售过程中使用移动终端，对在固定地点销售门票的票务代理人员的数量和纸质门票印刷的影响。这在航空安检中已经是一种十分普遍的现象了，因为登机牌已然可以在智能手机上显示。

根据朱尼普研究公司的专业预测，全球推送到移动终端上的电子票数量在 2016 年以前能够达到 230 亿，因为移动终端用户越来越多地将移动票务作为移动购物生活方式的一部分。这些电子票包括了体育比赛、旅游、娱乐等活动的票务。朱尼普的研究报告数据显示，在 2016 年以前通过近距离无线通信技术完成的移动票务销售收入将占到移动票务总收入的一半以上，这说明每 8 个西欧人中就有 1 人用手机来支付地铁车票。

NBC 环球公司创立的 Fandango 是一个在线出售电影票的网站，这个网站卖出的电影票中超过 1/3 是通过移动终端出售的，而且这个 App 已经被下载了 2 500 万余次。随着手机终端验票的普及，移动脉动效应意味着电影院不再需要那么多验票人员。而航空业也紧随其后，虽然它开始的方式不大相同。最开始，很多航空移动 App 只告诉你理论上航班什么时候可以启程或者什么时候可以到达，有些 App 可以让你了解自己的行李是不是和你乘坐同一航班。出售给你一张机票？目前还达不到。但是根据一家原名为国际航空电讯集团的高科技公司所做的有关航空业的IT趋势调查，在2015年以前，89%的航空公司计划通过移动客户端出售机票。值得注意的是，美国联合航空公司很早就在通过移动客户端出售机票方面发力了，本书会在后面具体讨论这家公司的移动战略。旅游网站Expedia预测，在不久的将来通过移动客户端来预订美国旅馆的数量会达到总预订数的一半。

移动购物生命周期

传统的“销售漏斗”理论已然走向消亡，它将被我称为“移动购物生命周期”的理论所代替——这个理论包括了市场营销人员有机会影响移动购物用户的消费行为和购买决策的6个特定时刻。根据传统的销售漏斗理论而开展的市场营销，在面对移动购物用户时已经不那么有效了，因为整个购买流程已经是不断反复而不是循序渐进的了。换句话说，在传统的销售漏斗理论中，消费者购买商品时走一步看一步，因此营销人员可以在他们趋向购买时锁定他们。但是有了移动终端后，移动购物用户的购买流程不再那么可以预测，他们的购物行为在任何时候都可能发生。但最重要的是，当这些用户在使用移动终端购物的时候，他们可以在6个不同的时段被左右。移动购物的这6个阶段就是施加影响的重要时刻。一旦市场营销人员更好地理解了这6个施加影响的关键点，那么在移动购物生命周期中，市场营销人员就能更有效地锁定信息来接触和影响消费者。

销售过程的阶段论是一个早已为人熟知的传统购物概念。这个概念被称为“AIDA”，其内容包括引起注意（Attention）、唤起兴趣（Interest）、激发欲望（Desire）和采取行动（Action）这4个阶段。这一概念提供了一种思考方式，让大家考虑在销售过程中如何和消费者互动。首先，营销人员需要在说服消费者购买之前吸引他们的注意力；其次，营销人员必须唤起消费者的兴趣——通过清晰定义他们所销售商品的用途也许能够做到这一点；再次，通过展示产品来匹配和满足消费者的需求，并以此激发消费者对产品的欲望；最后，促使消费者行动，以达成销售。

随着时间的流逝，消费漏斗或者说传统的销售渠道的演化使得一些销售阶段被更加精确地重新定义。这些阶段被命名为：意识，熟悉，考虑，购买和忠诚——它们仍然被用来影响处在不同购买决策阶段的消费者。直到最近，营销人员仍然可以通过一个集中化的传播方式相对稳定并且便捷地将营销信息发送到消费者身边，比如营销人员能够通过类似电视或者广播电台这样的大众传媒来将信息同步到数百万消费者面前。

在移动购物生命周期中，移动购物用户在实际购物过程中的 6 个阶段都非常有活力。他们在这个周期的每个阶段都会使用各种各样的移动终端。营销人员在每个阶段都有机会来决定或者影响消费者行为。营销人员所选择的时间点、所处位置和与移动购物用户互动时的心智模式都能够影响实际购买行为。随着智能手机普及率的提高，更多人开始尝试移动购物，而这 6 个阶段中的每一个都会持续扩展（见图 1—1）。

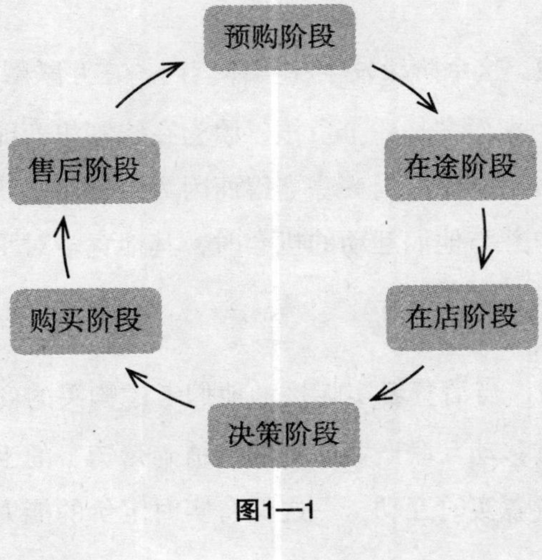

图1—1

移动购物生命周期的6大关键

在移动购物生命周期的 6 个明显不同的阶段中，营销人员有机会促使移动购物用户注意到他们销售的产品，同时影响这些用户的购买行为。

1. **预购阶段。**移动购物用户在这个阶段主要进行思考、研究。在考虑是否要去商店购买商品前，消费者会使用它们的智能手机和平板电脑来研究商品。移动终端是一种拉动的媒介，而不是推动的媒介。这意味着与将信息通过电视媒介推荐给消费者不同，营销人员必须根据特定消费者的时间点、心智模式和所处位置来决定产品信息的位置，从而使得这些信息能够被消费者读取。

2. **在途阶段。**这个阶段存在于消费者去商店购物或者外出办事时。有了新的基于位置的营销能力后，营销人员能够利用诸如智能手机定位之类的信息，向已选择接收有价值信息的消费者发送高度精确并且相关性强的信息。营销人员必须通过给消费者创造价值来促使他们在相关的手机 App 上分享位置信息。

3. **在店阶段。**这个阶段发生在实体店内。在互联网的早期拓荒时代，实体店对于生意而言是一个负担，因为在线零售商能够直接向消费者销售，相关费用更低。当一些零售商因为固守实体状态正在失去识别移动购物用户并与他们互动的机会时，其他竞争对手恰恰正在利用互动能力做这项工作。

4. **决策阶段。**当消费者实际接触他们考虑购买的商品时，这个阶段就到了。通过移动互联产业所称的“精确营销”的手段，营销人员能够一边与消费者实时互动，一边保持实时定价的能力。例如，一些消费者在经过一件特定商品时能接收实时的优惠信息，例如，一件商品正在打折。每当一批商品被售出，根据库存记录和价格记录，在下一批顾客到来时这批商品将恢复原价。消费者可以用智能手机扫描商品并且通过一种易于使用的先进技术来进行现场比价。

5. **购买阶段。**这个阶段给营销人员提供了最后一个影响购物者的机会。由于企业将更多的移动自校验选项和移动功能纳入销售系统，报价和还价过程可以在实际购买和结账过程中呈现在消费者面前。像宝洁和卡夫食品这样的公司，他们正处在探索如何在这个关键点发挥更大作用的早期阶段。

6. **售后阶段。**这个阶段发生在实际购买商品后。消费者通过移动终端与朋友或者同事交换他们最近购买的商品的照片、视频和信息，同时不断地接收并且反馈信息。这对于营销人员的挑战是，如何在这个交流阶段挖掘价值。

各种品牌都已经或正计划参与到移动购物生命周期的不同阶段中，我们将在后面的章节中具体讨论这一点。一些公司已经或计划在这 6 个方面积极行动，而有些公司只有有限的行动。在某些情况下，由于受到营销人员的影响，一个消费者可能从购物周期的某一阶段直接跳到实际成交阶段，这点我们将在后面详细介绍。

移动影响力的驱动者

有两类公司是移动影响力的先驱，我将这两类公司命名为“移动影响力的领导者”和“移动影响力的推动者”。“移动影响力的领导者”是指那些真正变得移动化并且部署移动战略的公司，而这之中有些是在全球范围内的。“移动影响力的推动者”是指那些为移动影响力的领导者服务并在某些时候使他们变得更加强大的公司。

在移动影响力的领导者中有一部分理解并全心拥抱变化的趋势。他们已经超越了早期的研发和试验阶段，并且已经把移动战略看成他们战略的核心。对于这些公司，移动不是可有可无的事情，也不是他们给一个已经指定的营销计划添加的细枝末节，它是不可或缺的一部分。这些公司接受移动互联行业公司带来的创新，并且冒着失败的风险全力为转型开辟新路径。移动影响力的领导者不断寻求最好的移动技术和方法，努力给处在移动购物生命周期各个阶段的消费者提供更多的价值。

除了移动影响力的领导者，还有大量的强健的移动互联企业，它们使得大部分的消费者能够看到并且体验移动生活，这些都是移动影响力的推动者，但他们的名字大都算不上家喻户晓，纵然那些在世界最知名的企业中指引移动战略的领导者们熟悉这些名字，甚至说这些名企中还有一些是移动影响力的领导者。我们之所以称这些移动行业的公司带来了移动影响力，因为在今天，他们的技术和服务构成了移动终端和平板电脑活动的基础。

有些“推动者”是由过去互联网繁荣时期的互联网初创企业的前任领导创立的，还有一些则是由有着新想法的年轻企业家创立的。其中，一些企业资金充足，一些企业赢利能力强，还有一些努力尝试在竞争中获得成功。在这些企业的各个层级都有才华横溢的员工，并且这些人都非常努力。从地理上看，移动影响力的推动者能够位于任何地方。

尽管这些公司通常被称为“移动初创者”，但其中的一些已经做了不少年了。之所以被称为“初创公司”，只是因为他们刚刚被那些过去从来没有但是现在需要提供特定移动支持的企业搜寻到。这些“推动者”的目标是，促使其他公司在移动互联时代取得成功。所有被卷入出售或者交易环节的企业都会在6个阶段中的一个阶段起作用，有一些企业（你会在本书中看到）

在 6 个阶段的几个阶段或者是全部阶段都十分活跃。

在整本书中，我们将识别、定义移动影响力的“领导者”和“推动者”，并试图展现他们做了什么，以及在许多情况下他们是如何做到这一点的。

品牌移动化的4大关键领域

美味世界（Mondelez）国际公司正式创建于 2012 年底，由前卡夫食品公司的国际食品制造业务构成。美味世界在世界各地分布着总共大约 10 万名公司雇员，年收入约 360 亿美元，这家公司旗下拥有的知名品牌包括吉百利、纳贝斯克、奥利奥、Trident 口香糖、荷氏、趣多多、妙卡巧克力和果珍。该公司同样是移动影响力的领导者。

像美味世界这样的国际化大品牌在移动浪潮中占据领先位置，他们并不说公司的巨大规模是一个弱点。“我完全不认同公司是缓慢而笨重的这个说法，”美味世界国际公司全球媒介与消费者业务副总裁伯宁·波夫（Bonin Bough）说，“我相信你会从对我们公司的观察中得出结论，认为我们比小型组织多了一些不得不做的书面工作。但是，如果你关注我们影响现实的速度，就会发现我可以在一夜之间创造拥有数百万用户的平台。”

在移动浪潮中，公司规模大、管理流程固定并不意味着它就不能变得相对灵活。一个公司需要加强组织上下对于移动战略重要性的认识和领导层对分配重要资源的承诺。 美味世界有着对移动战略重要性的清晰愿景。“我们是世界上最大的起步者，”伯宁·波夫说，“我们有一个与速度有关的信念。我们要占领市场，战胜传统思维，取得利润。其实，我觉得你会看到，曾经被认为是大而笨重的组织现在正在成为改变世界的杠杆。区别在于规模罢了。我们能操作的方式大多数组织都无能为力。我们是世界上最大的食品公司之一，拥有能够将产品输入到任意市场的规模。”

移动影响力的领导者试图用长短期兼顾的眼光来看待全球化的移动趋势。他们试图超越渐进变革和低速增长，倾向于迅速跟上消费者变迁的步伐。“消费者在哪里，我们的重点就在哪里，我们将增加 10% 的全球媒介费用，投资到移动终端。”伯宁·波夫说。（而现在，典型地花在手机终端上的广告支出不到 1%，本书后面将详述这一现象。）

“这需要我们成为拥有强有力领导的组织的有机部分，”伯宁·波夫说，“我的领导风格就是：马上在市场中实践。快速，不断加速，并且形成习惯。”

“如果你像我一样相信，有一天你店里的每个包裹都会连接到互联网上，”波夫说，“这就是未来的美好景象，而它只是一个时间问题。我认为这一愿景将在未来 5 年内实现。到那时我们可能会成为最大的技术型公司。在接下来的五年中，你可能会因为世界上最大的技术型公司与全球媒介对话，因为我们将会把每个包裹与市场相连。我不同意大公司就会发展得很缓慢的说法，我相信，在未来大公司是转型的杠杆力量。”

对品牌而言，一个较为简单的举措是在消费者的手机终端上投放更多的广告预算，从而创造更大的移动影响力。大品牌目前投放在电视、平面媒体、网络媒体的广告预算每年能够达到数百万美元。美味世界正在努力与他们越来越移动化的客户一起变革，从而超越传统的广告模式。据伯宁·波夫说：

> 有 4 个关键领域是移动终端能够在全球发挥作用的。第一个是发挥视频的效用。正如我们所知道的，越来越多的消费者观看电视摄取信息，而 23% 的媒体内容在移动终端上消费。坦率地说，不只是大量的视频内容在终端上消费，消费者现在还通过移动终端消费所有类型的媒体内容。那么，我们如何建立自己的品牌与移动终端的联系呢？我们如何通过确定一个视频传播重点，来最大化这种联系呢？另外，我们如何确保能够将各种屏幕作为平台看待，而不是只将它们看成单

独的第一屏、第二屏、第三屏？我们该如何看待基于屏幕的媒体？

第二个是增加消费者参与度。与第一个提到的建立联系不同，这一点是关于参与度的问题。现在人们往往会在观看体验中分心或被打断，比如看电视的那一刻你会使用硬盘录像机或者低头看手机。我们如何创造互补的参与体验从而切实提升投资的效率呢？我们该如何创建第二屏幕的体验呢？我们如何有效利用社交网络交谈中隐现的行为呢？

第二个领域包含两个方面，而这两个方面都与驱动购买欲望相关。一是关于购物冲动的。我们知道现在手机终端已经十分普及。世界上有70亿人口，其中的51亿人手一部手机，而只有40亿人有牙刷。移动终端显然是一个大型平台，并且有大量的媒体资源。

更有趣的是，有很多机会去接近我们的产品。无论是在早上醒来查看手机时，还是在上下班的路上，你都有机会获得最前沿的信息。当你朝着你可能会买东西的地方走去，来到销售点，便有机会了解产品。顺便提一下，你可能会碰到出售我们产品的零售商。这是一个很好的机遇：我们如何看待这些媒体渠道和引起购物冲动的渠道。

接近消费者的方法有很多。我认为就显效及组织应集中力量的地方而论，最重要的是改变广告支出，因为这是市场营销周期中最灵活的部分。

第三个领域包括App开发、内容创作，还有其他诸如此类的事项——对于大部分组织而言这要增加不少工作量。从组织的宏观角度看，这将增加广告投入。看看互联网，你就会知道这样的例子有多少，但是最终，内容体验还是最重要的。这些内容体验会在人们使用移动终端登录的大型平台产生，比如Facebook和Twitter。

你是如何思考各种移动社区管理的问题的？这些社区的管理是为移动终端专门设置的。它能否改变你所上传图片的大小，是否知道没人会看两分钟的视频，可否利用手机的力量创建链接，比如位置，它甚至有可能创造消费者会参与的手机应用或其他体验。所有这些将成为整个系统平衡的重要部分。第一块可能会成为最重要的部分，你会看到大多数营销人员在实际支出方面以最快的速度进行改变。

最后一个是移动零售。对我们而言在零售环境中有什么新的机会吗？我们能在改善购物体验上有什么新的举措吗？由于包装与手机相关联，我们应该如何处理包装问题？

解除锁定的内容，结合包装和设备，并结合健康信息、食谱，或捆绑销售——这些结合起来会成为一个真正的技能组合，它们也是当你展望未来的消费者和零售业时想要取得成功必须要做到的，甚至是消费者是否购买你的产品的决定性因素。

更可怕的是，手机将成为钱包。随着近场通信（NFC）[①]和在线钱包的普及，我可以按按手机去进行购买然后处理优惠券、折扣或者所有这些类型的东西。但我也不得不面对这样一个事实，我们发现对于那些试图直接接触我们的玩家，比如亚马逊来说，我们的手机上会有一个自动生成的购物清单，而进入购物清单才是最为困难的事情。突然间，由于零售经验所限，我们在互联网时代遇到的难题在移动互联网时代变得更加麻烦了。当我们用战略眼光看待全局时，这4点非常重要。

波夫关注像美味世界这样的公司没有顺利完成移动转型的后果。

你必须问问自己有关风险的问题，“风险”这个词意味着什么？我最近参加了很多会议，这些会议不断灌输公司要勇于冒险的理念。可我不明白他们所谓风险的含义是什么。有很多品牌像我们公司的品牌一样，销售额能够达到10亿美元，可现在他们已经不存在了，因为人们把这看得太寻常了。你知道消费者会何去何从，未来的趋势会怎样，风险又会如何？我认为，我们需要一个有关风险的全新思维方式。妙就妙在，我们一直为之全力以赴。那些能够加速拥抱趋势并且

① NFC，Near Field Communication，近场通信，也称近距离无线通信技术，是一种短距离（10厘米内）的高频无线通信技术，允许电子设备之间进行非接触式点对点数据传输。

在组织内部建立企业文化的公司，最终会取得胜利。

> 我们也尝试推出世界上最大的移动面板。我为什么不这么做呢？什么是风险？如果读了卡级数据和面板数据后你认为这些数据告诉了你消费者的需求，那你是在愚弄自己。因为有多少你去过的便利店使用积分卡？没有。有多少你认识的千禧一代[①]在实际中用这些面板数据扫描商品？没有。突然间你对所有消费者和购买点一无所知。更大的风险是什么？是不知道他们现在的行为方式或者仅仅知道过去被认为是安全的方式？我不知道。

就像其他移动影响力的领导者一样，美味世界正在进入多个移动领域。“我们正处于早期阶段，”波夫说，“我们正在研究NFC，从而解决支付问题，我正用Catalina做这项工作。如果在一天快结束时，你和其他公司坐下来一起聊聊未来的趋势是什么，那他们直接告诉你的不会很多。我可以坐下来并且告诉你很多有关近距离无线通信技术的内容，以及起作用和还没起作用的部分，什么类型的内容人们会感兴趣、人们会与售货员谈些什么，我可以告诉你这些事情。很少有组织告诉你那么深层次的东西。我为什么不那么做？当我们朝这些领域前进时，我可以提供方向。当然他们并不会全部都成功。”

移动购物生命周期的每个阶段都会随着时间进化并走向成熟。由于国家间的差异和移动文化的差异，每个阶段同样能够产生轻微的差别。“我想说的是，更大的成功将在美国之外，并且我认为这是企业没有意识到的最重要的事情。”波夫说，“这有点意思并且看起来能够起作用，但是在其他市场他们却遗漏了这一点。因为大多数人正在跳过其他发展中的市场阶段，所有基于在PC机上进行数字媒体购买的知识现在都失效了。当进入一个新世界时，你不能依赖于你的经验和过去的思维方式。我专注于如何在其他市场赢得这场移动战役。”

① 千禧一代，指1984—1995年出生的人，他们赶上电脑普及的浪潮，在互联网陪伴下成长。

美味世界的移动未来

面对移动未来，在2012年底美味世界抱着与初创企业在移动领域合作创新的目的，启动了一个名为“移动未来”的项目。当时的想法是选择与美味世界品牌匹配的公司，加快并扩大现有的移动创新规模，并在3个月内培育出新的移动合资企业。

早在担任百事可乐公司数字与社交媒体总监时，伯宁·波夫就发起了一个类似的项目——“百事可乐10”，这个项目鼓励员工想办法创业。创业家可以提交4种类别的在线申请：移动营销、实体零售体验营销、社会媒体、数字视频和游戏。对建议的评估都基于他们是如何对品牌产生影响的。

在百事公司的计划中，初创企业必须在两年内研发出技术，或者筹集200万美元，再或者达到25万美元的年收入。项目由开始的500个申请者最终缩减到20个申请者，而所有这一切要在两天内提交给百事可乐总部的品牌经理。10个被选项目搭配百事可乐品牌推出试点项目。在这10个被选择的项目中，竟然有5个集中在手机终端上。

在美味世界项目中，第一阶段侧重于理解并拥抱创业家的精神。初创企业选择与美味世界的品牌，如奥利奥、Trident口香糖、酸酸糖和belvita饼干的一对一合作，在90天内激活企业并扩大企业的规模。这个过程将是双向的，美味世界的品牌与初创公司花一个星期时间共同工作，沉浸在初创企业的企业文化当中。这些品牌也创造和培养了全新的移动创业者，在项目结束时，美味世界给天使投资者和风险投资家讲解新的概念以获得种子基金。伯宁说：

> 我们能够在创业家的点子快速适应市场并且扩大规模的路上出把力。如果你关注这个项目是如何运作的，那就知道问题的关键是规模。我们的合作伙伴能够帮助我们在市场上规模化销售商品。我们有一个关于社交电视的想法，并与维亚康姆公司达成了合作。我们有美国电

报电话公司这样的合作伙伴，但如何将这个想法付诸实践并且形成气候呢？我们有了零售商，但如何快速地将商品铺货到零售市场？除了我们，没有人可以达到相应的规模。

我们知道，要么就去主动参与塑造未来，要么就被强加一个未来。我们也知道有大量创新来自公司内外。因此我们创造了一个平台，从而更好地和创业家一起创造未来的移动世界。我们希望能够用合适的节奏来做这项工作。创造未来的移动世界的关键原则是，在 90 天内形成机制。一切关乎节奏、速度、灵活性和机动性。思维和行为方式不单单要像一个创业家，而且得同时像一个创业管理者。

第一阶段是公开选拔阶段。在这一阶段会给创业者三个标准：社交电视，手机零售和位置业务。我们发现我们的品牌可以和创业品牌成为合作伙伴，并在 90 天内启动市场预售。在这一阶段我们项目组成员会和创业者一起工作，从而帮助他们适应我们的企业文化。这样他们会变得有活力并和我们关系密切，而同时又能感受到不同的思维方式。然后我们能够超越他们的水平，学习到他们的经验，并且用这些经验来解决我们自己碰到的问题。

第二阶段是关于发展创业品牌的，在这个阶段我们更要做好一个创业导师的角色。由于已经启动了预售，因此我们进入了有限的导师阶段。一个星期内，我们的人将和创业导师一起飞去加利福尼亚州的高等研究机构，并且测试他们能否自己创立公司。然后他们有一个星期的时间来创立风险企业，创立一个建立在移动平台上的能够解决我们当前难题的风险企业。在接下来的 90 天内，我们将孵化其中一些最有潜力的公司，并推动他们进入市场。在这一阶段我们也试图将自己的风险项目推入市场。我们的目标是，如果宝洁正要重塑肥皂剧，并放入我们的内容，且用我们的方式进入市场，那为什么我们不能在市场上这样做呢？对于我们来说，我们必须推动思维方式和文化的变革，以在被移动互联网重新定义的时代获得胜利。

第一阶段关乎支持创业家发展，第二阶段是关于发现创业管理者并且支持我们的员工像那些创业者一样在移动互联网时代进行思考。预测未来的最好方法是，自己创造未来，我们坚信这一点，而文化转型则是驱动这些前进的动力。

美味世界的项目比之前的“百事可乐 10”项目更受关注，它基于过去的教训做出了很多改进。“一切与移动趋势相关，”波夫说，“最后，这即使不是一次成功的试点、不是一次好的创业项目，也仍能改变我们的企业文化、改变我们市场营销人员的思维方式，从而使他们时时刻刻都想着如何更好地适应移动趋势。”

一个领先的移动营销组织也参与了对移动未来的倡议。“这个倡议向世界宣告，移动创新的水平和规模，能够在像美味世界国际公司这样规模的组织中展开。”移动营销协会的首席执行官格雷格·斯图尔特（Greg Stuart）说，“对品牌而言，手机提供了无限的机遇让他们以更强有力、更个性化的方式与消费者连接起来。故此，作为通信渠道的手机的价值将不再受到挑战。”格雷格负责协助美味世界从事这个项目。

在 2013 年初，美味世界就选择了 9 家创业公司合作：Lisnr（辛辛那提），ROXIMITY（丹佛），Waze（帕洛阿尔托），Shelby.tv（纽约），Dailybreak（波士顿），inllarket（威尼斯），Endorse（圣马特奥），Kiip（旧金山）和 Banjo（雷德伍德城）。

移动影响力的领导者往往会更加长远地思考移动趋势对于品牌的影响，并积极主动地从移动影响力的推动者那里寻找创新和解决方案。最重要的是，他们能够不断地关注和观察移动购物用户消费行为释放出的信号。

移动用户的行为

就像网上购物改变购买行为一样，移动购物更加具有革命性。全世界有 60 亿手机用户，这个数字是全世界台式机的 5 倍多。网上购物者通常用他们的台式机或笔记本电脑购物，而移动购物者在任何地方都可以购物。此外，因为移动购物者几乎随时都拿着手机并保持在线的状态，他们完全可以在任何时间都进行移动购物。平板电脑也给远程浏览、价格比较以及购物打开了一扇门。

大量研究成果可以辨识出有多少人使用手机购物、扫描产品、查找商品信息，以及所有其他使用移动终端的行为。尽管其中的一些具体结果可能不同，但这些研究都表明大体相同的趋势和模式：手机和平板电脑在诸多类别和活动中呈上升之势，智能手机和平板电脑用户在使用他们的设备方面十分活跃。

捷孚凯（Gfk）是一家世界领先的研究机构，它在超过 100 个国家进行过调研。根据它的研究成果，我们知道在美国 64% 的平板电脑拥有者和 55% 的智能手机用户用他们的设备检查银行账户余额；52% 的平板电脑拥有者和 39% 的智能手机用户用他们的设备进行支付及银行转账。

从总体上来说，平板电脑和智能手机上的购物行为基本相同，40% 的平板电脑拥有者和 38% 的智能手机用户进行远程购物。平板电脑的拥有者活跃度很高，58% 的拥有者都会使用他们的设备辅助购物。智能手机和平板电脑拥有者购买各类产品，其中消费的电子产品最多，而汽车最少（见表 1—1）。

还有人口特征上的差异。67% 的 18 岁 ~34 岁的智能手机所有者使用手机购物，而 44% 的 35 岁以上的智能手机用户使用手机购物。平板电脑的规律基本相同，27% 的 18 岁 ~34 岁的用户使用平板电脑进行购物，而在 35 岁以上的用户中这个比例缩小到 17%。年轻的移动购物用户在社交网络上相对活跃，对实体零售店忠诚度更低，并渴望商品定制化，且更忠于那些提供定制化服务的商家（见表 1—2）。

表 1—1　平板电脑和手机终端购物的种类

消费电子产品	40%
衣服	33%
食品饮料	27%
健康美容产品	23%
手机	21%
家居用品	18%
草坪花园用品	15%
汽车	14%

表 1—2　不同年龄段的购物习惯

	18~34 年龄段	35+ 年龄段
使用社交网络购物	58%	35%
对实体零售店忠诚度更低（在周边购物）	51%	46%
喜欢通过网站的记录换取更多定制化服务	43%	27%
更加忠于主动性更高的网站	47%	43%

当移动购物用户购物时，他们使用手机和平板电脑寻求价值、获取信息、进行交易，并利用社交媒体使用定位技术，例如 89% 的用户寻求更多价值、52% 的用户比价，还有 44% 的用户试图找到优惠券。第二个最流行的类别是获取信息，59% 的用户用移动终端寻找商店，52% 的用户用移动终端检查产品的可用性，49% 的用户用移动终端搜索信息或评论。移动活动与整个购物流程高度整合。

零售与移动购物用户

许多零售商正密切关注不断变化的移动购物行为，原因很明显。80% 的智能手机用户（8 600 万人）每个月单独使用智能手机访问零售商网站。根据康姆斯科（comScore）的数据，亚马逊是头号零售商，一个月内就有 5 000 万人访问其网站。苹果有 1 800 万移动用户，沃尔玛有 1 600 万，塔吉特 1 000 万，而百思买有 700 万（见表 1—3）。

男性和女性智能手机用户占的比例在零售类用户中几乎相等，但女性有着 56% 的智能手机购物时间，因此占了更高比重。该研究还显示出，71% 的智能手机零售用户年龄小于 45 岁。访问网络零售商城的智能手机用户中，有 1/3 的人年收入超过 10 万美元（见表 1—4）。

表 1—3　零售商的访问数量

零售商	访问数（万）
亚马逊	5 000
易趣	3 300
苹果	1 800
沃尔玛	1 600
塔吉特	1 000
百思买	700
特玛捷票务	600
CVS	400
家得宝	400
百视达	400
巴诺书店	400
沃尔格林	400
有限品牌	300
劳氏	300
Etsy	300

表 1—4　智能手机用户百分比

性别	比例
男性	51%
女性	49%
年龄	
18~24	19%
25~34	29%
35~44	23%
45~54	16%
55~64	10%

续前表

65 以上	4%
收入（美元）	
<2.5 万	12%
4 万 ~6 万	11%
6 万 ~7.5 万	20%
7.5 万 ~10 万	16%
>10 万	33%

移动购物者的新需求

移动趋势重新定义了买家和卖家的概念，使买卖双方在购物过程中增加了新的职责。顾客在去购物中心或商城之前,可以在家里研究买什么东西。他们可以在网上搜索，或者仔细钻研报纸和杂志。他们也可能因为没什么特别的东西而终止购物，或者因为冲动买点东西。

这些行为是相对简单和可预测的。营销人员能够通过多种媒介在黄金时间及其他时段接触到这些未来的买家。这一购物过程是单向的，研究好买什么之后就是逛街和购买。现在由于消费者在任何地方、任何时间都手持智能手机和平板电脑搜索信息、研究商品、分享信息，所以逛街购买过程已经被改变了。

买家和卖家在整个移动购物生命周期中的职能正在改变。在购物过程中，各式各样的新角色正在出现。

主动研究。消费者在他们的移动终端上搜寻信息并进行研究，不管是在飞机上还是在备受瞩目的多屏会议期间。他们在购物的路上和在商店时都在研究，还有些人甚至不管在哪儿都在研究。移动影响力要借助拉力，而不是推力。消费者想根据商家的位置和主营业务在预定时间内从商家那里得到信息。营销人员必须随时准备好回答消费者可能提出的问题。

产品内容。消费者想了解他们想购买产品的更多信息，包括产品本身以及产品周边的信息，并且他们需要来自现场的产品信息。消费者需要且渴望得到的远超过了产品本身所提供的。他们知道如何发短信并且能够用手机接收视频。一些公司已经解决了这个问题。例如，英特尔的手机网站提供了几个能够在一分钟之内回答完毕的问题，以对消费者需要配置的电脑的规格以及与之搭配的最佳英特尔处理器提出建议。营销人员正在使用地理围栏技术，这个技术创建了一个在任何位置的任何可选范围内的虚拟边界，以更好地提供更多的基于移动购物用户位置的相关信息。

店内扫描。不断升级的手机相机使得购物者能够更方便、更快捷地扫描条形码。扫描能够为消费者提供其他商城及网络上更有竞争力的商品价格。虽然一些零售商（如诺德斯特龙）拥有自己的专利条形码，其他的零售商（如塔吉特）拥有使用独家条形码的供应商，而移动消费者想了解他们当下购买的商品的背景信息，如价格公不公平，相比较而言会更高还是更低，或者是那个商场特有的吗，是那个商场的主打产品吗？

价格匹配。可以理解，消费者希望得到最大的价值，也就是产品最恰当的价格。移动购物用户能够实时获得价格信息。零售商将不得不根据自己的标准和资产负债表权衡风险和收益。例如，在一次对迪克体育用品商店的拜访中，我扫描要购买的物品，并发现这件商品在驾车不远的另外一个实体商店的价格要便宜30%。店员问值班经理他们能否降低价格，她回答说："绝对不会。"另一家店提供了一键式购买，这就促使我改变主意在那家店买。

库存的透明度。移动购物者希望知道一件商品是否有库存。许多零售商多年前已经开始提供这个在线功能了，但是因为客户的位置需要被考虑进去，移动需要增加另一个维度。有些公司就此有所考虑。例如，花旗集团去年与百思买合作，使得百思买的整个库存情况能够从“花旗谢谢你”（Citi Thank You）这个 App 中可见。花旗积分卡持有人可以查看库存，在百思买扫描商品，通过积分购买，并在结账几分钟后取货，这中间绕过了所有其他联营公司。

而这仅仅是移动零售革命和购物行为变迁的早期阶段。如今的移动购物用户十分活跃，并且更赋创新性地用移动终端来寻找适合他们的品牌和卖主。

购物全天候

移动影响力不仅包括给移动购物用户打广告，还包括发送高度个性化和针对性更强的相关信息。

Crispin Porter+ Bogusky 公司于 1988 年在迈阿密成立，人们简称它为 CP+B，这是一家提供全面服务的综合性广告代理商。它有 800 多名员工，遍布于伦敦、哥德堡、瑞典、迈阿密、博尔德和圣塔莫尼卡，其客户包括老海军、百思买和美国运通。该代理商在致力于提高品牌知名度、扩大影响力并促进更好的商业业绩道路上发展壮大。其核心是解决业务挑战，而不仅仅制作广告。它也是移动影响力的推动者之一，还积极参与零售业的创新活动。

“移动零售如此激动人心是因为，我们第一次能够在合适的场景、合适的地点、合适的时间进行个性化销售，” CP+B 的体验总监安吉尔·安德森（Angel Anderson）说，“当顾客经过我们的产品时，我们可以通过地理围栏接近他们，可以向他们发送推送通知，让他们了解情况或让他们知道这个物品很特别。”

很多移动影响力推动者都专注于提高各种移动技术和能力，并不断进行磨炼，以更有效地为移动购物用户服务，且始终放眼未来。

“我们可以利用像 iOS 存折这样的技术。通过这种技术，我们不仅能够在你经过我们的时候发送短信通知，也可以在你经过我们的竞争对手时发送通知，因为你能够通过地理围栏存储总计 10 个不同的位置。”安德森说，“因此它给了我们一些好玩的优势，来调整竞争方式。”他拥有十多年的为客户提供数字产品和服务的经验。

移动趋势甚至改变了人们有关购物的思维方式。随着手机和平板电脑的普及，时间和地点成为越来越不重要的因素，这使得购物过程变成一件全天候的事情。

“人们使用地理定位和基于时间的提醒就能够形成那种环境关系，”安德森说，“它改变了我们有关购物的思维方式。我们过去常说，‘我去街上逛逛’，现在，当我们谈到打算买的东西时，我们说‘我在购物’、‘我正在买一辆新车’、‘我在购买结婚要穿的衣服’，而不再是‘我去街上逛逛’。这说明我们总是处在购物状态中。”

“你不一定非要去商店逛逛，可以选择花些时间在智能手机上登录几个不同的网站寻找合适的鸡尾酒礼服。你可以在工作时上网并留意你的朋友送的东西；当看电视时，你看一件衣服就像是看电脑中的字符，并会到 iPad 上查看信息。到现在为止，我使用过三种不同的设备。这并不是说我在使用手机或笔记本电脑，我是说我是移动化的。因为我是移动化的，在购物过程中我徘徊于不同的互联网入口，并在网上购物。在逛街时一看到什么东西，我就会在脑袋里打上书签，这是我的第一反应。因此这是一个从把购物看成是一件大事到看成是一件平常事的转变过程。现在我们与互联网分不开了，它已经成为我们心智的一部分。你不再只是上网而已，你已经被连接在互联网上了。”

像其他一些领先的机构一样，CP+B已经为它的客户采用过多种知名的移动组件和服务。这些方法尝试关更好地利用他人的创造力、服务和平台，并将这些元素进行组合以更好地适应特定客户。例如，CP+B想利用定位知识与其客户老海军合作。安德森说：

> 我们已经完成的一件事情就是，利用 Foursquare 来做签到并提供特价。这个大家都知道，每个人都这样做。老海军是 Foursquare 的头号零售类用户。当你想到老海军的客户时，你可能不会认为他们拥有非凡的科技理解力，但在购物时他们确实如此。他们采取的任何行为都是为了帮助自己在购物时获得更多的实惠。有像 Shopkick 这样的应用能帮助你在前往不同的商店时顺便赚点签到积分。在最近的一个研究中，我们和一位女性进行了沟通，她在上班和回家的路上都会去商场、商店用积分来兑换商品。”
>
> 因此，我们正在使用 Foursquare 的签到来进行基于积分的奖励，同时也在利用存折的优势。只要谷歌钱包发展到能存储优惠券，我们就可能会采用类似于地理围栏的技术，这样你不仅能用优惠券来省钱，在你经过商品或者商店时我们同样会提醒你来使用这个功能。
>
> 给产品下标签来提醒经过的人是有点麻烦。这需要与客户的 IT 和技术部门更紧密地合作。我们正迈向挑战，因为它不是大部分客户曾经处理过的事情。可我们的竞争对手正在尝试，所以我们需要提供给客户这个功能。

移动影响力的推动者应保持前进的姿态，因为对于紧跟不断变化的消费者的移动消费行为而言，这是必要的。消费者不断体会到手机使他们生活得更轻松、更美好、更便利、更有趣。像 CP+B 这样的机构一直都在寻找在所有事项中哪些已经完成，尤其在将基于位置的精确商品匹配给合适的消费者方面。

“塔吉特是一个很好的例子，”安德森说，“当扫描塔吉特的商品的条形码后，你会发现商品的准确信息，会找到这件商品在城市的其他地方是否有货，这样手机可以把你带去有货的位置。这需要很多后端存储的数据，塔吉特已经在逐渐公开这些数据。老海军和其他零售商所面临的挑战是，他们可能没有足够的数据用来抓取。为你定制个性化产品，这是我们努力的方向，而我们正在步步为营地朝这个目标努力。”

“客户绝对需要这个，而我们也希望这能形成习惯性的文化：信息就在预定的地方而人们可以轻松地找到它。在过去，如果人们不能使用信息技术或者找不到信息,那他们会说‘我不擅长电脑’,可现在没有人这么说。他们只是说‘手头的这部破手机现在不能用’或‘唉，我不能使用雅虎的搜索，因为它糟透了’。他们只需要切换到更好的东西。他们不再忍受有缺点和不足的技术，倘若体会到什么是不好的设计他们就将找到更好的东西进行替换。”

这给企业带来的机会是，引导或管理移动购物用户的能力以使他们对购物过程更有控制力。这可能意味着一切更加透明，也可能意味着找到过去没有考虑到的新产品信息。

“我希望看到我们的顾客更有自主权，”安德森说，“我希望看到我们提供给他们的信息能使他们感到非常个性化。现在在大多数地方你都可以扫描条形码并进行比价，这非常了不起，因为你可以找出哪儿的价格最低。但我想找出哪里的商品最适合我，而不只是哪里更便宜。”

“眼下我正在买一辆车。我很重视价格，可对我而言，燃油效率也很重要。汽车的回收性同样是我要考虑的因素。有多少部件可以回收同时又有多少部件最终会在填埋场被处理？当逛街时，我希望能够扫描汽车贴画的条形码，并找出 Carfax 提供的历史记录，还想弄清汽车的多少部件可以回收。对于司机来说，什么是真正的燃油经济性？我不希望从制造商那里得到答案。”

“这就是与零售和服装相关的、我想看到的东西。我需要与我有关的信息。服装与舒适度相关。我们研究老海军时从消费者处听到这点。一个不是设计师、不是技术专家，也不是工作在这个领域的人也期待着能够上传自己的3D模型来看看衣服的试穿效果如何，并且想了解什么衣服最适合他。”

“老海军的口号是‘一起来玩’。这是一个有很大包容性的品牌。这个品牌有分别针对男性和女性的产品，但主要的客户是年轻女性——她很有可能已为人妻或已为人母，并为整个家庭购物。‘她’明显移动化了。我们必须确保自己能应对这样的客户。‘她’将是一个令人惊讶的非常精明的移动购物者。”

“就因为看到了在客户中发生的趋势，我们正在拥抱移动技术和设计流程。移动成为主流的引爆点将会发生在2014年，而我们的客户正在这个方面稍微领先。也正因为已经看到了公司的移动终端访问数不断上升，我们认为自己会在2013年到达关键点。现在来自苹果和安卓系统的访问者各占一半，所以访问者已经不只是尝鲜的苹果用户了。”

移动战略，一个品牌的核心

落实移动影响力的方法就是，对移动战略进行一些调整以使它与公司的其他渠道相协调。尽管从逻辑上讲，很多公司移动战略活动总是从研发阶段开始试验，可下一阶段就需要移动战略进行实践。移动影响力的领导者并未把移动战略作为其他渠道的补充，而是将它作为公司整体战略的一部分。

安德鲁·科文（Andrew“Drew”Koven）在受访时是刚加入Guess公司的电子商务部门副总裁，他的团队从事IT业务、零售商店业务以及营销业务，引领公司移动和数字战略方向。科文对移动战略并不陌生，在早些时候，他是史蒂夫·马登（Steve Madden）公司的电子商务和消费者体验部门总裁。他极力推动这家时尚公司的文化转型，将多个渠道整合为一个整体，并以客户为中心。他有丰富的数字交互经验，曾担任梅利莎 & 道格的数字营销主管、在线从事食品杂货业的先行者 ShopLink 的企业发展和客户关系管理部门副总裁、1999 年 FreshDirect 公司的首席营销官。

科文在Guess的工作是管理公司的电子商务、数字营销和客户服务业务，包括领导一个管理多个品牌和网站的团队。他负责协助制定长期战略以及使数字对贸易产生最大的影响。科文说：

> 移动战略正在成为一个品牌的核心，因为消费者拥有前所未有的获取信息和分享信息的能力，并且拥有工具来使用这些信息。我在 Guess 的工作集中在与我的同事一起工作，以确保客户感受到卓越的体验。
>
> 一些顶级品牌目前的移动战略与之相符。我一直把电子商务和数字移动战略看成是直接吸引消费者的渠道。将高接触性的零售商店环境中的最好的做法衍生到每一个方面，并且协调性地为数字时代的个人服务，而这正是成功的关键。总之，让你的品牌活起来！
>
> 站在品牌的代言人和消费者的角度来说，移动战略支撑消费者对透明性的需求。它把消费者的需求摆在了首要和中心的位置。时间最终会说明一切，但是从我的经验出发，公平地说，为了有效地和对手竞争，不能在长时间内对不同渠道持不同的态度。但这并不容易。这需要几个部门的大量工作来达到和保持一个正确的状态。
>
> 从我的经验来说，你必须思考并计划使不同事物以无缝化方式一起工作。这需要耐心、集中精力并保持开放的心态。在一个多渠道的环境中，事情可以变化得非常快。若一家公司有自己的专卖店、批发合作伙伴和网站，它的合作伙伴也有自己的店面和数字部门等等，那

战略性思维和及时的行动就十分必要了。

市场营销、零售门店营运和IT团队需要分别参与到消息收集、执行和系统集成中来。与我早年在移动方面所做的工作相比，最大的变化是，今天所有人都做好了知识准备去进入一个多渠道的世界，这非常惊人！

因此，我的工作就是形成一个团队并不断将团队作为战略计划和执行过程的一部分进行调整。不要觉得这很简单，这需要大量的工作。

我要谨小慎微，以避免在移动终端和桌面的信息架构的重要性和出发点上形成太长距离。我发现最好的产品是品牌美学和易用性的结合。我的经验和位置设定都是从消费者体验的角度出发的。

我想消费者会逐渐分成两个阵营，在实体店购物的阵营和在网上购物的阵营。现在我使用互联网帮助在商店购物，换言之，移动终端改变了数字产业。今天的每件事都是相辅相成的，这使得消费者、与他相同的那些人和品牌商共同在决策方面合作。当你将能够迅速推出产品，并迅速将得到反馈的社会成分加入其中时，它不仅会变得更加强大，而且会变得更加有趣。

我进入移动产业如此之早并十分积极的一个原因是，我从来没有把移动渠道看成是与其他零售渠道相隔离或割裂的单独渠道。我总是把它看成是人们研究、沟通交流和购物的一个自然产物。我从来没有认为这是一个割裂的渠道。我从来不认同网络和实体店的鸿沟，并总是尝试跨部门协作和创新。一切事业都起始于构想。

我经常扪心自问并询问别人："为什么做同样的事情但在不同渠道的表现却完全不同。换句话说，为什么对不同的消费者我得用不同的方式呢？"所以，如果拥有一个有着优秀外观和产品的商店，我想我会使所有渠道保持一致，不管这些渠道是数字渠道、实体商店、批发商还是其他什么。另外，我还把每个渠道看成是连续统一的。如果愿意，你就能够在不同的渠道投入足够的创造力、智力和情感。这样就能够获得成功。

> 零售商店渠道仍然实现了85%～90%的业务收入。由于多渠道的零售商负责管理品牌和维护客户关系，我们需要确保不管在哪个地方、不管消费者接触到什么信息、不管消费者是不是在实体店购物以及不管他们选择使用哪种购物工具，我们的反应都必须十分敏锐。

在移动购物生命周期理论中，将移动渠道连接到整体营销计划中的企业会有优势。越来越多的消费者在不同的屏幕中切换，无论这些屏幕是电视、个人电脑、平板电脑还是智能手机，而企业需要提供一个相似的积极体验和价值。

移动全球化

手机普及程度远超电视或者台式机，这成为了一种全球性的现象。在有些国家人们由于没有电脑从来没有机会使用互联网，但是通过手机他们有了使用互联网的机会。手机的用户数量已经超过了60亿并且仍然在增长中——这给很多市场营销人员提供了巨大的机会。看看如下统计：

- 全球超过20亿人口使用互联网。
- 在发展中国家，只有20%的居民能够接入互联网。
- 有70%的发达国家的人口能够接入互联网；在冰岛、荷兰、挪威、瑞典，超过90%的人口能够接入互联网。
- 仅仅在一年内，印度增加了1.42亿移动互联网用户，是同年非洲用户增加数目的两倍，并超过了阿拉伯国家和欧洲国家的增加数目的总和。
- 移动电话普及率提高最快的国家是巴西、哥斯达黎加和哈萨克斯坦。
- 新增发展中国家用户超过了新增移动用户的80%。

移动影响力的领导者了解这些统计数字的重要性并且重视全球在移动方面的先行者。100多个国家和地区的手机普及率已经超过人口总量（见附录）。

越来越多的移动终端将获得更多的互联网入口和更快的速度，在这方面其中某些市场比其他市场增长得要快。移动运营商们都发现，移动宽带是他们收入增长最快的业务。根据美国市场研究公司的预测，移动运营商的收入在2016年将达到9 760亿美元，其中主要部分来自移动宽带。这意味着移动消费者将享受更快捷的服务，而到2016年全世界40%的手机用户都将享受移动宽带服务。根据市场研究公司的研究结果，增长率最高的地区是亚太地区和拉丁美洲，而欧洲、非洲和中东地区呈现小幅下降趋势。

移动互联的力量 MOBILE INFLUENCE

移动力量引领未来

当人们购买一台新电视时，他们会在使用一段时间后进行更换（大多时候会经过非常长的时间才更换）。他们倾向于买高清晰度的电视，迫不及待地开箱并享受显著改善的电视收看体验。很多消费者对这种改善相当满意，因此没有从有线电视或卫星电视供应商提供的高清晰度服务中采取下一步行动。新的电视改善如此之大可能是他们从未意识到的，要知道增加高清晰度的服务将令体验好上几倍。

移动终端在一定程度上遵循类似的规律，所以一些新的智能手机尚未得到充分利用。从典型的老式电话到代表了最先进水平的安卓或苹果手机，我们似乎可以看到一个戏剧性的发展现象：一些新的用户尚未利用他们手中的新权力。

有一些消费者本能地认识到新获得的移动力量并且开始更有效、更具创新性地使用手机。这是一类不同于其他人的手机用户。他们都是移动力量的使用者，是其他人学习的对象，因为他们比一般用户更多地使用移动终端来办事，而且更愿意踊跃分享那些最让人感兴趣的使用心得。

识别超级移动用户并不困难，因为他们不仅经常使用移动终端来收发短信，还积极地使用手机的各种功能。例如，在纽约举办的一次媒体邮报 OMMA 会议上，许多超级移动用户聚集在一起聆听主题演讲，并围绕一系列主题进行小组讨论，这些主题包括移动趋势、视频和社交媒体。

一位在营销平台公司工作的超级移动用户马克·霍德森(Mark Hodson) 说："我不使用其他任何东西，也没有固定线路。因为我经常外出旅行、出差，因此只能选择使用移动终端。"谈到 iPhone 4 时他这么说。他下载的 App 包括 Kayak、SPG、Yelp、ESPN、PGA、AA、Instagram、Gruoupon、Shopsavvy 以及 QR 码阅读器等等。

另一个超级移动用户乔·卡鲁索 (Joe Caruso) 是一名销售总监，他在 iPhone 4s 上下载了一系列的 App，包括 Facebook、Linkedin、ESPN 以及雅虎体育等，此外还有一系列的销售和费用报销 App。他用自己的手机通过威瑞森的无线网络远程操控电视，并将手机作为汽车的导航来使用。

"我和我的手机的互动很完善，因为手机中包括了数字媒体、照片、音乐等资源。"卡鲁索说。他不断地寻找能够通过使用电话来替代的事情，比如银行业务和观看视频。

超级移动用户引领了移动生活方式的潮流，并且不断进行新的尝试。他们不只是技术上的先行者，还对创造价值非常敏感。他们不断寻找通过移动终端让生活更加轻松、更加有效、更加方便的途径。

超级移动用户可以在任何人群中找到，如果你正在读这本书，那你很可能要么是其中的一员，要么就认识一到两位。

那么你怎么能知道呢？看看下面的标准：

- 你经常使用手机查询位置及周围的事物。
- 参加会议时，你用手机现场发推文，即使你的笔记本电脑就在包里。

- 你使用猎曲奇兵和音乐雷达等 App，以确保自己可以找出随时随地想听到的任何歌曲。
- 你很清楚如何在手机上加载和运行谷歌钱包。
- 你使用速度里程 App，比如 Ulysse Speedometer 或 Speed-o-Meter，以及 TeslaLED（安卓版本）或 Flashlight（iPhone 版本）等照明软件。
- 你的 2D 条形码阅读器包括 Scanlife 条码摄像机和 SanpTag 标签阅读器等软件，而且你会使用它们。
- 你经常会在商店里不假思索地使用 Shopsavvy，RedLaser、亚马逊价格检查器等 App 进行比价。
- 你使用手机进行导航。
- 你主要的天气查询工具是手机。
- 你至少有三个航空公司的 App 和三个酒店的 App。
- 如果你在旅行，那你会在途中经常使用旅行 App，如 On TheFly、Kayak、AutoPilot 及 Flight Sites。
- 你经常使用签到 App，比如用 Foursquare 来定位以及用 Shopkick 来得到奖励。
- 你给自己装备了 Square、MoneySend、谷歌钱包或者服务软件，以便使用移动支付，并等待市场成熟的时机。
- 你将电话同步到你的计算机及其他移动电话上，并且非常愉快地使用 SugarSync 或 Dropbox 这类同步 App。
- 你将信用卡号存在手机中的 Key Ring 或 Cardstar 应用里。
- 你用手机对 DVR 进行远程编程。

你知道这并不是一个完整的列表，移动力量拥有者是移动时代的精英。他们处在移动革命的前沿，照耀了移动行业发展前进的道路。

无论是超级用户还是一般用户，对于全世界购物行为的移动趋势的影响都很显著。随着智能手机和平板电脑带来的更加强大的移动能力，更多消费者会开始使用他们强大的手持设备的功能，营销人员将有更多的机会来接触消费者移动购物生命周期的完整阶段。而该周期的第一阶段，则是移动购物用户前往商店前的预购阶段，我们将在下一章节讨论这个问题。

MOBILE INFLUENCE 数说移动

根据各权威机构的预测：到2014年底，使用手机远程购物的消费者总数有望达到5.8亿；2016年前，接入移动互联网的设备将会超过地球上的人类数量总和，全球推送到移动终端上的电子票数量能够达到230亿，移动运营商收入将达到9 760亿美元（其中主要来自移动宽带部分）。

02

关键1：预购阶段

创造购物新体验

移动趋势把即时性变为了驱动力,人们常常会说:"在我到那里之前所有的好东西都被销售一空,因为我开会时错过了时间。"在移动购物者前往实体店前的预购阶段,移动终端完全可以创造一种崭新的方式为消费者制造惊喜和愉悦。

移动营销的心理定式
人们会通过移动终端买什么
管理预购阶段的渠道
创造崭新的移动购物方式

MOBILE INFLUENCE

移动营销的心理定式

实际消费行为不再只发生在一个特定的时间段或一个特定的地点，而是在所有的时间和地点都可能发生。选中商品并且结账只是移动购物生命周期的一个结果。在预购阶段，消费者会不停地在手机上按键，可能是在家、在办公室，也可能是在其他的什么地方。在预购阶段之后，他们仍有可能被其他人影响——下一章会详细讨论。

在前往商城之前，移动购物用户用它们的移动终端来进行购买前的研究、寻找促销商品、比价以及做其他事情。当来到预定的商店，他们又开始不断地使用这些设备。在这个阶段，消费者更乐于考虑各种建议并进行思考，不管这些建议是来自品牌、营销人员还是同事。由于这是移动购物周期的第一步，营销人员需要展现出自己最好的一面，因为不参与这个阶段的公司将会有被整个全新购物周期忽视的风险。

移动购物周期的这个阶段是消费者的研究和确认阶段，在这个阶段消费者会使用移动电话或平板电脑来辅助确认潜在的目标商品和位置。消费者通过键入公司的移动网站来查看价格和易用性，同时和朋友一起在社交网络中查看相关信息。品牌和营销人员能够发挥影响的作用点包括：手机广告、手机网站、产品和库存信息、及时回馈机制以及手机优惠券。越来越多的消费者购买了智能手机和平板电脑，他们中越来越多的人在购物决策的早期阶段就通过手机进行研究，而这类消费者每一年的比重都在不断增加。

在预购阶段，移动购物用户有很多机会对下一阶段进行研究。他们可能会研究贵重物品，比如汽车、白色家电或者是新的电脑。但是，在这阶段也有消费者会现场决定通过移动终端进行购物。任何没有积极参与移动购物生命周期这个阶段的市场营销人员，都有可能产生产品或服务未被纳入考虑范围的风险。

与预购用户紧密接触

在去商城之前，消费者常用智能手机查询促销信息。根据 MarketLive 的数字，42% 的消费者会查询促销和特价信息，还有大约 41% 的消费者在亚马逊商城查询同种商品的在线价格，并进行比较。相比之下，消费者很少会预订零售店的商品或者在去商城之前查看感兴趣商品的库存情况（见表 2—1）。

表 2—1　　去商店之前，顾客喜欢通过移动终端做的事情

查询促销和特卖活动	42%
在亚马逊上寻找同种商品进行价格比较	41%
查询商场信息	37%
浏览商品的在线商店	37%
在亚马逊以外的在线商城查询价格进行比较	35%
查询商品的等级和评价	33%
在商品搜索引擎上查询价格进行比较	30%
在零售店网站查询价格	30%
查询感兴趣商品的库存	28%
预订零售店的商品	22%

手机广告

手机广告在预售阶段可视性很强，这跟在传统互联网的情况一样。但是因为电脑屏幕更大，所以互联网广告的可视化程度更高，这使得消费者在观看广告时能够更好地适应产品或网站的使用环境。移动终端的小屏幕，特别是智能手机的屏幕，对于大型广告而言是一个限性制因素。但是，屏幕尺寸不是限制手机广告蓬勃发展的唯一因素。移动购物用户不希望他们的手机上出现更多的广告，但是如果广告能够给他们带来价值则另当别论。

当移动广告具有高度针对性，并与消费者正在做的事息息相关时，消费者才会认真读取。在互联网广告兴起之初，这个业务还很小。随着时间的推移，它发展壮大为年产值超过 300 亿美元的行业。由于将移动终端和广告结合起来是个新鲜事物，所以移动广告和早期的互联网业务一样：非常小，但是目标很远大。移动广告业如此庞大的原因在于，使用手机的人数庞大；更重要的原因则是，手机可以随身携带并且颇具个性化，这给个性化营销传播提供了巨大的潜在发展空间。

目前移动广告增长相对缓慢的原因是，作为营销预算的一部分，被分配到移动方面的企业资源并不多。由移动营销协会牵头的一项有关广告费的研究分析表明，对移动终端的投资回报取决于市场的实际成本、目前移动广告的效果、智能手机的市场份额以及手机的使用范围和频率。研究得出的结论是,美国营销人员在移动广告上投入的最佳预算比例应该是 7% 的，而相比之下目前的营销预算不超过 1%。

从另一个方面来看，一家企业几乎所有的消费者都在使用移动电话，但是企业投入到移动营销的营销预算通常少于总预算的 1%。据预测，美国移动营销和广告投入能够在 2016 年以前达到两位数的年增长速度，并达到每年 170 亿美元的水平，这是颇具权威的媒体研究机构 PQ Media 得出的结论。根据这项研究的说法，到那时最大的移动终端投入将会被放在营销 App、手机优惠券、流媒体视频和移动搜索上面。随着移动终端的互联网用户超过 PC 端用户，在 2016 年以前全球移动广告市场份额预计能超过

280 亿美元。

移动终端的使用方式不仅更加贴近个人、更具个性化，而且大量广告将根据用户的实时位置发送到移动终端上。本地商家常常渴望能够触及附近的移动购物用户。在 2016 年以前，作为移动广告的一个子分类，地方性广告市场份额将达到 58 亿美元。

主流的网络平台将用户迁移到移动终端，这遵循了广告吸引用户眼球的规律。举例来说，当 Facebook 发现它的主要用户群转移到通过移动终端登录时，它就开始在移动广告上集中发力。在努力提升移动广告业务 6 个月后，来自移动客户端的广告收入几乎达到了 Facebook 广告收入的 15%。

在全球范围内，移动广告的有效性随着市场和设备而变化。安卓系统是全球第一大智能手机操作系统，它在各种不同制造商制造的不同手机上运行，排名第二的系统是苹果系统。但是，这并不全然意味着安卓系统的手机在世界每个区域都在移动广告有效性上占据第一的位置。基于不同的种类，广告的接受人数也存在一些区别，比如娱乐类和旅游类。不管在哪个地区，营销人员都会继续努力深入地接触移动购物用户，以尝试影响他们的购物行为。移动购物生命周期的预购阶段是接触移动购物用户的一个有利时机。

移动广告在全球的发展情况

由于世界各地的人都拥有移动终端，并且营销人员尝试给这些人发送信息，这就使得广告越发转战于移动终端。无论在哪个区域，各类品牌和机构经常使用广告平台，以使广告和用户相匹配。位于伦敦的 Adfonic 就是这样的一个平台，它每月发送到世界各地的移动终端上的信息超过 1 000 亿条。这家公司在马德里、慕尼黑、纽约、旧金山和新加坡都有办事处，并且每月会举办 6 000 多次广告活动，触及 2.5 亿不同的移动用户。它还研发了绩效指标来衡量广告效果，并密切跟踪各地的广告表现情况。

根据 Adfonic 的研究成果，设计和时尚新闻网站上的移动广告可以增加 8 倍的广告观看率，另外针对男性的移动广告增长了 164%。这份研究报告名为《全球广告指标报告》(*the Global Ad Metrics Report*)，它的结论是根据 15 000 多个移动网站和 App 运行的数以千计的移动广告活动中推出的 790 亿条广告得出的。移动广告增长最快的是欧洲，在这里一年有 230 亿条移动广告，超过了在北美的移动广告数。安卓系统的手机在北美洲、欧洲、亚洲和非洲拥有最大的广告份额，但是在南美洲苹果系统的手机则较为领先（见表 2—2）。

表 2—2　　不同系统的移动广告

	安卓系统	苹果系统
北美洲	63%	30%
欧洲	43%	34%
亚洲	40%	38%
南美洲	30%	34%
非洲	14%	11%

根据 Adfonic 的研究数据，在手机上发送的移动广告数量要明显多于在平板电脑上发送的，在手机上的广告占据了移动广告发送总量的 91%。与娱乐、媒体和技术相关的广告总数是广告商在移动终端投入总量的 2/3。

广告商用消费者打开移动广告的数量来衡量结果，他们发现娱乐和媒体类以 260% 的成功率超越了平均水平，这是因为消费者乐于安装与媒体相关的 App。与商业、财富和零售相关的 App 都以 130% 的成功率超越了平均水平。总体而言，全球范围内移动广告投入最多的是娱乐和媒体类，而最低的则是生活方式和健康广告类（见表 2—3）。

Adfonic 的研究结果显示，主要的广告类别随着地理位置的变化而转变。比如说，在北美洲投入最多的广告种类是娱乐和媒体广告，但是在南美洲则是技术和电信广告（见表 2—4）。

表 2—3　　不同种类的移动广告投入

娱乐 & 媒体	39%
技术 & 电信	28%
商业 & 财务	8%
新闻 & 教育	6%
消费品 & 零售	6%
社交 & 约会	5%
汽车	3%
旅游	2%
生活方式 & 健康	2%

移动广告投放在不同地区和不同垂直领域的成功程度，是由人们点击移动广告的次数来衡量的，而点击量又随着地理位置的变化而存在明显的差别。在欧洲，最成功的垂直广告是消费品和零售，它得到的点击数超过了其他地区相应广告点击数的 31%。在北美洲，技术和电信种类拥有 37% 的点击率；在亚洲，汽车广告则是领先的种类，拥有 85% 的点击率。

表 2—4　　不同地域最受欢迎的垂直移动广告

北美洲	
娱乐 & 媒体	45%
技术 & 电信	21%
新闻 & 教育	18%
消费品 & 零售	6%
欧洲	
娱乐 & 媒体	35%
技术 & 电信	24%
商业 & 财务	12%
社交 & 约会	9%
亚洲	
娱乐 & 媒体	45%
技术 & 电信	34%

续前表

商业 & 财务	6%
生活方式 & 健康	3%
南美洲	
技术 & 电信	50%
娱乐 & 媒体	36%
新闻 & 教育	4%
社交 & 约会	4%

从这些国家的移动购物用户的角度出发，广告不得不小心行事。埃森哲的一项研究指出，38% 的用户认为这些广告特别讨厌，并且有很多人认为通过短信发来的移动广告让人徒增烦恼。但是，66% 的用户非常欢迎优惠券和促销信息，46% 的用户认为这类信息非常有益，同时还有 20% 的用户认为这类信息相当有趣。这凸显了营销人员需要用最有价值的信息接触移动购物用户，而基于位置和背景设置的信息则更加有效，这一点我们将在后面讨论。

移动互联网

在全球范围内移动广告能够高度定位消费者，但与此同时营销人员则忽视了另一个移动影响力因素，那就是如何将移动消费者拉入互联网。

在一些国家，互联网入口主要被手机用户占据，并且在全球范围内手机用户明显高于电脑用户，所以很多人第一次进入互联网的世界就是通过移动手机，并且只通过手机登录。埃森哲的研究显示，在南美洲巴西的互联网手机用户数量最多，而在法国、德国和芬兰这种用户最少。移动互联网观察研究报告是基于在欧洲、拉丁美洲和非洲等 13 个国家所开展的研究，以下就是有关那些通过移动终端上网用户的一些研究结论：

- 69% 的互联网用户通过移动终端上网；

- 61% 的用户通过智能手机上网；
- 22% 的用户通过平板电脑上网；
- 73% 的男性和 66% 的女性通过移动终端上网；
- 58% 的用户因为私人事务上网，20% 是因为与工作相关的事务；
- 45% 的 50 岁以上人群使用移动互联网；
- 62% 的用户登录在线社区，比如 Facebook；
- 46% 的用户通过移动终端办理银行转账；
- 71% 的用户通过手机下载 App；
- 51% 的用户下载或在线观看短视频；
- 70% 的用户关注信息安全；
- 78% 的用户对消费者云计算服务感兴趣；
- 87% 的用户对优质技术服务感兴趣。

在欧洲、拉丁美洲和南非等很多地方，移动购物已经发展到了一定程度，55% 的用户已为类似演唱会、电影和戏剧这样的演出活动在线购票，46% 的用户通过移动终端购买火车和飞机票，还有 39% 的用户通过移动终端购买衣服或者鞋子，37% 的用户用智能手机或平板电脑购买其他消费品，还有 22% 的用户通过这种方式购买大宗商品或者生鲜产品。

像在其他市场一样，平板电脑的使用量在快速增长，这给移动影响力开辟了新的市场。所有的年龄段都在使用这种设备，其中 14 岁到 39 岁这一年龄段使用最多。超过一半的平板电脑用户每天至少有一次会通过平板电脑登录互联网，30% 的用户每天用平板电脑登录几次，69% 的平板电脑用户会下载和观看不超过 5 分钟的短视频，52% 的用户会观看电影、电视剧或者长视频。还有 61% 的移动购物用户用平板电脑比价，而这也是预购阶段的一项主要活动。

手机邮件

在第一个黑莓手机带来的早期移动体验后，人们开始迷恋于用移动手机收发电子邮件。移动邮件能够将消费者从台式机和在特定位置阅读电子邮件的束缚中解救出来。尽管有些营销人员可能会忽略电子邮件对移动购物用户的覆盖率，可就像多年前的直邮一样，电脑端针对消费者的电子邮件营销已经通过多年的实践臻于完善。即使不是一开始就达到这个效果，每一个新的投递体制也极大地改变了之前的体制。电子邮件能够直接发送到移动终端，同时接触到懒惰或是活跃的消费者，进而发挥移动终端的影响力。短信和彩信被视为品牌或公司与消费者之间的桥梁，而电子邮件也是如此。

接收和发送电子邮件始终是最常见的互联网用途：有 70% 的人使用移动终端的电子邮件程序发送邮件，还有 60% 的人使用电子邮件服务商提供的网站来发送邮件——这项数据出自于埃森哲在前段时间进行的调查研究。

不管是通过移动广告还是通过各种形式的手机 App 内置广告，针对移动购物用户的市场营销和广告并不总是需要采取传统广告的形式。鉴于屏幕尺寸及使用方法，移动终端并不是一个传统的营销媒介，营销人员应该采取多种营销方式以确保在移动购物生命周期的各个阶段能够有效地传递信息。如果你知道电子邮件发送后会产生什么效果，那发送电子邮件营销信息给移动消费者将能够更加有效。

毋庸置疑，电子邮件营销信息如果被目标人群打开将能发挥最大效果。此外，如果能使消费者参与其中，那成效会更大。但是，并不是所有发送给移动终端的电子邮件信息都会被用同样的方式来接收。在手机上被打开的电子邮件超过了那些在平板电脑上被打开的电子邮件，二者的比例大概是 3∶1，这个结论出自于 Knotice 所作的移动电子邮件公开报告。有一项长达 6 个月的研究项目，它基于在 11 个细分行业中发送的超过 8 亿封电子邮件。这项研究发现，通过手机打开的电子邮件占所有电子邮件总量的 26%，而通过平板电脑打开的则占总量的 10%。

不同智能手机的电子邮件打开率是不同的，在 iPhone 上被打开的电子邮件（20%）要明显高于安卓系统上被打开的邮件（6%）。现在，有 36% 的人在手机上打开电子邮件，64% 的人用台式机打开电子邮件。这项研究发现，越来越多的消费者在手机上打开电子邮件，而实际在台式机上打开的趋势恰好相反。在安卓和苹果设备上被打开的邮件加起来能够占到所有被打开移动电子邮件总和的 99%。这可以说明为什么营销工作需要锁定安装了这两种系统的设备，并通过电子邮件向具有移动思维方式的客户进行营销。

不同行业的手机邮件打开率是另一个衡量移动购物用户接收程度的重要指标。研究成果显示，消费者服务、理财服务以及 B2B 广告联盟类的打开率最高（见表 2—5）。

表 2—5　不同行业的电子邮件打开率

消费者服务	34%
理财服务	33%
电缆 & 电话	26%
娱乐	26%
酒店业	24%
零售	24%
消费品	23%
教育	23%
协会	17%
B2B	14%

表 2—5 表明，在最大的类别里发送的大约 1/3 的电子邮件是在移动终端上被打开的。从前一季度来看，打开率增长最明显的种类是消费品、零售和消费者服务。营销人员还有另一个重要指标来衡量、发现在移动终端

打开电子邮件的消费者是否会有进一步行动，那就是消费者是否会在打开原始邮件后点击链接以查找更多信息或报价。这是营销人员用来衡量电子邮件内容有效性的一种方式。举个例子来说，如果大部分接收者在移动终端上打开电子邮件后没有采取任何行动，那这个营销信息就算不上是成功的（见表 2—6）。

Knotice 的研究指出，在短时间内不同行业的移动电子邮件打开率将会从 36% 上升到 50% 还多。尝试接触移动购物用户的营销人员需要考虑到这点，因为 Knotice 指出，研究中涉及的大部分品牌并没有主动优化他们给移动用户发送的电子邮件设计方案。移动电子邮件接收者在不久后将会成为打开邮件的主体。研究中涉及的一家服装零售商发现，超过 60% 的电子邮件是在移动终端上被打开的，并且传统的桌面设计方法已经不再对移动屏幕适用了。

表 2—6　电子邮件的打开率

财务服务	15%
消费品	12%
酒店业	10%
协会	9%
零售	8%
娱乐	7%
电缆 & 电话	6%
消费者服务	6%
B2B	4%
教育	2%

消息的及时性

Knotice 的研究成果显示，在移动终端上打开邮件有一个模式，电子邮件打开率在傍晚、深夜和清晨达到顶峰。移动终端上的电子邮件也集中于电子邮件发送后的 3 个小时内被打开，随后打开率迅速下降。通过移动终端进行的电子邮件参与在最初的 90 分钟内明显更多，这就意味着营销人员需要使用他们特定的消费者数据来给电子邮件设定最佳发送时间。

另一个影响移动营销的因素是，消费者在打开电子邮件后会做什么，而不只是他们是否点击了邮件内的信息。举个例子来说，零售业发送给消费者的信息一旦被打开——不管是在什么设备上被打开，都不太可能被再次打开。人们普遍将他们的手机收件箱作为一个过滤器，而保存了电子邮件稍后在台式机上重新查看的人并不多。几乎所有的电子邮件（98%）只在一台专属的设备上打开。在零售行业，21% 的邮件是在移动终端上被打开的。如果零售行业的营销人员没有创造一个引人注目的标题并把它传递给合适的客户，那移动消费者带来的机会窗口可能会被完全忽略。

人们会通过移动终端买什么

除了在移动购物生命周期的早期通过广告接触移动购物用户外，当消费者通过他们的行为反映出他们需要什么时，营销人员也有机会接触到移动购物用户，而这往往会让品牌或营销人员大吃一惊。在预购阶段当一个营销人员使用移动广告来接触潜在客户时，消费者也可能会自己完成购买而不需要别人推动。就像你会在书中看到的一样，消费者通过移动终端购买的产品种类没有明确的限制。之所以会出现这样的现象，原因之一是智能手机和平板电脑的使用方式几乎和 PC 机差不多，因此很多消费者自然而然地将他们的移动终端当成电脑使用。

很明显，有些事物还是更适合用特定的屏幕来显示。举个例子来说，电影在电影院的屏幕上观看体验更好，电视剧在大屏幕电视机上的观看体验更佳，电子数据表在电脑屏幕上上使用起来更方便。人们在直觉上认为在电脑屏幕填写冗长的申请比在相对较小的智能手机屏幕上更合适。但是在移动购物生命周期中，几乎所有类别的活动都可能随时出现，有时甚至是意想不到的时刻。那么，消费者到底愿意在智能手机上输入多少数据？事实证明，很多人会输入特别多的数据——一家公司惊奇地发现，人们将在移动电话上填写冗长的贷款申请。

信合保险公司是一家生产退休产品及投资产品的金融服务供应商，其推出的贷款申请网站名为 loanliner.com，它早在 2000 年就进入了信用合作社领域。从那时起，整个美国的信用合作社使用 loanliner.com 平台向他们的成员销售贷款。但在推出这个网站 10 年后，信合保险公司惊奇地发现，成千上万的贷款申请来自移动终端。这跟他们过去的想法相悖，他们曾认为消费者会在电脑上逐页完成所有的数据输入步骤，然后再到手机上申请贷款。

该公司决定为智能手机和平板电脑设计专门流程，因为客户使用他们的手机在传统形式的网站获取贷款申请表格，而这很难得到最佳体验——网上贷款过程是针对电脑设计的。尽管操作体验不好，客户仍然使用他们的手机登录。信合保险公司最初期望客户能在预购过程中把移动终端当成研究工具，可他们发现顾客在这一阶段已经转入实际交易阶段。

和处在移动化的世界中的许多人一样，企业面临的问题是，是否要创建一个 App 或移动网站来为移动客户服务。信合保险公司是一个遵纪守法的公司，而信用社贷款应用程序受到严格的监管，所以该公司以移动网站的方式为客户服务，并在 2011 年年中推出网站，从而将不断更新的披露要求呈现给通过智能手机贷款程序登录 loanliner.com 的 552 个信用社的贷款申请者——这可比听起来困难得多了。贷款申请人在手机贷款过程中会接触到一系列的屏幕，而每个屏幕又会根据他们过去和当前的输入呈现出不同的信息披露方式。

移动贷款申请的创建流程是复杂的。“要解决的最困难的部分是，在强制性披露的同时，提升我们的信用保障产品，”信合保险公司的贷款业务系统总监约翰·普特曼（John Putman）说，“我们必须找到在小屏幕上显示这些披露信息的办法，这十分重要，它能够使用户了解保证金的自愿属性，让他们意识到改变保证金不会影响贷款申请是否能够通过，而且让他们非常清楚地了解保证金的成本。一旦我们完善了这个披露流程，采用一种非常简单和易上手的方式，那我们的信用社用户和他们的成员将会受益匪浅。”

除了发现越来越多的人使用移动方式以外，信合保险公司还发现，移动贷款很有效。他们发现，相对于使用电脑登录传统网站的用户来说，在手机上填写贷款表格的用户更有可能完成全部流程。“平均贷款完成率是42%，而在手机上有49%的完成率。”普特曼说，“最终，更多的人通过他们的智能手机而不是电脑完成他们的贷款申请，这在最后给贷款发起者或信用社带来了更多收入。”依托信用社的努力，随着贷款流程的改进，贷款申请中需要的信息能够自动填充或自助填写，而申请流程的安全性也会更高。

显然，“就我们的移动用户智能手机贷款跟踪记录的平均数来看，移动用户是位年轻并且对用户体验期望值很高的人士，”普特曼说，“从目前的情况来看，我们已经达到了目标。”下面是信合保险公司从手机贷款流程中发现的：

- 在电脑终端登录的贷款申请者的平均年龄是40岁，而智能手机端的申请用户平均年龄是31岁。
- 从电脑端登录的用户平均贷款额度是17 000美元，智能手机端的申请用户贷款额度是10 000美元。（普特曼认为低年龄人口贷款额度可能会小，因为他们的收入比他们长辈的要少，举个例子来说，他们可能会倾向于选择更便宜的车。）
- 从2011年7月份开始，每天有50笔通过智能手机的贷款申请，现在这个数字已经到了每天166笔左右。

- 在开发完这个项目以后，已经有 43 437 多笔贷款申请通过智能手机贷款版本提交。
- 通过苹果手机提交的贷款申请比安卓手机略高，两者的提交比例分别是 58% 和 42%。
- 在通过苹果设备提交的贷款要求中，来自 iPhone 和 iPad 的请求比例分别是 51% 和 49%。

信合保险公司移动贷款流程的下一步是，开发连接到移动网络的苹果和安卓 App。“移动网络并没有给相机或者导航仪留下入口。”普特曼说。他认为当信用社成员在驾车时，系统通知他们的贷款申请已经被批准，并随时可能通过系统发放，这很可能发生。这个想法就将购买和贷款过程更紧密地连接起来了，所以至少从概念上说，当人们正在购物的时候，他们可以当场进行贷款。这是另一种将移动购物生命周期的多个阶段联系到一起的方式，它对预购阶段、在途阶段，以及购买阶段具有潜在影响力。

大批会填写冗长的表格或者通过智能手机申请贷款的客户，可能不会直观地或者通过设计好的方式申请贷款。但是如果有办法能够让事情变得移动化，并使消费者可以在外出时按照自己的时间安排做事，那么吸引移动消费者的机会就会很大。聪明的商家应该看清并跟随趋势。

消费者最初没有预料到信合保险公司的移动化转型，可一旦公司确定并容纳这种转型，移动平台增长的速度就会更快。“最让我们吃惊的是，移动终端的整体使用水平增长极其迅猛并且一再持续，有些使用得很上手的用户会用这些设备来做所有事情,包括财务交易。”普特曼说，“我个人认为，这是因为整整一代人与这些极其强大的名为智能手机的掌上电脑的共同成长，而且这一代人会使用智能手机来做以前用传统的笔记本电脑和台式机来做的事情。”

信合保险公司的移动贷款平台增长速度是计算机增长速度的两倍多。

该公司也发现，这些在智能手机和平板电脑上完成贷款申请的人比那些在电脑上的要年轻（见表 2—7）。

表 2—7　　使用不同设备的贷款申请者情况对比

增长率	
电脑	110%
智能手机	264%
平板电脑	385%
平均年龄	
电脑	40
智能手机	31
平板电脑	38
年龄中位数	
电脑	29
智能手机	25
平板电脑	27

“由于公司的核心产品是通过贷款出售的，故从我们的角度出发，通过智能手机推销贷款产品促进了保险范围的扩充，而我们也从中看到了巨大的成功。”普特曼说。

管理预购阶段的渠道

在很多情况下，移动消费者在家通过平板电脑或者智能手机购物，研究旅游线路也不例外。大陆航空公司和美国联合航空公司合并后，联合后的航线采取了行动以确保不管是在哪种设备上查看的信息，来源都相同。

“我们抽出了一个团队并且开始完善市场部分和技术部分。”美联航的新技术高级经理杰夫·乌尔里希（Jeff Ulrich）说。这最初是在大陆航空公司那边设计和发布的技术，两家公司合并后美联航的数据被纳入了这个项目。

确保消费者在任何时间在所有的入口处得到的信息基本相同，这是对数据源比较多并且流动速度快的行业的一个挑战。“我们给移动用户提供的服务与传统互联网用户的基本相同。”乌尔里希最初在大陆航空公司工作，他说，“因此我们所有的库存数据都是最新的。”

美联航认为，让所有的渠道互相配合并且在所有的渠道传递相同的数据，最终提供相同的后端互联网服务，这十分关键。正如很多大企业的惯常作法，美联航开始时就将在传统互联网上所做的工作移植到移动终端。与从很多其他的大型组织学到的经验相同，美联航认识到移动消费者需要的不只是在传统互联网上提供的那些东西。乌尔里希说：

> 我们已经掌握了网站运营知识，而移动终端只是一个相应的扩展。我们看到移动化趋势不断加深，而且消费者经常在飞机场使用移动网站，因此很明显我们得设计一个相应的 App。
>
> 在未来，我们会不断转向移动终端，挖掘更多有时效性信息。这意味着当人们希望预订航班、换乘航班或者更新旅行信息时，能够更好地掌握自己的航程时间。这就是我们在未来的发展方向。在过去长期规划很重要，但现在移动化更能贴近航班服务需求。
>
> 当乘火车回家、为周末旅行或者为几个星期的外出进行购物准备时，你会发现前面所说的规律。这对于购物来说是很了不起的。很多消费者在移动终端购物，并且随着更多的人对移动终端很满意，这样的人群在未来会不断扩大。
>
> 我们不断得到他们（消费者）的反馈，并且在不断寻求为手机添加新的功能以使其对我们的客户更有用。这很有趣，因为试想一下 5 年前我们还在使用翻盖手机和功能型手机。在 5 年的时间里一切转变得那么快，所以我们甚至不能预测未来 3~5 年后会发生什么事情。它只是不断促使你展望未来。
>
> 与传统网站相比，手机网站能让你专注于重要事务。

对 App 来说，它只是使它自己更严谨，并且试图找到更能与手机融为一体的特征，从而对自身进行优化以适应专门设备。而移动网站可以在任何设备上使用，因此我们不光能用 App。

很多人使用移动网站，但是它正在转变。我在机场时有时候会感到很吃惊，有些人使用手机通过网络登机时必须要旋转他们的手机登机证——因为他们的屏幕并没有锁定，而他们也没有使用 App 来进行优化，即便 iPhone 也是如此。我想跑过去告诉他们如何通过 App 让使用体验得到明显改善。

我们同样针对营销战略设计了很多应用，比如针对“前程万里”和常飞旅客特惠计划的会员设计 App。但有一个大问题就是，这些旅客没有真正和任何航空公司捆绑到一起，所以作为一个客户，我不一定要下载你的特定 App，因为我近些年只搭乘过你的一次航班。对于这些客户在而言，移动网站是有意义的。

美联航和其他大公司发现，自进入移动领域之时，他们客户的行为就能够帮忙指出下一个方向，那可能是更加快捷的 App、更好的移动网站体验，或者是从未被考虑过的新功能。由于美联航在早期研究中所做的努力，消费者不管是使用智能手机还是平板电脑，都能够在不同的位置完成购买。如果没有注意并密切参与预购的早期阶段，一家企业会很容易失去成为移动购物生命周期重要部分的机会。

预期买入

在预购阶段有很多不同的活动，有些和非实体商品有关，比如信合保险公司发放的贷款，或者是出售的旅游产品，又比如美联航空公司出售的飞机票。然而，这个阶段不限于此，我们不应该只是简单地对购买行为进行初步的研究。有些预购阶段的生意提供了产品信息并且创造了对交易的预期。

每天上午 11 点，总部位于波士顿的 Rue La La 公司都会推出精心策划的产品，里面装满了为男士和女士准备的时尚用品，还有为家庭或小孩准备的其他用品。Rue La La 只为会员开放并且每次只开放 48 小时。“我们出售所有的库存商品，直到售完或两天后自动翻台为止。” Reu La La 用户体验部门的副总裁汤姆·威森德（Tom Weisend）说，“每 48 小时我们就会将商店进行一次 100% 的翻台。”

这家公司通常被简称为 Rue，它每天要引进几百种新产品。在移动化之前，由于消费者只能在电脑上完成交易，故而限制了预购阶段的潜力。由于一些物品的数量有限，这意味着在午餐后进行的闪购活动中，人们会错失获得目标的商品的机会。

为了让人们在预购阶段有所期待，Rue 对第二天上午 11 点要推出的精品提供预览，例如某日即将推出从日本精工、Maison chic、凡尔赛宫、赛琳、范思哲、Time for Sweets 和 Europe2Youd 精选的商品。购物者可以在 App 上勾选任何想要的即将到来的精品，当开售时 App 会自动发出提醒。有了移动终端，购物者身在何处并不重要，因为他们可以在移动终端上进行一键式购买。

起初，Reu La La 只是一个传统的仅在网络出售的购物平台。“我们先是建立一个品牌并使人们喜欢和支持这个品牌，我认为我们行动迅速且做得相当成功。”威森德说，“移动趋势把我们的即时性变为了驱动力，当我们一展出，你就希望能够在售完之前得到它。移动化允许人们拥抱这个趋势，而不是说‘我从未在 11 点赶过去，并且也不会去尝试，因为现实总是让我失望’。我们常会听到这句话，而且人们还会说‘在我到那里之前所有的好东西都被销售一空了，就因为我在开会或者因其他事而错过了时间’。智能手机、平板电脑甚至我们的移动网络已经使人们重新拥抱 Rue La La 并且被 Rue La La 所吸引，因为只要拥有一台移动终端，你在任何地方都可以像身在 Rue La La 购物一样。对于我们来说，这是一个巨大的转变，而且我们已经看到了巨大的变化。Rue La La 超过 1/3 的商品通过移动终端销售，而在几年以前我们甚至很少谈到移动这个话题。”

Rue 曾在 2009 年底设计了一个移动网站，因此任何拥有智能手机的人至少能够通过他们的移动终端进行购物。当时只不过是想为潜在买家提供方便，让他们在手机上看到商品的图片、下单。一些早期用户用移动网站来完成购买，但是这个尝试效果不大。进入移动领域为这次尝试提供了一个测试和学习的平台，而这也是移动营销的一个首要原则。

“2010 年春季，我正在做可用性测试，其中一个参与者是哈佛的法律系学生，”威森德说，“她说在我们的移动网站开办以前，她不能上 11 点的课。我们引进网站后她可以学到 11 点课堂的合同法内容。我记得当时我挺吃惊的。因为她沉迷于买鞋子而不是认真听教授讲课，因此我从未想过她会成为一位合同律师，但因为移动网络她就有了这个机会。因此这是把双刃剑。但是我想这是一个很好的例子，它说明只要真正去实践就会发现现实变化得很快。”

创造崭新的移动购物方式

在 2010 年终，Rue 推出了同时适用于 iPhone 和 iPad 的 App，并且增加了支撑移动业务的资源。从那时起，有成百上千人下载了 App。与许多其他企业一样，Rue 发现一旦企业的移动营销能力与客户的需求相一致，那移动购物用户的忠诚度便会提高。营销工作者常犯的另一个错误是，没有在第一时间考虑移动终端。“很长时间以来移动终端都是作为第二选择的，”威森德说，“原来只要对传统网站进行一些功能改造，我们就说‘必须在移动终端上也这么做，我们能够完成这件事’。现在除非大家都这么做，否则我们不再只进行些功能改造了，而且有时候，我们专门针对移动终端进行功能设计。”

在 iPhone 和 iPad 客户端推出后不久，Rue 的移动生意发展很快，这主要体现在 iPad 客户端上，这是因为在推出这个 App 时，iPad 上的购物 App 并不多。“几周之内，我们的市场份额占有率提升到了两位数，并在年轻人群体中大受欢迎。”威森德说，“我认为形成这个现象的原因是，我们的模型很完美地对应于需求，也就是不管如何登录上去，只要你能在恰当的时间在场。我们积累了一些让消费者得到无缝化体验的经验，这是一个巨大的驱动力，它直到现在仍然很重要。我们想要成功，因为这能使你和 Reu La La 形成一个全方位的移动终端互动关系，并且会使你有成就感：你会得到良好的体验，感受到品牌的存在，理解 Reu La La 的品牌内涵，并邀请你的朋友做任何我们鼓励成员做的事，且从来不用在不愿意的时候去看网站。这一切都跟我们努力让品牌和经验适应于移动终端有关。”

“我们从来不会因为智能手机或者平板电脑能够完成一些事情而简单地去做这些事情，我们坚持在移动领域稳扎稳打。如果它对于 Rue 的实际运营没有帮助，那我们就不会做这些事。我们尽可能尝试着获得最好的用户体验，而不是为了在创新的竞赛中赢得一件奖品。我们正努力一点点地改善双方的体验。”

一般来说，每天Rue除了相对本地化的商品供应外，还会列出至少10种不同的品牌或精品。它也有“今日特价”，“有颜色或者款式变化的极具价格吸引力的单品”，例如一个手镯或一双鞋子。预购阶段的移动购物用户可以在上午11点精确、迅速地从前一个阶段过渡到实际交易阶段，他们同样会在第二天查看哪些商品正进行促销，然后用移动终端与其他商家出售的类似的商品进行比较。同时，Rue继续密切关注着消费者的行为变化。威森德说：

> 我们将继续做出改变，不断设计新的版本，修复版本漏洞等等。

我们发现，我们的会员完全接受了这个 App 和我们的移动销售方式。他们不仅经常使用 App，还会花更多的时间在上面。我们发现不只是 Rue，几乎每个人在 iPad 上花费的时间都超过了在传统网站或是智能手机上花费的时间。他们在 iPad 上花费更多的时间浏览、阅读、思考问题并且获得了更好的体验。纵使不一定会购买到更好的商品，他们在平板电脑上的平均订单价值也更高。消费者更倾向于在平板电脑而不是智能手机上进行高端奢侈品和高端服务体验的购买。

我们公司的移动销售业务收入的 35% 是来自移动网站，还有 65% 是来自 App。在开始的第一个月，iPad 创造的收入比重就要高于 iPhone 创造的收入比重，而且这个现象一直延续了下来。

我们发现苹果和安卓用户的行为方式基本相同。但是我们对于 iOS 的采纳程度完全不同——我们不那么重视安卓系统。我们有两个未经科学证明的理论。其中一个是，被新的购物方式所吸引的人们，更有可能使用 iOS 平台并成为 iOS 用户。另一个理论是，我们非常重视女性群体。对于女性而言，iOS 设计更加友好，相较安卓系统更受她们欢迎。

我们的移动业务客户比率接近 40%，并且使用率在不断提高。在 iOS 和 iPhone 5 发布后的 10 天内，我们 70% 的 App 用户升级到了 iOS6。我想这是一个启示，它说明人们意识到技术的发展、Rue 在未来的方向以及应该如何从中得到最好的体验。

在某些时候我们已经能够在移动销售中得到 52% 的总销售收入。我认为，2014 年移动销售将持续贡献超过 50% 的总销售收入。

我们发现 iPad 白天的使用地点主要是在户外，不管是在公司还是在咖啡馆。到了晚上，人们在他们的 iPad 上消磨时光则是另一回事。我们发现有成千上万的用户在 11 点于户外使用 iPad，而在下午 5 点因为大家都在赶着回家，所以只有几百人在使用 iPad。我们还发现，iPad 已经改变了晚上的生活方式，人们在 iPad 上花费了大量时间。几乎全部因为 iPad 的使用，我们的流量出现了惊人的增长。

我们发现，想要在家里或是躺在沙发上购物的人都愿意去看看我们还有什么好东西、有什么品牌、将来会有什么新变化。他们会花一些时间浏览我们的商品预览网页。即使到了第二天 11 点，我仍能拿着我的手机“闲逛”，因为我知道自己喜欢彪马、开司米或其他类型的商品。

与我们通常看到的情况不同，就 iPad 的使用方式而言，周一到周五与周六和周日相比，没有很大的区别。我们能够在周末售出价值 12 000 美元的包，从而促进流量提升。我们发现，出于某些原因周二的移动终端使用率往往有所减少，可我们不能很好地解释这个现象。如果看看一年的数据记录，那你就会发现周二的使用率偏低。有时候周二的实际使用率可能只有 20%，而同一周的其他时候这个使用率能够达到 45%。

让我吃惊的是消费者对 iOS 的忠诚度。我们在推出 iOS 应用的 4 个月后推出了我们的安卓 App，虽然 App 质量很好但是使用人数并不多。我讶异于这些忠诚度高的消费者是如何跨设备使用 Rue 的。我们发现，这些消费者在电脑桌面上将一些商品放入购物车，通过手机端考虑是否购买，如果商品还有货，那消费者会在两小时后下单购买——他们就是如此自然地在不同终端间切换的。周一上班时，他们会用自己的台式机购物；在周四上班的路上，他们会使用 iPad 购物。他们的购物方式就是如此自然地切换着。

他们的思维方式和我们的不同，当我们认为“哦，他们在台式上购买这个，通过手机购买那个”时，他们想的是“我在 Rue 购买了这件商品”。我认为，这对我们来说是一个意外的惊喜，因为它意味着我们创造的体验是一致的，并且消费者会感到 Rue 的消费体验十分舒适，而且他们不会得到不合格的产品、服务以及消费体验。

当网购变得稀松平常时，我们努力创造一种新的方式来给消费者制造惊喜和愉悦。

无论是像 Rue La La 这种模式的企业，还是和通过移动终端申请贷款的消费者打交道的信合保险公司，或者是跟踪航班旅客的移动行为的美联航空，移动购物生命周期的预购阶段是影响移动购物用户的第一个阶段。经过该阶段，一切继续向前，而这是我们在下一章要讨论的话题。

MOBILE INFLUENCE 数说移动

在2016年以前全球移动广告市场份额预计能够超过280亿美元；作为移动广告的一个子分类，地方性广告市场份额将达到58亿美元。

03

关键2：在途阶段 偏好追踪

移动消费者拥有指尖上的权力，能够在任何时候去寻找和购买任何他们需要的商品。你是“搜寻者”，还是“巡洋舰用户”？什么才是最终极的位置驱动力？他们此刻的兴趣集中点在哪里？充分利用移动终端，推动一切向前！

指尖上的权力，与消费者一起变化
你是搜寻者，还是巡洋舰用户
优惠券，终极位置驱动力
移动签到
利用移动终端进行家庭购物
利用移动终端买车
利用移动终端加油
利用移动终端购票

MOBILE INFLUENCE

指尖上的权力，与消费者一起变化

在过去，当在外购物或是在去往商店的路上时，消费者基本上是与购物过程相隔离的。而在家或是在办公室的消费者，可以通过在线方式介入购物过程，比如登录公司和产品的网页研究要购买些什么物品，或是翻阅报纸和杂志查找信息。但是如果没有这么做，那么消费者在去购物中心或是商店的路途中就会与购物过程失去紧密的关联。

对预购阶段的营销人员来说，好消息是，有一些明确的方式和机会来接触消费者。这些方法包括黄金时段的电视广告、广播节目，还有报纸和杂志上刊登的广告。随着消费者的行为不断向网上迁移，在线广告也接踵而至。目前全球广告支出每年超过 4 500 亿美元，这其中的一部分转移到欣欣向荣的在线广告领域。但是所有的电视、印刷和在线广告媒介只有在客户持有特定设备的情况下才能接触到客户。也许会有人在晚上看电视，可在早上上班前，大多数人仍然选择读报纸，还有一部分人选择在周末的休闲时光中悠闲地阅读杂志。消费者利用在家或办公室的空闲时间在网络上冲浪和搜索，而营销人员可以利用这些机会接触到他们，但是在这些情况下，消费者并没有实现真正意义上的移动化。

智能手机和平板电脑改变了这种状况。营销人员现在可以在购买前的研究阶段和购物阶段接触到移动购物用户。我们可以很直观地预计出，移动购物用户在购物时会使用他们的装备，也可以在在途阶段中使用。50% 的智能手机用户会在去商店的路上使用自己的手机，这就为营销人员提供了另一个接触到购物者的机会。

你是搜寻者，还是巡洋舰用户

移动消费者拥有指尖上的权力，能够在任何时候去寻找和购买任何自己需要的商品。他们可以随时在自己所在的位置购买商品，不管是直接通过自己的手机还是通过他们所在地的实体商店。然而，移动购物者的处境和思维定式可能有所不同。在途阶段的消费者有两个不同的特点，这使得他们变成我命名的"搜寻者"或"巡洋舰用户"。

"搜寻者"是头脑中有着特定购买意图并锁定了目标的消费者，也就是完成了所有的研究过程并且正在前往商店的购物者。搜寻者更专注于购物过程和要买的产品或服务。搜寻者有如下特征：

- **进入了后研究阶段：**他们已经在家做好了对预购产品的功课。他们可能已经看到了产品的电视广告并且通过平板电脑或是智能手机在网络上进行了相应研究。

- **下定决心。**在进行完研究以后，有些更专业的消费者决定购买产品。这个决定的范围包括从"一般会买"到"一定会买"，但不管是什么情况，他们有超过50%的可能确定购买。

- **确定目的地。**确定好购买的商品后，搜寻者会决定去哪里购买。他们要考虑的因素包括价格、可用性和位置等等，比如到家的距离或者是到达购物地点是否方便。

- **共享意向。**在选择好商品和目的地后，搜寻者有可能给别人发短信或打电话，并让别人知道他们打算去哪里购物以及他们的购买计划。

"巡洋舰用户"就是指那些没有具体购买意向、随意漫游的消费者。加强型消费者是那些准备好购物但是注意力并不集中在购物上的顾客。一个普通的购物者步行时经过商城，甚至某人将一天的零星时间都花在购物上，并将其作为日常活动的部分，这都是可能的。巡洋舰用户的特征是：

- **处在持续研究阶段。**这类消费者并不一定要购买特定物品，尽管他们可能会自发购买些东西。他们可能会在商店发现吸引他们眼球的商品，然后使用自己的手机进行一次快速的网络搜索去寻找更多的产品信息。

- **灵活的位置。**这类消费者在不同的任务中忙个不停。巡洋舰用户可能在开车上下班，送孩子上学，到健身房健身，在商场闲逛或者是去银行办事。

- **对建议持开放心态。**巡洋舰用户可能收到朋友或家人发来的电子邮件或短信，里面提出了基于他们自身位置的建议，而这些建议通常是有效的。这些朋友或家人往往对特定商店或产品比较了解，因此建议具有很高的相关性。

- **共享意向。**共享位置、表明意图对这类消费者来说再平常不过了。他们可能会打电话或者发短信给亲朋好友，在Facebook上发布他们的动态，通过手机签到以方便他们的朋友查看他们所在的位置。

根据时间段和情境的不同，移动消费者有时候是搜寻者，有时候是巡洋舰用户。在这两种情况下，虽然使用的方法可能有所不同，但营销人员仍然能够在移动购物生命周期的在途阶段接触到搜寻者和巡洋舰用户。为了接触到搜寻者，品牌或者营销人员在购买周期的预购阶段可能会表现得十分活跃。通过与公司的早期互动和不断的沟通交流，搜寻者能够在沟通阶段被很好地接触到。消费者也许会在智能手机上进行比较，而这恰恰是一个激励购物者提供他们的信息——至少是联系方式，以方便进行报价的机会。如果他们已经得到了奖励或本身已是忠实的成员，该信息也可以发挥作用。

优惠券，终极位置驱动力

利用移动影响力影响搜寻者和巡洋舰用户的关键方法是，利用好我称为“位置驱动力”的方法。有很多举措能够驱使某个人前往某个地方，而最常用的便是移动优惠券。虽然一些商家会为使用优惠券而感到头痛，因为他们提供的折扣可能会触及底线，但是对于移动购物用户来说，优惠券很管用。优惠券能促使搜寻者和巡洋舰用户前往某个商店或某个位置，而且这个效应在移动终端上越来越普遍。到 2016 年，全球移动优惠券的总赎回值预计将突破 430 亿美元。

移动优惠券已经有一段比较长的发展历史了。与在每天的报纸或独立插页中加入大量打印的优惠券不同，营销人员可以发送特定优惠券给在途阶段的消费者以影响他们的选择。移动购物用户可以选择用特定的优惠券，比如那些由塔吉特提供的优惠券。通过加入塔吉特移动优惠券计划，消费者每隔几周就能收到一条短信，里面包含几个优惠券的链接地址。优惠券到期前几天，塔吉特会发送一条包含着另一个指向优惠券地址的温馨提醒短信。使用优惠券时，消费者只需要显示手机上的优惠券代码，然后由收银员对代码进行扫描即可。其他的一些例子包括：

- Coupons.com。和名字表示的意思一样，这个网站包括了按类别排序的范围广阔的几百种优惠券。你可以注册一个免费账户，在选择好优惠券后，你的卡上将被加入优惠内容。优惠券的范围包括一系列的品目，比如咖啡、麦片、汤、杂志、果汁。优惠券可以被“裁剪”，而一旦选择好了，你就可以将优惠券打出来（假设有一台网络打印机在你附近）。你也可以在选择好优惠券后轻松地通过电子邮件发送给别人。

- Valpak。这是另一个主要的优惠券供应商，它包含一些数额较大的优惠券，比如15美元的信息优惠、20美元的一个月的健身课程优惠、10美元的洗车优惠。它还包含一些大公司提供的优惠券，比如西尔斯百货为顾客提供的在定制屋顶时可节省500美元的优惠。

- **优惠券App。**手机可以通过它自动根据所在的位置提供最适合的优惠折扣。其范围包括了从五折的牛排大餐到免费的舞蹈培训班。此外，它还分列出了优惠券的种类。

除了使用优惠券来促使搜寻者和巡洋舰用户前往特定位置的方法外，还有几种其他方法可以使用，比如地理围栏——一种自动化技术，当消费者出现在地理围栏周边的特定距离内就会发送短信（假设客户同意接受这类信息）。在途阶段中最大的挑战是目标在不断变化，尤其是在巡洋舰用户的案例中。在没有移动化的世界里，传统的大品牌，比如梅西百货和萨克斯第五大道，通过精心打造的橱窗陈列来吸引路人。现在，企业可以将先进的移动营销方法加入市场营销组合中。未来的机遇是，提供相关性强的信息来促使用户使用特定的产品或服务。移动购物用户前往商店的时间就是抓住机遇的好时机，而用户的这个外出办事的时间段过去得很快。对于受目的地限制的个人而言，营销者可以在这些用户抵达目的地前加强甚至改变他们的购买意向。

在途营销的概念包括在消费者外出期间施加移动影响力。由于手机贯穿了移动消费者一天的生活，营销工作者有很多机会来影响消费者的购买决策。例如，为监测放置于耳朵后的温度计情况，维克斯使用谷歌城市锁定目标，将广告发送到那些位于高流感发病率地区的母亲的手机上，而在这些地区的几英里以外就有商店出售温度计。营销人员使用了基于位置的技术，通过广告和基于消费者需求的促销来吸引消费者前往零售店。

移动签到

不管你在什么地方，手机都可以很容易地让其他人知道你在哪里。这里有两种主要的方法：一种是消费者可以使用他们的手机通过 Facebook 和 Twitter 来发布他们正在做的事情；另一种方法是签到，也就是使用类似 Foursquare 的服务。虽然有些用户可能会因为其他人可以通过签到知道他们的位置而感到不自然，但是大部分人乐意在很多地方使用签到功能。有了专门的签到服务后，能够被通知签到的人会被某些服务商更好地识别。

在移动化的早期阶段，签到功能不像今天这样被频繁使用。而现在的智能手机普及率很高，因此用户有更多机会在到达某个地点时使用签到功能。营销人员所面临的挑战是，如何利用好基于位置的签到功能。早些时期地方性机构用来接触附近消费者的一个方法是，打广告或者根据客户所在位置提供特定的折扣，但是这些方法并不一定与客户当时的状态相匹配。例如，当某些人在几个街区以外使用签到功能时，餐馆可以显示折扣情况，以便说服消费者到餐馆来消费。有创新精神的营销工作者以及移动通信行业的公司会用自己的方式将此发展到一个新的阶段。

移动情境营销

用移动签到功能来激发市场营销或者是广告信息，其中的的原因在于，移动签到与用户所处的位置和正在做的事情密切相关。一般的广告是基于被打开的特定的网站或 App 来设计的，与之不同的是，移动购物用户能够接收到基于他们的核心需求而设计的、有着高度针对性和个性化的信息。例如，如果一个人通过手机广播他们刚刚来到梅西百货寻求购买一个新的搅拌机，Twitter 可能瞬间就会发送一个建议来推荐 Cruisinart 出品的一款新产品。

这就是我称为“移动情境营销”的方法。也就是说，根据用户所在的位置和他们正在做的事情发送相关的信息给这类移动消费者，这是营销的重心。与设计好广播信息并把这些信息无差别地发送给移动购物用户不同，移动情境营销包括了针对特定人群发送根据特定时间和位置设计的个性化信息。

纽约的 LocalResponse 就是这样一个移动影响力的推动者，它创建了一个平台来完成这样一个流程。这个平台跟踪了包括 Twitter、Foursquare、GetGlue、Miso、Foodspotting、Instagram 等平台的所有公开发布的信息和签到信息。 LocalResponse 会登记这些活动，不管这些活动源自基于位置的服务还是用户在社交网络发布的签到。

该公司的客户横跨多个行业，其中包括电子、消费品、保健和美容、快餐餐厅、汽车、娱乐、零售，它的客户群包括可口可乐、卡夫、麦当劳、奥迪、沃尔沃、通用汽车公司、威瑞森、沃尔格林、H&M、凯马特和西尔斯。

“我们是一个 B2B 的广告网络，如果找不到更好的词语来形容的话，” LocalResponse 的总裁凯西·利克（Kathy Leake）说，“我们意识到，数据对于营销人员是非常有价值的。”

与移动情境营销相关的一个例子是，LocalResponse根据多项因素积累了大量与目标相关联的信息。一旦确定了目标，它就会根据个人所在的位置发送特定的营销信息。利克说：

> 我们最初就是做签到业务的。我们考察了两种类型的签到，其中一种是像Foursquare这样的基于位置的服务，我们称这种服务为明确的签到。明确的签到就是使用者在某个地点签到。大部分人主要使用不明确的签到，这种签到方法就是通过Twitter广播所处的位置，我们可以看到越来越多的人没有使用基于位置的服务来广播他们所处的位

置。所以人们通常通过Twitter而不是Foursquare发出广播："我在梅西百货。"

签到公开表达意图。他们可以使用类似Foursquare这样的基于位置的服务来进行签到，也可以通过Twitter来广播他们所处的方位，或者可以对特定的营销活动公开发布他们的感想。例如，如果有人说"我需要新的牛仔裤"，那显然这种情绪表达和李维斯的客户有关。因此，我们可以将这些数据有意识地转换为有针对性的影响力。

我们分析所有的这类数据，然后用不同的方法设计广告来对这些数据做出回应。一种方法是直接响应型的广告，在这种广告中我们通过"@"方式在Twitter中回应那些表达或广播一个签到的人。如果有人通过我们的平台在李维斯官方专卖店签到，那李维斯会通过移动终端实时对消费者进行回应。这一切会在5秒内完成。"@"是一种一对一的直接沟通方式，它最终会从李维斯回到消费者处，而这通常是一种诙谐的模板，如"谢谢你今天来我店购物，这里是20%的消费折扣，点击此处发现更多细节"。"@"功能不能超过140个字符，因此必须要简短。在这个模板的结尾处有一个促使消费者完成购物的链接。我们投放广告的另一种方法是通过展览。回到原来的状态，客户确定好目标参数，然后我们通过移动横幅广告和桌面显示广告来响应客户的需求。

我们看到大约40%至60%的人点击了手机登录页面来直接回应"@"。这是一个很高的参与率。我打心底里认为，这是因为对于最终使用者来说，情境非常恰当。如果你在梅西百货签到，那梅西百货将回复你并且给你奖励。对于这种情境化的沟通方式你会感到热血澎湃。你通过移动终端广播自己在梅西百货，这就相当于公开声明你是这个品牌的忠实用户。我想这就是我们非常重视参与率的原因。

我们吸引了60%的公开发布动态的用户。无论是使用基于位置的服务还是使用类似Instagram这样的社交网络服务，他们都会将自己的账户链接到Twitter。

> 我们所需要做的就是，迎合社交媒体和用户行为上的巨大变化，接受人们前所未有的、第一次广播他们所处的位置这个事实。签到就像拿起扩音器大声说你在梅西百货，而这在过去从未发生过。此前，市场营销人员并不重视这类用户，所以那些签到者不会得到任何回应。今天，我们能够改变这种现象，让营销人员觉得回应这种公开表达的情绪是有价值的。人们期望能够在他们所在的特定位置得到某些形式的反馈。
>
> 因为我们已经积累了大量的数据，所以我们从来没有依赖这种基于位置的单一业务的增长。我们的业务通常包括了广播位置业务以及相关的观点表达，而这些都是以客户的实用需求和情绪需求为出发点的。客户不可避免地会发表意见："你能够锁定那些对我的市场竞争有着重要意义的、公开表达倾向的消费者吗？"比如对于K-Mart超市来说，这类消费者就是那些表示他们正在寻找并且打算购买返校衣着的人。这些公开表达的意愿对于他们来说很有价值。

LocalResponse 发现，越来越多的品牌直接参与到移动化的浪潮中。"随着时间的推移，我发现一切有了实质性的改变。与过去将移动渠道视为市场营销工作中的"二等公民"不同，人们开始招聘专业人士，将移动终端作为一个重要渠道看待。"利克说，"当然，这在广告代理方那边不是什么新鲜事。而在我们的客户这边也能出现这种趋势是一个好现象。对我们来说，变化可能来自移动渠道，可能来自客户端或代理方，也可能来自社会媒体或传统媒体。总体而言，变化通常来自数字媒体。"

当消费者通过数字媒体发布他们所在的位置时，直接回应给他们的产品是实时提供的。移动终端和台式电脑 24 小时不间断地公开广播，使其更像是重新定位而不是实时减价。利克表示，他们的客户往往倾向于将两者做一个结合。

在 LocalResponse 的多项业务中，直接回应的部分包括 40% 到 60% 的点击率，而展示广告会有 0.7% 到 0.9% 的点击率。“注意一下传统的移动显示广告，其点击率约为 0.1%，故我们的点击率表现仍然是移动显示广告的 7 到 9 倍以上。”利克说，“我认为造成这种差别的原因在于消费者表达出来的意图。很显然，我们不猜测消费者在期待做些什么事和他们所处的的位置。如果我们决定为客户进行广告服务，那便会有数据可以对此进行支撑。我们不会对客户的身份、他们的位置或期待的事情做出任何假设。”

LocalResponse 只和公开数据打交道，并且给任何不愿意参加的人提供退出方式。移动购物用户能够看到 Twitter 上实时发出的“@”提示标志或移动终端或台式机终端上显示的横幅广告，这取决于零售商或品牌商考虑如何执行市场活动。给消费者的“@”提示会由那些品牌发送给广播了位置的消费者。所以，如果你在 K–Mart 超市签到，那 K–Mart 超市会给你发送一个“@”提示。“@”为各品牌提供了一种与消费者在 Twitter 上进行沟通的方式。

企业一旦使用 LocalResponse 平台，在设定好参数以后 LocalResponse 就会开始行动。如果是与客户服务相关的市场活动，那有社交媒体经历或拥有消费者服务代理机构的品牌便能够通过人工管理消费者的反馈。如果不是，那自动回应公司以前忽略的数据则可能变为市场活动。

利克说：“因为数据很好地反映了现实，所以零售商很欢迎这个平台。在实践中，越来越多的人选择这么做，无论是通过不清晰的签到还是清晰的签到。签到功能对于他们来说非常有趣，在实际中使用这一功能的人也越来越多。”

零售商的机遇是，要意识到移动购物用户使用签到功能。他们可以根据消费者最近的行为方式来影响消费者，因为消费者出现在某个地方就意味着会购物，或者至少是去逛逛来考虑买点东西。但是，签到并不意味着马上就能获得成功。

在主要零售商的移动签到方面，存在一些显著的差异。在沃尔玛签到的比例最大，占了零售商签到总数的38%。第二大签到的位置是塔吉特，然后是好市多、百思买、沃尔格林、CVS、家得宝（Home Depot）、劳氏、西夫韦、克罗格（见表3—1）。相对于女性男性更乐于使用签到功能，超过一半（54%）的签到由男性做出，而女性的签到数不到总数的一半（46%）。

签到功能在时间分布上也存在一些差别，周六签到的人数最多，然后是星期五和周日。LocalResponse的数据显示，在好市多的顾客中使用Instagram平台来签到的顾客超过了任何其他的平台。按性别划分，男性最喜欢在百思买、劳氏、家得宝使用签到功能，而女性最喜欢在塔吉特、沃尔玛和CVS签到（见表3—2）。

表3—1　在零售商处的签到

零售地点	签到比例
沃尔玛	38%
塔吉特	15%
好市多	9%
百思买	7%
沃尔格林	6%
家得宝	6%
CVS	5%
劳氏	5%
西夫韦	4%
克罗格	4%

表 3—2 **按性别划分的签到比**

零售商	男性	女性
百思买	67%	33%
劳氏	65%	35%
家得宝	62%	38%
西夫韦	58%	42%
好市多	58%	42%
克罗格	58%	42%
沃尔格林	54%	46%
CVS	52%	48%
沃尔玛	51%	49%
塔吉特	47%	53%

MOBILE INFLUENCE 移动互联的力量

移动签到的价值

寻求移动签到价值的尝试还在继续，虽然有时候会有些极端：有些人认为在所到的地方签到是毫无意义的；而有些人在每个地方都签到。

举个例子，瑞恩和克里斯——我认识的两个20多岁的朋友，他们都是最近的MBA毕业生。他俩比赛谁在Foursquare上积累的点数多，而这个竞争偶尔会击败他俩。“有时候，即使我不想让别人知道我在哪里，我也会使用签到功能。”克里斯说，“我想得到点数。”

通过Foursquare，当某人在同一个地方比其他人签到次数更多时，就会被授予这个位置的“领主”头衔。“第一次我成为了健身房的“领主”，但外出了几天后我发现自己落后‘新任领主’4天”。瑞恩说。这两个朋友甚至为了寻求点数而作弊。“我所有的时间都在百吉饼店签到，因此我的朋友以为我天天都在吃百吉饼，但实际上，我还吃水果冰拉，”克里斯说，“但我希望得到点数。”

人们使用签到功能的另一个驱动力是，让朋友们能看到他所处的位置，这也是除了积攒点数以外的另一个价值。“你不需要通知一堆人你去了哪个地方。”瑞恩说。移动市场正在见证这个说法的正确性，这在某些时候能够起作用，但在有时候却不能。

例如，星巴克在早期通过Foursquare来处理签到，并为星巴克“领主”提供一个打折的星冰乐饮料。可问题很明显，如果市长是星巴克店最忠实的客户，而他不喜欢或不喝星冰乐，那要约价值也就不大了。在此之后，星巴克通过扫描消费者手机里App中的代码来接受付款，而快速移动自动对账增加了星巴克体验的价值。

美国运通与 Foursquare 创建了一个程序检查插件，以给在某些位置进行签到及使用美国运通信用卡付款的消费者返利。例如，一个同步的美国运通卡将为消费者在百思买花费的 200 美元提供 20 美元的返利，又或者就某个餐厅的早餐提供 10 元的优惠。这种方法会绕过对这些地方的员工进行培训的问题，收银员或商店的工作人员甚至不需要注意这个程序，就能为移动客户效力。

当然，也有些人从来不签到，因为他们认为这毫无价值，可还有些人总是会签到。

无论总不签到还是总是签到，在这两个极端情况中总有些机遇。

超越移动签到

在移动化的世界中，位置意识的重要性是毋庸置疑的。数字化使客户绕过了汽车经销商和当地的零售商，客户用自己的智能手机来查找最新的信息，并确保自己买得最值，而这一切都是实时的。许多企业意识到抓住周边的客户可以为他们带来更多的业务。要适应移动购物生命周期在途阶段的移动消费者，意味着需要确定人们的物理位置，以及他们在此刻的兴趣点。

虽然移动购物用户的忠诚度积分奖励计划仍然存在一些问题，但是很多公司都选择了正确的方向。除了主动将信息发送给消费者外，还有些信息是消费者愿意和这些公司分享的。例如，有些消费者愿意分享他们的位置以换来附近商家的特别优惠。

Tasti D–Lite 是一家以奶制品为主业的冷冻甜品公司，这家公司在纽约设立后成功地扩张到了整个美国。它是移动签到的早期探索者，并且整合了 POS 和积分奖励计划。Tasti D–Lite 提供了一个如何将移动终端体验、在线体验和实体店体验整合到一起的路线图，并且在这条道路上积累了很多经验。

2009 年，该公司建立了 Twitter 上的移动优惠券，这引起了 Foursquare 的注意，之后一个新兴的移动签到公司也涉足这个领域。Tasti D–Lite 与 Foursquare 合作推出了签到特价活动，将促销信息推送给他们附近的有潜力的消费者。“他们先给我们打了电话，所以我们开始与 Foursquare 合作，开始研究如何使用签到锁定我们附近的消费者，从而更好地与之进行互动，这在当时是革命性的举措。” Tasti D–Lite 和 Planet Smoothie 的副总裁 BJ · 爱默生（BJ Emerson）说，“当时没有其他办法来测量距离，而你有这种新的测量方式来做各种事情。一开始每个人都对整个签到流程感到十分激动，但随着时间的推移，每一个新的移动应用程序都给‘位置’增加了新的意义。”

该公司发现，用户将有关产品的内容转移到了移动终端上，并附加上小贴士，比如没有在菜单上出现的秘密单品。随着时间的推移，Tasti D–Lite 明确了在途阶段的消费者的社交网络行为并且随之行动。爱默生说：

> 就像你给图片中的人物贴标签一样，给GPS或者货架添加地址很容易。随着你的帖子或状态内容的更新，你积累的位置信息会自动分层。我们看到同样在这么做的新的社交网络或者应用程序都倍受欢迎。Foursquare主要是以方位或地点为中心的，现在还有像Instagram

这样以图像为中心的应用。所以我们正在捕捉可以作为沟通焦点的图像，然后可以给像地点、人物这样的元素贴标签，还可以进行状态更新、评论或审核。其他应用也开始激情满满地贴标签。我们开始使用这些技术与不同实体和虚拟物体通过各种方式交流。

随着签到或者方位标记成为主流，越来越多的App与Twitter相连接变得更加公众化，让事情也变得更加有趣。

我们在Tasti D-Lite所做的一件事情是，关注Twitter上所有的公开内容并且查看内容的来源。Foursquare上进行的在Tasti D-Lite的签到，可能是Yelp上的评论或其他自动发布到Twitter的内容。我们用这种方法发现了很多Instagram照片。所以作为营销人员我们会问，“在那个平台上或社区内我们与商家交互的机会是什么？”Twitter内这些链接表明了什么是我们需要关注的。举个例子，Foursquare就有一个链接指向客户签到的所在地。Instagram的推文中将会有一个指向照片拍摄地的链接。对于一个营销人员来说，这是有价值的商业情报。

所有这一切都是为了能够有效地开展移动营销。在Twitter上找到你所处的位置或你的品牌名，这是探索如何与移动App用户互动的好方法。

我们希望能够在那些客户互动的地方出现。加入那些移动和社交社区能够让我们与客户互动，并围绕品牌创造和组织内容。最终，我们能够创造与现有客户的接触点并且接触到新的客户。在案例中我们发现，当客户在我们的范围之内随意地享受他们的Tasti D-Lite体验时，很多美妙的照片正在被分享。我通常都是尝试新的社交网络的支持者，而这个尝试会变成我们的社交媒体努力的内在部分。在特定的环境中，当地居民能够互相交流并且使用工具来互动或者创造机会接触附近的居民。每个市场的情况都有所不同，然而一些移动应用程序在国家的不同区域更加流行。我们可以发现纽约的情况和北卡罗来纳州的卡里情况有所不同。你只有保持对周围的注意力才会知道现在流行什么。

我们在北卡罗来纳州卡里的Planet Smoothie项目，就是这样一个例子。前不久，我们获取了这家约有一百个连锁店的Planet Smoothie的特许经营权。店主注意到高中生来到Planet Smoothie后，在手机上使用Instagram与友人分享图片。店家也开始管理自己的Instagram账户，可以点击“喜欢”及评论客户共享的照片。当客户对一个产品或品牌充满热情时，他们一般很感谢我们能够与他们互动并支持他们。我们很少有负面反应，因为我们谨慎小心地以团体精神参与其中。做这项工作也有正确的方式和错误的方式之分。正确的方法是以客户为中心，并专注于客户与产品的感情联系，同时能够解决问题。你真地不需要向他们推销。你只需要推动并鼓励他们以及他们做出的决定。如果他们有关于营养或地点的问题，那你再时不时地去提供优质的信息和独家经营的产品。

只要消费者在掌控之中，而营销人员能提供足够的价值，我们就将进一步采用并围绕这些技术进行互动。我认为重要的是关注消费者的行为，而非技术本身。这对于任何给定的品牌、一个国家的不同地区以及世界上的不同区域都是不同的。而这一切都得从倾听开始。

除了了解客户会通过随身携带的移动终端登录移动互联网，不断地评论、评级以及实时与世界分享他们的经验外，我们需要明白应用程序内部的动态。许多商家多年来一直在追求单纯的交易忠诚，而一些人开始认识到这些工具可以用来提升忠诚度。我们可以仅仅选择跟随客户留下的数字“面包”，因为这里有一个更大的机遇。掌握移动购物用户的心理，意味着认同、回馈并支持他们，以让他们对吸引自己的产品更加情有独钟。

利用移动终端进行家庭购物

有些东西在移动终端上运行得更好，尤其是那些专门为移动终端设计的产品或服务。商务网站的情况也是一样的，比如像亚马逊和 YouTube 这样为了最大限度利用媒介优势而生的商务网站，他们在其他平台不能生存。对于移动终端来说，情况也是一样。

有两种为移动终端服务的数字平台，其中一种为单一业务，另一种为传统业务。单一业务的移动平台是那些专门为移动终端设计并且只存在于移动终端的平台。它们就是像 Foursquare 或 Poynt 这样的基于位置的服务，而这类服务只为移动终端设计。在许多方面，一个单一业务的移动平台可以做到更加有效，因为它可以充分利用智能手机和平板电脑的技术优势，这些技术优势包括定位能力和可携带性。

另一种就是那些将电脑终端的互联网内容转换为移动终端内容的传统互联网玩家，比如 Weather. com、Facebook、Twitter，还有大量的新闻和信息网站。在很多情况下，移动终端的转换只不过是一个基于位置变化的逻辑扩展，这个扩展将在传统网络上做过的事情再做一遍。

此外，还有第三种混合种类，这种业务从在线业务开始，当游戏规则改变时做得也不错。通过将业务扩展到移动平台上发挥智能手机和平板电脑的内置能力，一些公司发现他们的产品或服务变得更加有用、更加切合实际。总部设在西雅图的 Zillow 就是这样一个例子。

移动终端为我们购买和出售大大小小的产品和服务打开了大门。像很多其他种类的企业一样，Zillow 到处寻找准备出手的房子，然后出售给浏览报纸和网站的客户。早在 2006 年，Zillow 就通过网站来加强和发展寻找房源的能力。它的员工已经发展到了 550 余人，在旧金山、芝加哥和纽约均设有办事处。它的广告网络，雅虎 - Zillow 房地产网，是互联网上最大的房地产网站，也是美国地方房地产交易商中排名第一的房地产品牌。

这家公司建立了一个房地产信息交易网络，囊括了所有家庭的房地产信息、不动产信息、租房信息，除了传统市场上提供的服务外，它还可以通过其网站 Zillow.com 进行抵押。消费者可以通过这个网站对要出售或出租的房地产进行估值，并迅速与当地的房地产经纪接洽。Zillow 的目标用户包括户主、买家、卖家、地产代理、租房用户和业主。该公司的使命是，让消费者获得更多的信息和工具，以帮助他们做出有关家庭、房地产和抵押的决策。

移动趋势完全改变了 Zillow 的业务模式。它在成为上市公司之前于 2009 年开发了自己的第一个适用于 iPhone 的应用，然后开发了各种主要移动平台版本的 App，包括安卓（智能手机和平板电脑）、Kindle、Fire、黑莓、iOS（iPad 和 iPhone），还有 Windows Phone7。由于房地产固有的移动基因，在 Zillow 开发了第一个 App 后的 3 年内，在移动终端上被查看的房地产信息数量超过了在个人电脑上被查看的信息数量。从 2012 年初到 2012 年底，超过 10 亿条房地产信息在 Zillow 应用上被查看。

“房地产是一个真正为移动趋势设计和打造的产业。”Zillow 客户移动营销部门的副总裁杰里米·沃克思曼（Jeremy Wacksman）说，“这是一种纯粹的移动体验。一旦人们能够在智能手机上得到 Zillow 的服务，我们就能的业务就能够飞速发展。”看看下列成绩：

- 截至 2012 年 12 月，美国有 3 300 万移动应用用户，而近一年来的增长率达到了 47%。
- 截至 2012 年底，Zillow 推出了 22 种不同的 App 系列，其中包括了房地产、专业的房屋租赁应用（Zillow 租赁）、专业的抵押软件（Zillow 抵押市场 App），还有 Buyfolio 和 Hotpads。
- 截至 2010 年底，每秒钟有 6 处房产会被通过移动 App 来查看。截至 2012 年的最后一个季度，每秒钟有 62 处房产通过移动 App 被查看。
- 在 1 个月内，1.6 亿美国家庭通过 Zillow 的医用移动 App 被查看，换言之就是每秒钟就有 22 个家庭被查看。

- 在 Zilllow 的总流量里，超过 45% 的是来自移动终端。到了周末，这个比例会超过 55%。
- 2011 年 8 月，在 Zoillow 抵押市场的移动终端版本设计好了以后，使用 Zillow 移动抵押计算器的人数已经达到了 1 000 万余人次。

移动趋势只讲了一部分故事，而Zillow完全有能力掌握口味易变的消费者。与在出门看房子前先做好功课不同，购物者现在可以到相关的邻居家看看房子寻求出售的标志，并且通过应用获得有关房产最新和全面的信息。Zillow传统的在线模型正在转型，因为购置家居变成了一件依托现场、依靠经验的事情。沃克思曼说：

> 当第一次看到Zillow在移动终端发力时，我们真的认为人们从朝九晚五的电脑终端购物转变为无缝化购物。与坐在台式机前的情况不同，人们能够在任何时候得到他们想得到的最新信息和菜单。
>
> 另一个趋势是，用法变化大。过去我们的网站经常被用作研究工具进行购物比较，但是现在我们可以按客户需求来服务。当在路边想查看一下周边邻居或者想在实地考察前得到更多有关房子的信息时，我们的网站对于卖家或者租房者来说便是一个随身携带的购物工具。我们已经变成控制成交价格的工具了。
>
> 从被查看的房产数量角度来看，我们的重心已经放到了移动终端方面。甚至早在2012年。我们就发现有更多的房产信息在手机和平板电脑上被查看，这个数字超过了传统的笔记本和台式机。
>
> 未来趋势如何还不好说，但是如果你想一想，2012年的这个时候每秒钟有21处房地产信息在我们的移动终端应用上被查看，那便会知道这方面的增长速度在一年内提高了不止3倍。

除了锁定那些找房的用户，公司还为租赁代理人和房地产经理人设计了一系列的App，帮助他们使用智能手机进入资产管理系统。通过在平台上运作这一套最流行的房地产移动App，Zillow逐渐发现了它的传统用户和那些移动平台用户的行为方式之间的区别。它同样发现了由于移动终端使用方法的不同带来的一些变化。沃克思曼说：

一开始房地产是一类没什么惯例可言的产业。这个产业有着很长的采购周期，并且客户会进行大量的研究，尝试在几个月内找到最完美的房子。移动终端在我们这个行业所起的作用就是，使这个行业更加以客户需求为本，以用户体验为上。随着我们的移动客户端使用人数的增多，我们的客户端用户转化率水平也水涨船高。我们还发现这些客户为成交做好了准备。

我们的移动终端用户接触地产经纪人的可能性是传统的台式机用户和笔记本电脑用户的3倍多。通过移动终端他们能够在任何时候购买自己想要的各种商品。他们使用我们的产品频次更高的原因是，他们有这样的需求。因为那些在移动终端上使用Zillow的用户主要将Zillow作为一种购物工具来使用，而这种符合需求的做法现下正流行。因此如果外出时看到一套自己喜欢的房子，他们就可以联系别人讨论关于房子的事情。如果星期四上班时看见有新的房产信息突然出现，你会为自己在这个信息下面打个标记并且说："噢，我需要搞清楚这条信息，也许今晚我就会去看看房子或者有时间的话开车去走走。"这个创意让人们能够在购物情景中找出相应的信息，从而使得客户更加集中注意力购物或者准备好成交。

在过去，大批移动终端的增量用户并没有发现我们，但是有很多人正在同时使用包括Zillow在内的多个平台。我们记录下客户联系房屋经纪人这个流程，就能够很好地展示用户交易活动背后的需求。实际上，通过移动终端联系经纪人的可能性是以往的3倍多——这意味着更高的交易额和更多成交意愿高的用户。

我们的应用是Zillow在不同平台上各个版本的集合，并针对平板

> 电脑和智能手机做了优化，且还有针对特定目标来进行优化的App。举个例子，我们有专门针对iPhone、iPad和安卓进行优化抵押的App，还有专门用于租赁业务的iPhone和安卓版本的租赁App。
>
> 几个平台的发展速度都很快。我们发现iPad不同于iPhone，就是和安卓也不一样。几个平台对于我们来说都很大，并且也十分重要，用户的增长速度都很快。
>
> 对我们的用户来说，iPhone和安卓手机都是比价的购物工具。平板电脑并非不能做这项工作，但是iPhone确实有着最纯粹的功能设计。我们的客户以研究为中心，这就是平板电脑适应良好的原因。
>
> 我们认为平板电脑是一种混合了台式机和电话功能特征的产品。它更加符合用户需求并且有着更高层次的消费模式，但是它的使用时间有点类似于台式机。它在晚上和周末使用得更多，而且它的GPS使用率要低于手动搜索使用率。因此它是一个混合体：台式机是最传统的，手机是使用位置最为灵活的，而平板电脑介于两者之间。
>
> 我们注意到的是，相较于进行手动搜索的次数而言购物者使用GPS来进行搜索的频率。就像你期待的那样，在苹果和安卓上的GPS使用率比较高。人们会说，“我想要搜索一下附近的镇子”或者是“我想要到附近看看”，而这很少在iPad上发生。

移动终端已经成了类似 Zillow 这类公司的重要工具，并且对于家庭采购流程来说，它也是一个影响因素。虽然一些类似“最后一分钟采购”这样的移动能力对于买房子并不重要，但是第一时间获得基于潜在客户的位置信息并推荐给客户待售房产信息，这完全改变了整个采购过程。“你不会只花很少时间买房子，但是你能够更快地完成看房过程并且更快地得到房产的有关信息，”沃克思曼说，“这就是它对我们很重要的原因。因为我们这一行就是要将信息传递给客户从而促使他们在进行比较后作出决定，而不是让他们签名买单。这也是在我们的渠道中产生分歧的地方。”

Zillow通过广告赚钱，比如抵押行业的佼佼者和房地产经纪人投放的在客户登录时出现的广告，因此不断提高的移动终端访问量和活跃度能够不断提高潜在点击量。

“随着移动终端加速普及，消费者会掌握更多符合需求的工具，”沃克思曼说，“我们都在努力通过让你使用最好的工具有能力做出正确的房地产购买决定，并且你的手机的处理能力超过了传统的笔记本电脑和台式机所能够完成的。房地产的采购周期已经被新技术改变和优化。它不再是一个传统的销售漏斗，而是一个延续数月的购物过程。”

利用移动终端买车

接下来我们谈谈利用移动终端买车的事情。例如，Cars.com是几家报纸媒体公司最初成立于1997年的合资公司，其成立的目的是，减轻报纸分类广告的销售额下降带来的损失。随着移动趋势日益明显，这家公司推出了苹果和安卓的应用程序，专门针对活跃的通过移动终端来买车的潜在用户，通常来说，这类用户在移动终端上的网页浏览数超过了传统PC机上的浏览数。

我专门通过Cars.com的App买了一辆车，通过进行大量的研究并且使用定位技术，避免了买车时会碰到的很多麻烦。不需要报纸广告，不需要访问汽车经销商，甚至不需要克雷格列表[①]。我可以根据自己的位置在Cars.com上搜索自己所要的车，通过凯利蓝皮书来评估二手车价值，通过App接收免费的Carfax报告。我只需要点几个按键、打个电话或者发封邮件，就能够通过多张照片了解所有有关购买汽车的细节。当拜访经销商时，我通常比任何给定的销售人员掌握的汽车知识更多。有时App中的价格甚至更低，因为这里面的价格比停车场挡风玻璃上的价格更新得更频繁。

① 克鲁格列表，Craiglist，1995年由Craig Newmark在美国旧金山湾区创办的网上大型免费分类广告网站。

事实证明，很多汽车正是通过移动终端完成交易。易趣一周通过移动终端销售 3 500 多辆汽车以及超过 900 多万个汽车零配件。易趣的 App 下载量超过 9 000 万次，因此很多人在手中操作买车的流程，并且移动脉动效应能够对汽车经销商和汽车销售员形成影响。就像这本书中的许多例子所展现的，手机购物不是美国独有的现象，它是一种全球性现象。在英国，智能手机用户手指轻轻一点，就购买了保时捷和路虎这样的高级汽车。在这个市场中，三个月内就通过智能手机端售出 45 000 辆汽车。只要是能够出售的东西，最终都能够通过移动终端出售。

利用移动终端加油

一些类似房子的商品交易额比较大，并且要在一段时间内才能成交，移动购物生命周期的在途阶段同样能够处理一些相对较小和较紧急的采购任务。

Gasbuddy 在十几年前始建于明尼苏达州的布鲁克林公园，它集合了网上的天然气价格信息，给那些需要信息的人提供了一种寻找和分享信息的方式。通过在 GasBuddy 网站上输入他们所在地的邮政编码，消费者可以找到他们所在地的天然气价格。如果在离家前正在寻找天然气价格，那么这个信息对你很有用。多年来 Gasbuddy 建立了一种只在网络上使用的方法。然而，移动终端将 Gasbuddy 这样的商家的服务提升到了一个全新的水平。通过在在途阶段加入位置因素，这个项目实实在在地给移动消费者带来了更多的价值。

“当需要购买天然气时，你在你的车里就可以办理。”贾森 · 涂斯斐（Jason Toews）说，他与其他合伙人创立了 Gasbuddy 以帮助驾驶者找到最便宜的加油地址。这个 App 已被下载约 2 400 万次，涂斯斐说 60% 的 GasBuddy 的流量是来自移动客户端。他指出许多人仍然使用传统网站，因为“只有一半的公民拥有一部智能手机”。

由于有计算机背景，涂斯斐和其团队将天然气站的自动反馈数据连接到 Gasbuddy 的系统内，以确保实时定价。然后，他们建立了 243 个地方性天然气网站来承载地方天然气价格信息。“它将我们的流量分流到 243 个不同的网站里。”涂斯斐说，“网站由广告支持，而广告收入支付账单。我们是完全独立和中立的。我们就任何事情咨询大油气公司。”

大部分的天然气价格信息来自一大批涂斯斐称为观察员的用户，约有 600 万人在他们所处的地方加油站记录下天然气价格并且输入电脑。另一种方式是，由客户提供内容。“有的人每月提供一次，有的人每天都提供。”他说，“人们觉得他们正在做一些特别的事情并且互相帮助。”

Gasbuddy 是在互联网上做在途生意很不错的一家公司，当 Gasbuddy 将业务扩展到移动终端时，它对那些积极使用移动终端的消费者变得更加有意义并更有实质性的作用。“我们追求自然而不是激进的增长，”涂斯斐说，“很多人还不了解我们。”

利用移动终端购票

在移动购物生命周期的在途阶段，购买时机可以起到显著的作用，不过在不同行业中存在一定程度上的差别。就拿前面章节提到的案例来说，即使公司还没有准备好，移动终端客户还是渴望使用自己的手机来参加活动。默认情况下，许多移动购物者使用他们的手机访问公司的传统网站。就在这本书进行研究的过程中，我们提到很多受访公司的说法，这些公司越深入地为他们的客户设计移动解决方案，学到的越多，并且他们会更加明确，在不断发展的移动市场中，还有很多需要学习。

阿拉斯加航空公司就是发现移动趋势势不可当的一家公司，它发现在专门促进移动业务发展前，移动终端的活动就已经十分活跃了。“让我吃惊的是，在我们针对智能手机端的优化购物解决方案出台以前，就有很多交易通过智能手机完成了。”阿拉斯加航空公司电子商务和创新部的董事、总经理柯蒂斯·科普夫（Curtis Kopf）说，“人们使用智能手机在传统台式机网站完成交易，这说明了客户很想通过手机购买东西。”

科普夫曾在1998年于创立初期的亚马逊英国分公司工作，在2000年举家迁往西雅图，他看到了移动互联网和传统互联网早期的相似之处。科普夫说：“这让我想起了亚马逊发展电子商务初期的事。我认为没有人预测到了过去的15年间发生了什么事。对我来说，移动行业的未来与过去15年的情况非常相似。我们只是在学习，我觉得我们已经掌握的只是我们需要掌握的内容的百分之一而已。我们唯一知道的是，来自移动终端的销售额占我们销售总额的比例高得惊人。”

阿拉斯加航空公司发现移动购物随来自平板电脑的交易呈指数级增长，尤其是来自iPad的交易。他们还发现，通过智能手机购买飞机票的时间距离飞机起飞时间很近,这个规律也被其他很多航空公司证实。科普夫说：“这很容易理解，你想想一个人坐在机场候机大厅或宾馆，或者在路上时想换个航班或者增加另一个座位，这时候就很可能会使用手机。两三年前，他们将不得不回去打电话或等到下次拿着电脑的时候。现在他们拿起手机就可以了。”

在购买周期的在途阶段中的后期买入或最后一分钟的成交，对市场的影响很显著。“随着移动终端的销售额占总销售额的百分比提高2~3倍，将来那些在智能手机上的交易将有很大一部分在最后一分钟完成。那么想想你将如何改变自己，你将如何向那些客户进行营销？你将向那些客户提供什么种类的信息？我们将非常仔细地思考这些问题并且基于客户行为形成自己的独特方法。”

由于数字营销是科普夫在阿拉斯加航空公司所在团队的一部分工作，他需要把重点放在如何向最后一分钟的在途阶段客户做营销上。“我们每天都在研究这个问题，人们正在做些什么事情？”科普夫说，“购买模式是什么？我们有消费者满意度调查，是什么让他们感到心满意足？我们每天都会逐字逐句地分析。一切就是这么开始的。一旦开始观察，一切会发展很快。‘哇，最后一分钟购买的比例相当高’，然后它变成了营销团队讨论的重要话题。”科普夫阐述了作为模式重要组成部分的一系列问题：

- 你们怎么考虑这件事?
- 吸引你的是什么?
- 未来有什么机会?
- 有没有机会售出那些剩余的空闲航班座位?
- 那三四个自由座在最后一分钟是不是还是空闲的?
- 我们能解决哪些客户问题?
- 我们能解决哪些商业难题?

科普夫还记得他在进亚马逊时学到的一些教训，这些教训大多与客户至上的理念以及客户服务相关，而这都是亚马逊最为人称道的部分。科普夫说：

> 我从1998年开始在亚马逊工作并且学习到了影响我职业生涯的知识。亚马逊完成了很多伟大的事情，但有两个是最基本的：
>
> 第一，始终以客户为上。客户打算做什么？与理想的客户体验相比存在什么差距？能够改善的地方在哪里？ Kindle是一个很好的例子。我读完一本书，想读一本新的，在过去必须得先预订新书并且等候一段时间或者驾车前往书店。现在，我可以躺在床上，读完了一本书以后，只需要点击几下就能得到一本新书。这就是一个已经解决了

的客户体验问题。

与消费者理想体验的差距就是我们需要填补的东西，这是第一位的。一切从“客户至上”这个理念开始，看看他们打算做什么？他们试图解决什么问题？

第二，看数据，注重事实。我在亚马逊学到的一件事情是，从你了解的事情出发。事实可能不会告诉你所有的答案。如果只是注意到事实，那亚马逊可能永远不会开发出Kindle。我不敢肯定你可以跳过分析阶段直接到“我们应该有一个Kindle”的阶段。我也不能确定如果只注意到指标，苹果公司就能开发出iPhone。

所以你仍然需要一个跳跃的过程，但是先让我们看看数据表现。我想我们每月都可以看到移动行业正在发生的巨大变化。相比之下，电子商务业务已经成熟了。你能够发现变化趋势十分平缓。让我们回顾一下1998—1999年度，那段时间移动行业每个月的数据变化都十分显著，其速度甚至超过了电子商务行业。我们的电子商务团队就像一个完整的公司，做得很不错，每两周就会采取迭代发布的方法发布新版本。

我们在得到客户的反馈后发现了一个摩擦点。我的意思是，我们能够做得更快一些，但我们的日常节奏是每两周更新一次网站。通过在移动终端上的努力，我们现在的应用程序是在两周的工作冲刺后的成果。我们使用了敏捷开发的方法。这种方法的字面意思就是，每两周我们就能得到新的代码和新的模板，而我们将把新的产品拿到会议室。如果客户愿意和我们一起坐下来谈谈，我们可以拿出产品征求他们的意见，且将这些意见纳入到正在进行的开发进程中去。

作为一个品牌来说，阿拉斯加航空公司是非常幸运的，当我们说，“嘿，有人感兴趣吗？我们可以提供免费的咖啡。”——或者提供些别的东西；或者说，“你是否愿意和我们一起待20分钟。”我的意思是从字面上说我们的团队是如何进行研究的，我们的团队中有一部分正坐在会议室里面，而客户愿意与我们一起坐下并且试用下产品。天呐，我们发现产品并没有设计得如我们直觉上认为的那么好。好吧，现在我们得回到开发进程的那两周。这不同于我们曾经的开发方法，因为移动趋势带来了这些改变。

很多人称这种方法为敏捷开发，而你可以把它称为迭代开发。我认为真正的智能科技公司有一个共同的趋势，那就是迅速改变，用我们称为迭代开发的方法来做事。你的网站可以这样运营，任何项目都可以这样运营。现在所有智能数字和电子商务团队都在做一件事情，那就是连续性测试。

我们每天都在进行测试，测试的等级分为A、B、C、D、E，测试的内容可能是字体的颜色，也可能是我们刚刚完成了的结账路径。打开一个页面，改写页面程序，导出数据并且再次改变。

我会告诉你阿拉斯加航空公司的一次教训，那也是许多公司曾上过的一课。阿拉斯加航空公司几年前开始在移动平台上发力。在旅游行业中，我们是航空业中第一个进行尝试的。我们采用了一种一次写入、多次部署的方法，这种方法并没有像通常的方法一样需要修改App来适用平台。iPhone有自己的一套设计指南和体验方法。如果你想要获得成功就需要做好规划。所以我们采取了做一次、修改多次的方式，这种方式使我们不能做出迅速的改变——这是想成为第一名所需要做的事。

大约在18个月前我刚到阿拉斯加航空公司的时候，我们是真正意义上的从头开始。我认为，在移动趋势中这种现象很普通。我们又重新在绘图板上将重点集中在针对设备修改App并对安卓App进行优化以适应平台上。一个站点一个站点来修改。

我们已经了解到，还有很多其他需要进行设计优化的细节。即使通过测试，你仍然无法预料到所有可能发生的摩擦点。当客户坐在嘈杂的飞机场抵御分心办理登记手续，尝试获得航班信息时，这才是真正的考验。

我们知道必须做到力所能及的最好程度，但也绝对清楚最重要的是细节。“我没有意识到当点击按钮时会出现下拉菜单”，并且还有很多需要继续调整的细节。你需要从客户那里学习。你绝对没有把这些事情做到极致。

这里的原理是一样的。我认为就像一些发言者说的一样，唯一的区别是，移动电子商务的发展和渗透率要比过去的电子商务速度更快。我认为，这意味着你必须得加快脚步。移动趋势的另一个独特因素是，存在大量的数据，而这会更加分散人们使用应用时的注意力。有统计表明，在所有下载的 App 中只有很小的一部分能够被经常使用。

所以你得到了一次机会。客户打开你的App——如果应用不能直观上让客户喜欢，他们就不会使用，这意味着你没戏了，你已经失去了机会。该客户可能永远不会再次使用你的App。所以我认为，企业面临的负担，或者说要把事情做对的难度更高了。

在某种程度上App将是网站的重要收入渠道。我不知道什么时候临界点会到来。移动终端将继续作为一种给客户提供大量信息的方式，而这些信息是客户不能在今天马上得到的。我认为当NFC出现时，有很多围绕这项技术的前景的争论。你可以去亚洲和欧洲的部分地区看看今天和未来的比较。我们在未来三年后就会变成他们现在的样子。与NFC相关的一个应用是，未来当一个客户走进机场时，我们就知道他的位置。如果他是里程计划会员，那甚至不需要办理登机手续——进入机场就意味着已经办理了登机手续。他们也许能够像今天一样手拿几张纸片就能做很多事情，通过随便走走或者仅摇动一下手中的设备就可以了。所以我认为这是需要改变的一件事情。

我们所有的人都意识到，对一家航空公司而言，在某天客户可能使用他们的计算机登录网站，而几个小时以后他们可能会切换到我们开发的App或者移动终端网站上。再过几个小时，他们可能会出现在我们的机场售货亭里。

我们拥有大量的屏幕，但我们需要全面地考虑这个问题。我们要保持服务体验的一致性，同时必须为客户打造量身定做的适应他们需求的方案。

移动购物生命周期的在途阶段的主要任务是，接触移动状态中的和外出的移动购物用户，可还有另一个机会与这些客户互动。我们将在下一章中讨论如何在他们到店时影响他们。

MOBILE INFLUENCE 数说移动

目前，全球广告支出每年超过4 500亿美元，这其中的一部分正转移到欣欣向荣的在线广告领域。到2016年，全球移动优惠券的总赎回值预计将突破430亿美元。

04

关键3：在店阶段

精确定位

在移动购物时代，实体店正成为一种资产。移动终端再一次改变了从购买到销售流程的变化趋势,而位置成为了移动购物生命周期的重要组成元素。随着移动终端的影响力越来越大,位置和基于位置的服务正成为巡洋舰用户和搜寻者在购买决策的每一个方面都要考虑的重要变量。

实体店的新价值
根据位置发送短信
通过短信建立零售商数据库
精确定位：对的顾客，对的时间
情境相关性

MOBILE INFLUENCE

实体店的新价值

在互联网出现的初期，实体店被视为对生意的损害。从许多角度来看，用一栋建筑物来展示和出售商品再加上所有相关的成本，对商家而言是一个负担。有亚马逊轻松购物，谁还会去博德斯买书？而且大多数情况下亚马逊还是免税的。现在博德斯书店已经消失了，而亚马逊已经从一个书店变成了一个“百货商店”。

对于互联网来说，位置没有那么重要，因为网上购物者可以享受送货上门的服务。有些实体店没有办法来吸引在线购物用户，因为客户经常在家使用电脑，或者在上班时在线订购。所有的主要零售商玩家最终都会进入在线领域进行竞争，并开设他们自己的电子商务网站，而在线商城可供应的商品经常要比他们的实体店可供应的商品更多。然而，优势仍然在纯粹的在线零售商那边，因为他们的店面租金和在线人员配备的成本负担较少。

移动终端再一次改变了购买到销售流程的变化趋势，在这一过程中物理位置成为移动购物生命周期的重要组成元素。随着移动终端影响力越来越大，位置和基于位置的服务成为巡洋舰用户和搜寻者双方在购买决策的每一个方面都要考虑的重要变量。

现在，零售商可识别出那些在实体店的移动购物用户并且直接向他们开展营销，因为定位技术已经内置于智能手机中，这使得精明的商家能够辨识出潜在购物者，给他们提供价值，并吸引这些客户做出购买决定。利用好位置和位置信息能够为企业提供机会，这个机会就是，当客户经过实体店时能够接触到移动客户。但这并不一定意味着当看见客户使用手机时，销售助理就会立马向购物者推销。先进的移动通信技术能够通过使用与位置相关的信息，不断提高接触客户的有效性。

现在的位置识别主要有两种形式：有一种是实际的移动技术，比如GPS，这种技术可以识别抽象地点和其他相关事物的电话位置，如商店、餐馆、产品等；还有一种是客户直接识别，他们在任何时间都能够识别一下自己是在一小撮人里还是一大群人当中。

在店阶段是客户很可能打算或者能够被说服购买某件商品的时刻，而这就是基于位置的营销和基于位置的服务发挥作用的地方。随着基于位置的营销的发展，营销人员试图根据客户所处的位置，发送相关内容的短信提供折扣给客户，以吸引客户来商店获得便利。例如，在新加坡一家购物中心二楼的购物者只可能收到位于二楼的零售商提供的折扣，因为营销人员可以根据客户所持手机的高度来确定客户所在的楼层。当移动购物用户能够被识别和认知时，实体店就变成了一项资产。

在这个阶段，有许多移动工具被用来影响移动购物行为，包括短信发送折扣信息、移动签到、实时竞价、限时特价供应以及各种基于位置的刺激和优惠。这个阶段就是我所说的“位置磁铁阶段”，它与商场提供的映射服务和基于位置的特价相似，被用来增加购物者待在特定位置的时间总量。

移动终端的客户使用基于位置的服务进行与购买决定和签到服务相关的交流，这为营销带来了更多的机会，并且会最终影响购买决定。这并未给品牌带来损失。首席营销官组织（Chief Marketing Officer Council）的一项研究发现，49%的营销人员认为，移动终端将有助于通过提供更加个性化和更有相关性的体验影响客户的互动。根据研究成果，营销人员发现个性化和参与性的增加可以形成参与的新途径，最终成为品牌的有利优势。营销人员正在通过增值服务寻找优势，而在这项研究中34%的营销人员将增加客户沟通频率的能力视为影响客户的关键途径。

基于位置的移动行为

移动购物用户已经使用他们的设备进行了基于位置的各种各样的活动，现在针对这些客户行为方式的研究已经有很多，尽管在不同的研究成果中很多人的行为模式基本相同。根据德勤数字（Deloitte Digital）的预计，移动影响力在2016年以前能够影响17%到21%的零售总销售额，也就是说总共能够影响价值6 280亿美元到7 520亿美元的销售额。在实体店购物方面，58%的智能手机用户使用他们的手机在实体店内购物；在电子商城中，49%的用户使用手机；在便利商店和加油站，这个数字接近20%。（见表4—1）一旦基于位置的移动购物行为开始，它就不会停止。德勤（Deloitte）调查显示，尽管不同类别的表现有些不同，但超过50%的智能手机用户都会在实体店购物时使用移动终端。在实体店内使用智能手机购物的行为在得到移动终端后的6个月内会增长40%。

24岁至34岁的智能手机用户，更有可能在实体店使用手机，因为这个年龄层拥有智能手机的比例更高。那些将主要目标放在促使客户登录网站以扩大在线收入的零售商，可能会错失施加现场移动影响力的前景和机会。

表4—1　　智能手机在不同种类的实体店的使用情况

电子 / 设备	49%
通用商店 / 百货商店	46%
衣服 / 鞋子	38%
食品 / 饮料	35%
书 & 音乐	33%
家居用品 / 园艺	31%
体育用品 / 玩具	30%
健康用品 / 个人护理 / 药物	27%
家具 / 家庭清洗	24%
各类杂物 / 办公室用品	22%
便利店 / 加油站	19%

注：数据来源于德勤有关在实体店使用智能手机的用户的研究报告。

与在店的移动购物用户互动的另一个原因是，对智能手机的使用能够转换成销售和收入。根据德勤的研究报告，34% 的曾经在购物过程中使用手机的用户，登录了零售商的移动 App 或者网站，而且其中 85% 的人在当天就购买了商品，而在没有使用零售商 App 或者网站的用户中只有 64% 完成了购买。

抵达商店后，在点击手机按键进入移动互联网世界时，移动购物者同样会十分活跃地使用外部资源。根据 MarketLive 的研究数据，在店阶段，排在第一位的智能手机活动是在亚马逊查找价格来跟实体店比价。这意味着即使零售商没有意识到亚马逊的产品价格冲击，很多在店的移动购物用户都会在做出最后的购买决策前查找价格、进行比较。消费者也会在实体店寻找可兑换的优惠券。根据 MarketLive 的研究成果，在实体店通过手机在另一个零售商处购物最不常见——实体零售商听到这个可能会很高兴（见表 4—2）。

表 4—2　智能手机用户在实体店的行为比较

在亚马逊上进行比价	31%
在商店获得可兑换的优惠券	31%
在在线零售商处寻找具有竞争性的价格	27%
查看产品的等级和评价	26%
登录零售商的网站以查看产品信息	25%
通过零售商的网站购买商品	24%
扫描条形码比较价格	24%
进行签到以获得访问商店的奖励积分	22%
通过手机在另一家零售商处购买商品	19%

根据 MarketLive 的研究结果，最常见的移动活动是，在店内兑换优惠券，以及去门店前在手机上研究礼物。移动购物者中占比最小的是，从零售商处购买礼品和在平板电脑上研究礼物（见表 4—3）。

表 4—3　使用移动终端可能进行的活动

在店内兑换优惠券	43%
在访问商店之前先在移动终端上研究礼物	29%
在访问商店过程中在移动终端上研究礼物	28%
在进行移动购物时以礼券换商品	25%
访问商店前在平板电脑上研究礼物	25%
在平板电脑上购买商品	22%
通过移动电话购买礼物	20%
在店时通过平板电脑研究礼物	18%
零售商发送短信促使消费者购买礼物	18%

可怕的展厅现象

智能手机技术在过去几年飞速发展，消费者也越来越熟练地在生活的方方面面使用手机，因此精明的消费者找出最省钱的方法只是时间问题。他们可以找到销售心仪产品的商店，也许能够通过销售助理看看商品并且试用一下，然后用他们的手机在网上找到别处更低的价格。零售行业通常将这一过程称为"展厅现象"，它就是指消费者在实体店浏览商品，但是通过移动终端在网上或者从另一个商家购买商品的现象。消费者只是把零售商的设施和库存作为了解商品的场所。

智能手机改变了消费者在实体店中的行为方式。他们可以使用手机来扫描产品条形码、比价、给产品拍照并把照片发送给其他人、发短信征求意见、阅读产品的评价信息、查看零售商的网站上的报价和产品信息。根据《Vibes 移动消费者报告》(*Vibes Mobile Consumer Report*)，相较于其他活动智能手机用户更喜欢在购物时随身携带手机（见表 4—4）。

超过 80% 的智能手机购物者在闲逛时手里拿着一台小而强大的计算机，这不免让一些零售商有所担忧。"展厅现象有着消极的另一面内涵，"Vibes 的联合创始人、总裁兼 CEO 杰克·菲尔宾（Jack Philbin）说，"业界正给零售商发送红色预警，提醒亚马逊正在不断地围剿他的市场，而实体零售商正在不断败退。人们使用实体店浏览商品——但最终网上购买。虽然这从技术上说确实行得通，但很多消费者可不仅仅在做这个。”

然而，实体零售商的优势是，购物者还是会出现在实体店，即使仅仅是经过商店过道来比价。每一个智能手机购物者出现在商店的那一刻，都可能是一个潜在的买家。Vibes 研究发现，智能手机消费者在实体店的活动方式会有所变化（见表 4—5）。

表 4—4　手机携带在身边时，各种活动时间分配的百分比

购物	82%
工作	74%
看电视	65%
睡觉	55%
吃饭	44%
锻炼	38%
洗浴	11%

表 4—5　智能手机用户在实体店内的行为方式

比较竞争对手的网站	33%
查看产品评价	31%
扫描 QR 码信息	27%
查看商家的网站	20%
使用商家的 App	17%
发送短信查看信息	10%

智能手机购物者在实体店内的活动分两种：比价和进行研究。其中，有 1/3 比较的是竞争对手的网站，还有 20% 查看实体店网站上的产品信息。进行研究的购物者倾向于查看产品评论，并寻找更多与产品相关的信息。包含文字信息的店内招牌是零售商帮助购物者获得更多产品信息的重要方式，这点将在本章的后面进行讨论。其他能够有效地帮助智能手机购物者的方式是，在店内提供 Wi-Fi。在店需要更多产品信息的用户很容易因为

糟糕的移动信号而感到沮丧，所以即使你拥有最好的产品储备也可能因此失去客户。

手机可以用来提供信息以帮助消费者购物，或者至少能够让他们对自己的购买决定感到更加满意（见表 4—6）。“展厅现象让人们在购物时感到信心十足，”菲尔宾说，“这符合基本的人类行为倾向——你想确保你正在做一个正确的决定。而这一点可以成为零售商在竞争中的有力武器，移动营销恰恰可以负责这项工作。”

表 4—6　　智能手机用户查看完产品信息以后可能出现的主要结果

对自己购买的产品感觉更加良好	48%
感觉被劝阻不要完成这次购物	15%
感觉完成了一次本不在自己计划内的购物	14%
这个信息没有造成什么影响	13%

根据 Vibes 的研究成果，在能够扫描或者发送产品信息的智能手机购物者中，几乎一半的人对他们的购物过程感到满意，并且只有一小部分客户没有被接受的信息所影响。

受展厅现象影响的购物者也表现出一些其他的移动行为方式。例如，大部分（57%）受展厅现象影响的顾客会用礼券换商品，而相比之下有超过 1/3（39%）的智能手机用户会这么做；有近 3/4（70%）的受展厅现象影响的顾客会使用近场通信技术完成购买，而只有不到一半（48%）的智能手机用户会这么做。

对于受展厅现象影响的购物者来说，交易更加容易达成，有超过一半的客户会用礼券换商品，还有一半会分享交易地点信息。这类客户还会积极地与营销人员沟通。

受展厅现象影响的顾客同样也会因为营销人员的原因而离去，这取决于他们收到信息的内容和信息的量。但是受展厅现象影响的客户离开的主要原因是，他们收到的信息量太大了（见表 4—7）。

表 4—7　　展厅现象购物者注销服务的最主要原因

有太多的信息或动态更新	86%
接受的信息和我无关	76%
优惠券或者奖励措施不够好	51%
接收到信息不够准时	44%
接收到的信息不够个性化	23%

在实体店里留住展厅现象

一旦出现了展厅现象，品牌和零售商的机会也就来了。有一些因素会影响展厅现象购物者的行为方式。尽管消费者恨不得马上得到商品，但通过移动终端在其他地方发现的一个很小的价格差，就能成为他们改变主意到其他地方购物的充分理由。

根据 GroupM Next 的一项研究，如果网上的价格比实体店价格低 2.5%，45% 的顾客表示他们会离开实体店转而在网上购物。如果折扣能够提高到 5%，60% 的顾客表示他们会放弃在实体店购物。在 20% 的折扣水平，只有 13% 的顾客会留在实体店里。从价格的角度来讲，如果线上线下的差异达到 5 美元以上，那大部分展厅现象用户会转向线上。GroupM Next 的研究表明，如果一个实体店能够将价格差异保持在 5% 之内，近一半的潜在展厅现象用户会决定在实体店成交。这也就意味着，精明的零售商需要不断地将他们的产品和网络上同样的商品进行比价。

典型的展厅现象用户总体是一群年轻人，他们大多为女性，经常在网上购物，并且收入不高。GroupM Next 的研究结果表明，不管其他地方能够提供怎样的折扣，大约有 10% 的购物者会完成在实体店的交易。机会就存在于另一个 10% 的能够被动摇的用户当中。研究确定了被锁定的这组人员的特征，并称他们为“边缘性展厅现象购物者”（见表 4—8）。

销售人员也可以影响展厅现象购物者的行为，与销售助理交流过的顾客中有 13% 的人更有可能在实体店购物。

表 4—8　　边缘性展厅现象购物者的肖像

性别	90% 以上为男性
平均年龄	52 岁
中位收入	60 000 美元
大学以上学历	98%
每月在网上购物	55%
每周在网上购物	21%
一周不止一次在线购物	11%

MOBILE INFLUENCE 移动互联的力量

与展厅现象共处

很多零售商已经对展厅现象十分熟悉，而零售商对此的应对措施是，在客户闲逛和购物时尝试与他们互动，不管是通过地理围栏技术还是通过销售助理的仔细观察。这就是所谓的反展厅现象。

但是如果零售商能够找到一种方法来刺激购物者在他们的商店扫描商品，从而使这些商品能够在那些不在店的客户处畅销呢？这将是真正的反展厅现象——利用零售商的展厅现象向不在店的客户销售商品。

个人对个人的在线购物的启动就是朝着这个方向。Shop My Label网站，自称是“一个支持和便利P2P销售的在线社区”，以推出时尚和美容产品发家。这个项目的创意是，消费者开设一个免费账户来创造他们的在线商店，并通过参与管理零售商库存的方式来挑选物品，然后通过社交网络与自己的朋友分享商店的相关信息。当他们的朋友或其他任何人在他们的网店购物时，他们会从每笔交易中收到高达10%的销售佣金。

Shop My Label上的各个商店定位于在市场上互相进行销售，并主要通过Facebook登录来创建铺面。“我们是一个社交性的公司。”Shop My Label的创始人兼首席产品官德里克·克纳普（Dearrick knupp）说。克纳普和十几名员工一起在纽约一栋离Foursquare 最初总部所在地不远的建筑物里工作。

该公司已经与数十家零售合作伙伴签约，其中包括萨克斯、Delia's、Avennue、阿玛尼和维纳斯·卡莫多。而这些零售商应该会为此感到高兴，因为这些在个人商店出售的商品都将以全价出售。

个人商店店主的优势是，他们可以从一大批商店和品牌的供应中通过混合和匹配来形成一个个人套餐，为购买者提供一站式的购物体验和免费送货到家的服务。“我们开展全价销售，所以免运费是必须提供的。”克纳普说。他补充道，与零售商的合作关系有点像将Shop My Label 推销给消费者一样。

Shop My Label从零售商处得到库存数字反馈，克纳普表示要做到这点远比预期困难。“整合零售商向来不容易，”他说，“时尚变化太快。我们必须整合Saks.com提供的45 000件产品，而且还得管理700 000个库存位。”零售商提供的价格每天都会更新。

Shop My Label的未来移动影响潜力首先表现在他的首席运营官鲍里斯·弗里德曼（Boris Fridman）身上，因为他同时也是移动工程师和Crisp Wireless（现在名字是Crisp Media）以前的CEO。克纳普说，Shop My Label的目标是逐渐扩大规模并且在第二阶段增加移动影响力。

有了移动终端的帮助，店门口的客户可能会走进实体店并且将他们心仪的商品自动扫描进个人收藏中。之后他们就会获得自己查看对扫描商品的第一手数据，从而有了更加丰富的细节辅助他们对Facebook好友的营销。这本质上是在使用Shop My Label平台上的P2P销售，这种销售模式的重要前提是，买家和卖家共同参与。

移动客户被重新包装成多个种类，而提前侦查环节能够在客户为他们的个人收藏选择商品前自动推荐产品。当然，对于零售商的挑战将是，弄清楚正在转悠的购物者是否正是展厅现象的典型用户，或者是正中零售商下怀的反展厅现象用户。

在实体店扩张移动影响力

无论规模和所处位置有何不同，零售商都面临移动购物用户转变行为方式，并且都在寻找影响消费者的新方式。在荷兰，手机的总拥有量已经超过了人口总量：1 700 万左右的人口中，移动电话的普及率已达到 115%。这给零售商与在实体店的移动购物用户打交道带来了挑战和机遇。作为荷兰最大的和最古老的一家百货连锁企业，V&D 决心要找到方法来施加移动影响力。

“V&D”是这家公司的两个创始人弗鲁姆（Vroom）和德雷斯曼（Dreesmann）的名字首字母。该公司成立于 1887 年，在 125 年的发展历程中已经发展为遍及荷兰 62 个地点、拥有超过 10 000 名雇员的公司，其在 2008 年推出的网店销售超过 700 个品牌的商品。这家连锁公司以自己的服务水平而自豪，已经多次赢得荷兰国内最值得依赖的百货商店品牌奖项。消费者移动化的趋势给 V&D 提供了另一个机会，这个机会就是，发挥好它每周都有超过 2 000 万人次来店购物的地段优势。

“我们是一个老品牌，但我们的品牌每天都在变得年轻，”V&D 的品牌总监布伦特·范·罗塞姆（Brent Van Rossem）说，“我们正在努力超越其他的传统零售商，以便在移动战略方面取得领先位置。我必须得说我们现在的线上业务发展得越来越快，将来围绕着我们的企业战略还会有很多激动人心的事情会发生。”

从本质上讲，移动购物生命周期在所有国家的表现都是相同的，即使并非所有国家在每一个阶段都完全同步。例如，在一些市场中，智能手机普及率比其他地方低，数据流量套餐不同，并且定位技术使用方式也不同。

“在美国，移动革命的发展速度是惊人的，但是这场革命在荷兰更快，”范·罗塞姆说，“在美国 50% 的人口拥有智能手机，但是在荷兰几乎有 60% 的人已经拥有了智能手机。这种智能手机普及率和在荷兰网上购物创纪录式的发展，共同促使我们在 6 个月内推出了 m.vd.nl 的移动版本，以使人们能在智能手机和平板电脑上登录这个网站。”

V&D 一推出自己的移动版本，他们的客户马上开始在外出时与这家连锁商城进行互动。“目前大约 2% 的网上销售额已经由移动网站完成的，”V&D 的电子商务经理诺埃尔·曼宁（Noel Manning）说，“我们也有一个专门为平板电脑用户准备的优化版本，现在平板电脑端的在线销售额的增长速度高达 10%。我们能够看到，在实际中人们使用移动版本浏览，并在平板电脑上进行购物。”

V&D 的方法是，将所有的购物渠道连接到一起，不考虑消费者的偏好通通都提供给他们。这家连锁公司还发现，消费者在前往实体店之前会先研究一下产品，因此它对销售人员进行了培训以便他们更有准备地帮助这些顾客。“顾客对跨渠道购物越来越持开放的态度，并且在商店中越来越多的客户都在问店员他们心仪的商品是否仍然在网上商城供应。”范·罗塞姆说，“当然，店员也会去查看网上的库存。消费者群体发展很快，而且我们现在可以进行更长远的投资，比如在销售点设置多个屏幕，以便消费者找到过时和断码的产品。”

V&D 利用实体店地理位置的另一种方法是，提供服务帮助客户找到不在实体店供应的商品。销售人员使用平板电脑或者商店的其他屏幕终端提供消费者入口登录 V&D 的在线展示平台。“当客户进入商店时，他们对于扩展购物体验抱着开放的心态，而不只是局限于我们实体店现有的库存。”曼宁说。

V&D 旨在让顾客的购物体验能够无缝对接，不管这种体验发生在实体店、网络、移动终端还是平板电脑上。这种方法试图避免展厅现象，因为客户能够得到超过在线库存的数据。此外，这也成为了一种时尚，一个客户可能会因为移动购物来到商店，也正是基于这个假设 V&D 展望能够更好地影响消费者。

“我们有自己的‘全方位渠道策略’，”曼宁说，“按照全方位的渠道策略，我们尽量确保客户在我们的渠道里感受到不同的消费体验。例如，如果晚上在家完成了订购，那你可以在实体店拿到实物。如果你在实体店收藏了心仪的商品，那我们会尝试让你在实体店进行更多的消费。我们努力满足客户的需求，并且对店员进行了大量的培训，我们正变得越来越好。我们的客服人员已经被完全培训过。”

虽然 V&D 并不使用定位技术，但它拥有同时适用于安卓和苹果的平板电脑和智能手机 App，这些 App 可以用来促进产品销售并且分享进展和新产品。它同样为完成支付做好了准备，以使客户能够通过 PayPal 和其他支付方式完成支付。大部分实体店经理使用平板电脑来帮助商店里的顾客找到 V&D 的在线商品。在其他的市场，有很多仅在线经营的销售商缺乏能力来利用实体店资产和在店的移动购物者。这一点并没有被 V&D 忽视，V&D 一直将它的在线和离线销售紧密连接在一起。

“70% 的在线销售品被送到家里，30% 的销售品在实体店被取走，而 70% 的退货最终被退回到实体店。”范·罗塞姆说，“它在实体店创造了流量，这非常重要，这样他们退回商品时总会买点别的东西。有一大批客户纯粹因为免费送货服务而来到实体店购物。我们对消费额高于 75 欧元的用户提供免费送货到家的服务，而人们也会经常因此出现在购物中心。”

V&D 看好荷兰未来的移动前景并且已经在做相应准备。“未来这个市场将会很大，”范·罗塞姆说，“我们看到越来越多的 App 进入市场，而同一个 App 就有着很多不同的竞争者，并且这些 App 基于不同的位置。我们像社交网络 Facebook、Twitter 和 Pinterest 那样进行联系。我们相信那会大幅扩大我们的客户群。”

“智能手机越发成为人们使用的主要设备，并且这个变化趋势将持续壮大。”曼宁说，“通能智能手机进行支付的趋势也将继续壮大，并且在未来会变得更加便捷。”

尚未开始这么做的零售商最好能跟随 V&D 的脚步，将他们的数字渠道和物理渠道连接到一起。在移动购物生命周期中，花在实体店的时间只是这个过程的一部分而已，并不一定是全部。除了在实体店购物，移动购物用户还通过实体店来进行研究并且比较同一件商品在不同实体店和在线商城的价格。像百思买这样的零售商拥有让客户通过移动终端或者在线商城订货的系统，并且能够将商品配送到实体店让客户自取。就像 V&D 的案例展示的一样，免运费能够对消费者起到激励作用，这能够保证客户会来实体店看看，从而让店家有机会来利用他们的特有优势。

利用移动终端购买大件商品

除了销售像 V&D 提供这类商品外，企业有机会将在移动购物生命周期内寻求大件商品的移动购物用户链接起来。帮忙把品牌和移动购物用户联系起来的一个移动影响力的推动者是 Arc Worldwide，它是李奥贝纳在全球开展营销服务的平台。

当涉及更加昂贵的商品时，有些在店的购物者对自己的意向购买商品有一个大概的目标，但还会寻求实时的建议，特别是在需要花费大笔金钱时。“移动终端会触动消费者体验的一些特定的接触点，”李奥贝纳和 Arc Worldwide 的数字战略总监和移动战略执行领导人莫莉·加里斯（Molly Garris）说，“曾经有一条清晰的购买路径，但现在由于有众多满足客户需求的、提供给购物者的可选渠道，这条路径已经完全改变了。”

例如，打算购买电脑的消费者在购物流程的早期阶段，甚至可能没有意识到他们究竟想购买什么东西。他们手头的电脑可能开机缓慢，变得老化，并且与新的软件不再兼容。“像电视和纸媒这样的传统媒体将在这些消费者脑海中留下一些重要信息，而移动元素将在这些消费者逛实体店时发挥重要作用，并且这些消费者也会通过移动终端寻求更多的评级和评论信息。”加里斯说，“他们正在寻找一个中立的信息来源，来帮助自己买到新电脑。这就是移动终端能够发挥作用的地方。移动终端能够帮助消费者做出决定，或者提供消费者认为直接问销售代表不太合适的信息，因为销售代表只会倾力向消费者推销特定品牌。”

在百思买的移动购物用户能够在 3 个不同的商品上扫描 QR 码并且对各个产品的特征进行逐一比较。“像电视、印刷媒体和电台这样的渠道能够普及基础知识，但是如果要了解更深入的细节，消费者可以使用他们的移动电话搜索反应更加快速的信息碎片。”

在去实体店购买大件家居用品的顾客中，移动终端同样发挥了重要作用。加里斯说：

> 就拿惠而浦的产品线来说，我们发现顾客每七年才采购一次设备。品牌不一定会从长期维护移动App中受益，因为消费者可能不会非常频繁地购物。但是，移动元素还是会吸引顾客来到实体店，并提供相关信息以影响顾客的购买决策。
>
> 在进行了关于移动购物的研究后我们发现，采购电器或者汽车这样的大件商品时，人们还是希望去实体店。他们不想通过手机搞定这

件事。他们需要前往实体店摸一下门，并且通过仔细观看弄清楚容量大小。我们已经知道他们将会前往实体店去做这些事情，但是肯定会使用移动终端上获得的信息去帮自己做出购买决策——包括产品的质量保证、服务、配送方式，甚至是可选的颜色。这才是移动终端能够真正有所帮助和发挥作用的地方。

针对惠而浦，我们设计了一个优化的移动网站。我们确保这个移动网站能够补充移动搜索战略，以保证当人们在购买电器时我们能够指导他们使用这项购物工具，帮助他们理解不同产品的特性，进行比较、提供商品评价以及提供购物指导。设计这项购物工具的目的是，使整个电器购买流程更加轻松、更加无缝化。

我们认为消费者的购物体验是，从“我不知道我需要这件商品”过渡到了“我已经购买了这件商品并且需要售后服务”。我们在整个体验过程中寻找可能的接触点。我们认为，移动终端能够发挥重要作用。当人们在实体店实地触摸到大件商品，并感受到这些产品的质感时，激发客户做出购买决定的时候就到了。

我们对待电器和大件商品的态度与对快速消费品、衣服和其他种类的产品的态度不同。顾客可能不会在购物之前针对后者在网上做太多的研究。在来到货架前面的时候，他们不会拿出手机研究不同品牌的红糖哪种更好。相反，购买这类商品更多地与交易通道程序、客户忠诚度App或者列表访问App相关。移动购物行为在不同的商品种类上表现是如此不同，所以我们面对的挑战是，基于顾客购买的商品种类建立不同的移动战略。我们发现，唯一能够超越所有产品种类的移动购物行为是使用优惠券和折扣——不管这类优惠是来自特定的App还是顾客接收到的电子邮件。

根据位置发送短信

关注移动行为的人都知道，短信业务仍然很活跃并且能起到作用，尤其在青少年群体中。根据皮尤研究中心的研究成果，75% 的青少年样本中，较大年龄组即 14 到 17 岁的青少年，每月都会发送和接收大约 3 000 条短信。青少年不只是发送和接收短信息，虽然短讯服务仍然是一种有效接收移动影响力的方式，特别是对移动购物用户而言。就加拿大而言，一天就有超过 2.68 亿条短信息被发送。

根据 ExactTarget 完成的渠道偏好性调查，1/3 的消费者每天都在不间断地使用短信，而不间断使用电子邮件的消费者相对较少（29%）。其中的很多短信内容的目的是，在消费者前往商店之前影响他们的购物行为。消费者接受信息的偏好在过去几年已经发生了变化：电子邮件的发送比例也已经从 2008 年的 66% 跌落到最近的 45%。而短信的趋势刚好相反，从 5 年前的 16% 增加到最近的 36%。乍一看，电子邮件已经过时了，而短信息正在流行。

短信是用一个相对较低的移动营销成本到达几乎所有的移动电话上。例如在英国，一个 1 000 条短信的套餐费用约为 8 美分，如果发送的数量更大，这个费用可以降到大约 5 美分。所有的移动信息服务，包括短信、彩信、即时信息和电子邮件，预计在 2017 年能够达到每年 28 万亿美元，其中收入金额最大的部分来自短信和彩信。在全球范围内，仅短信预计将在 2016 年达到 9 万亿条。

短信的发展历程虽然已经有几十年，但它仍然是相当有效和流行的，因为几乎每个人都能接受短信。许多品牌发现了在店使用短信来发挥移动影响力的方法。在这个领域内，一个移动影响力的推动者是，短信服务行业的领头羊 Hipcricket，这家公司总部设在纽约，并在西雅图、达拉斯、芝加哥、亚特兰大、洛杉矶、旧金山和迈阿密设有分部。Hipcricket 的客户包括梅西百货、米勒康胜啤酒、雀巢、清晰频道公司和福特公司。

与个人之间发送短信不同，短信营销行业已经发展得高度复杂。企业可以通过包括位置、人口特征和时间段在内的一系列方式，来锁定消费者。短信营销必须遵循一系列的规则和程序，比如得到手机用户的明确同意，因为在未经许可的情况下，随机给移动电话用户发送信息会被定义为垃圾邮件。有道德的移动营销者会遵循由移动营销协会颁布的规则和指导方针。

你可能已经看到了一些短信营销方案，也可能已经看到商店提出的报价，例如，如果键入“要约”发送给 48938，那你将进入一场竞赛中。一串数字，或者有时候是一个品牌或产品名，被称为短码。当发送短消息时，你可能会收到一个要约或者以其他激励形式来邀请你选择未来的利益。品牌商和营销人员发送的每一条短信都为消费者提供了选择退订短信的方便渠道。Hipcricket 这家移动营销和广告公司是北美洲短码市场的领头羊，它配置的代表品牌的短码比其他任何公司都多。

移动短信的影响力

汽车制造商的一个主要的市场营销目标就是，吸引潜在的汽车买家来联系他们的地方经销商，或者最好能够让他们亲自去拜访经销商。对于汽车经销商来说，位置就是一切，所以无论用什么方法，吸引人们来到现场能够保证获得基本收入。在加入这场短信营销大战之前，福特并没有在电视和印刷广告上有所行动，虽然它是全球在传统媒体广告上投入最大的一家公司。最开始，福特没有考虑过移动终端的战略，但是短信的出现改变了它的态度。

福特公司主要的广告目标是，创造商机，并将其转化为销售。福特决定通过电视广告和平面广告来完成这个目标，而这需要短信的帮助。该公司希望在类似《今日美国》这样的全国性的报纸和包括《纳斯卡赛车》以及《法律与秩序》这样的电视节目上，战略性地放置短信互动信息。广告信息的短信部分是成功的，因为它为福特与潜在客户互动打开了大门。

“如果想知道福特福克斯在地方经销商的折扣，那输入你所在地的邮政编码之后，你便会得到报价信息，里面会说，在你的区位折扣是 2.9% 或者其他的现行折扣，因为根据你所处的位置会有一个变动。”负责部署这个方案的 Hipcricket 首席市场官杰夫·哈森（Jeff Hasen）说，“人们作出回应，从而让不积极参与传统媒体互动的人群转变得更加积极。使用平板电脑或者移动电话的客户都积极参与了进来。”

这个活动证明短信发挥了作用，提供了高转化率并且将客户带到地方经销商那里，在家看电视商业广告时轻松地通过短信互动能够获得可靠的回应率。

“有很多人将他们的邮政编码发送给我们，然后得到了地方报价。正因为他们与我们合作，我们能够给他们提供更多的信息，那就是‘你想让在你所在区域的福特经销商联系你吗’？”哈森说，“如果他们愿意的话，我们会给他们一个回复的关键字。”

“如果我要列一个想在明天完成的事情的名单，那这个名单可能有一英里长，而这之中不会包括和汽车经销商联系。你要么几年才会去见一次汽车经销商，要么就是闲得无聊了才会去。但值得注意的是，15.4% 的人迈出了第一步，那就是发送邮政编码；他们采取的第二个步骤是，接受当地经销商的联系，而这对于福特公司像金子一样重要。我们给当地经销商提供了信息，而他们会在几分钟之内联系消费者，他们会给消费者打电话。和过去的目标相同——让人们前往经销商处进行接洽。”

短信回应还有另一个好处，那就是潜在客户很容易自我认同，因为他们更可能在当时出现在市场。如果有人发送短信咨询融资利率信息，这意味在他们比其他人更进一步地考虑购买代价问题。福特同样将接收到的信息用在以后的市场营销工作中，而这对于他们来说是一个额外的收获。

“如果你迈出了第一步，可没有同意和汽车经销商建立联系，那我们会在一个月后联系你，询问你是否仍然对福克斯感兴趣，”哈森说，“这是非常重要的，因为通过系统我们能够追踪福克斯汽车车主的电话号码，因此我们不会给他们福特 F150 的报价。这样，你的服务越切合用户需要，你就有越多的机会成功。”福特告诉我们，他们从来没有见到如此高水平的转换率，很显然该方案已扩展开来并在多款不同的汽车上适用。

当移动购物用户正在实体店或者在现场时，短信可以在快速互动和参与上发挥作用，而这是许多零售商的目标。一直以来，在几百家商场中，梅西百货从初期开始就在使用移动终端进行市场营销方面表现得更为激进。梅西百货打算针对超过 25 岁的女性开展全国性的活动，并且计划使用移动终端收集所有的相关信息补充进它的客户数据库。它的最终目标是加强客户间的互动以增加流量，并且通过活动增加销售收入。

通过梅西百货的后台运行程序，店内陈设遍布各个不同的商品区。百货公司刺激购物者发送广告关键字到一个特定的短码上或者是促使他们扫描 QR 码。作为回报，时尚小窍门和特别的设计师视频会发送给购物者，以为购物者提供学习最前沿时尚的机会，并让他们保持对即将到来的促销的热情。

“后台运行程序对梅西百货来说是一个机会，它能够使过去经过零售店走廊的消极活动变成互动性更强的活动方式。”哈森说：

> 客户经过走廊并且会感受到移动终端集中作用的多个刺激点。如果你想了解玛莎·斯图尔特（Martha Stewart）或者吹牛老爹（P.Diddy）或其他人的时尚作品，你所需要做的就是拿出你的手机，马上开始回应，之后就会收到包含登录移动网站的短信。

这就是消费者想做的事情。他们想要信息就在他们的指尖随时可以调用，他们还想无需叫来销售员就能获得信息，或者是在最短时间内尽可能变得更明智。

最重要的是，梅西百货给了消费者选择的机会，而这不是强行规定的。举例来说，梅西百货不会说："如果你想在周二来梅西百货，你需要在南边停车并且驾驶一辆红色轿车。"——那是荒谬的。他们永远不会那么排外，他们所想要的是包容性。

短信是后台通行证计划的覆盖策略。它允许每个消费者都能参与，但是梅西百货知道并不是每个人都想接收短信。有些人希望获得更加丰富的体验，有些人希望得到QR码，但是还有些人的手机上连扫描仪都没有。

所以这是一个很好的例子，梅西百货给消费者提供了机会并且明显跟踪着活动的进展。当程序在运行中时，我们需要做的是监控和随时准备做出改变，当涉及移动时，事后的概念已经不再起作用了，因为我们可以关注实时的互动情况并且根据情况做出相应的变化。

这次活动妙就妙在你能获取更加丰富的资源，所以我们实际上已经看过了大量的彩信和移动网站了。你能够收到视频并且能看到幕后花絮，从而发现如何将各种元素搭配在一起。因此，短信是梅西百货增加客户忠诚度的有力武器。有成百上千的人因为这个原因提高了对梅西百货的忠诚度。在这个特殊案例中，我们看见更多人通过使用移动网站或者彩信，得到了想要的一切。

我们看到了大量QR码的扫描结果，并且这些扫描结果也因位置的不同而异。如果消费者没有一个能够运行移动网站的电话或扫描仪，而店家又希望能够给这些购物者参与的机会，那短信就来了。这可并不局限在实体店内。梅西百货的短信被扩展到美国全国广播公司（NBC）一个名为"时尚明星"的节目上——梅西百货是主办方。各种时尚产品在实体店或时尚秀中推出。你不仅能学习到更多有关时尚的内容，也能转变坐在沙发上的消极行为方式，通过共同参与形成主动的行为方式。

通过短信建立零售商数据库

New York & Company 是一家全国性女性时尚和饰品专业零售商，它的目标用户是全美国超过 25 岁的女性。它希望利用移动影响力积累资料建立客户数据库。零售商可以有效使用店内招牌，尤其突显鼓励购物者发送短信的报价，从而加强客户和营销人员之间的潜在沟通。在 New York & Company 的案例中，时尚杂志中的短信报价也同样被有效地利用起来。

在这次活动结束几个月后，37 000 名移动购物用户选择使用 New York & Company 的数据库。“就像梅西百货是由不同的地方、不同的媒介载体以及不同的关键字来报价，我们在一本时尚杂志广告中也设置了一个关键字，”哈森说，“我们所能够做的是说，‘好吧，这次采购起到了作用，我们能够做的不止这么多’。如果在活动中没有得到我们想要的东西，那我们可以退出那里。”

“一切都和客户关系管理方面有关，同时有机会能够从愿意分享信息的顾客处获得信息。梅西百货希望我对男生时尚感兴趣，并且希望完全围绕这个给我提供相关产品。可我没有孩子，所以这就像是把睫毛膏和圣淘沙岛旅行提供给我一样。这些信息不仅对我来说毫无意义，而且还是一个打扰。越能做到契合用户需要并越理解客户的需求，那零售商和顾客的互动会越丰富，也就能在相关性方面做得越好。我们发现在奢侈品零售商身上这个规律可以得到验证，但是我们认为，在所有价格档次的零售商身上这个规律都可以发挥作用。”

处于在店阶段时，巡洋舰用户和搜寻者都可以在经过商店时被动地发现产品。利用现场短信能够将被动的方式转变为互动性更强和对顾客回馈更多的方式。

"你在外面购物时是依靠自己做出判断，你不一定会找到问题的答案，"哈森说，"你甚至可能不知道要问的问题是什么。我并不建议每个顾客都到实体店来亲身体验，因为非常遗憾的是，很多零售商并不能提供出色的客户体验。这是一个减轻展厅现象的机会，而零售商可以通过大力改善实体店体验来赢得这个机会。从客户关系管理的视角来看，这很像是在向诺德斯特龙公司学习。他们随时携带平板电脑并且非常了解顾客的需求；他们了解顾客的购物历史并能在短时间内为我所用，能够通过知道你的名字、了解你的兴趣所在来提供更加好的体验，让你享有独一无二的体验。"

利用基于位置的短信充分发挥了实体店的优势。零售商有稳定的实体店流量优势，因此能够很容易地通过短信显示品牌。下面是其他一些例子：

- **米勒康胜。**这家公司希望它的蓝月亮啤酒成为正在旅途上的顾客的头号选择。其目的是锁定旅客群体，以为这种啤酒的粉丝提供一种与他们的最爱保持紧密接触的方式，并促进啤酒的销售。这个啤酒品牌在28个美国机场通过电子邮件开展选择性接收优惠宣传，当旅客到达机场时，他们就能够接收到内容为哪家餐馆供应蓝月亮啤酒的短信了。

- **雀巢。**这家公司希望能够变得更有亲和力，同时促进它的Arrowhead品牌销售。在店内使用选择接受优惠的短信用户，能够得到好莱坞环球影城"一日游"的机会。Hipcricket发现78%的人记得参与过该项目，64%的人认为它非常有趣，38%的人已经由于这个项目的直接作用购买了一件Arrowhead产品，44%的人表示他们更倾向于购买Arrowhead产品，还有24%的人认为相对于其他竞争者，更青睐Arrowhead产品。

精确定位：对的顾客，对的时间

除了通过短信接触到在店的搜寻者和巡洋舰用户，还有其他类型的具有高度针对性和相关性的信息平台，这些平台能够因为一系列的因素而启动。这些消息可以根据细分客户群、位置和移动 App 使用历史等元素发送到顾客的移动终端上。有一家专门从事这个领域的公司，它同时也是移动影响力的推动者之一，其名字为“Xtify”，是一家总部位于纽约的移动领域创业公司。

这家公司位于曼哈顿下城百老汇的一栋大楼的 10 层——大量移动领域创业公司的总部都设在这个区域。Xtify 专注于研究持续跟踪移动购物用户的方法，以便在最合适的时候为他们提供信息。这种实时营销模式就是我所说的精确定位，精确地在最合适的时间锁定顾客和信息。该公司成立于 2009 年，经营目标就是创造内容，同时在客户能够马上行动的时间和地点将促销内容发送给顾客，尤其是在店的顾客。

作为移动影响的推动者，Xtify 创建了针对类似丽嘉酒店、Pacsun、JackThread 和洲际酒店集团这类品牌进行服务的平台并对之进行管理。其名字“Xtify”取自于“X 标志着地点”和“辨认”的混合。就像在很多移动影响力推动者的案例中一样，顾客不容易发现 Xtify，因为它提供的是后台支撑移动技术，推动很多移动影响力的领导者的一些在店项目能够运行。不管是通过这些公司的 App 还是移动网站，顾客看到的消息仅来自国内外知名品牌。最喜欢使用 Xtify 功能的用户是那些下载品牌 App 的顾客，因为他们已经是特定品牌的粉丝。“如果你已经下载了一个 App，那你可能是某个品牌的忠诚用户，”Xtify 的首席执行官乔希·罗克林（Josh Rochlin）说，“而这将是下一代的客户关系管理。”

在移动购物生命周期中，消息在有效调节和时机得当的情况下更为有效，这在在店阶段更是如此。对 Xtify 系统来说，营销人员可以根据信息发送的时间来自定义信息内容，而这基于时间、位置和频率。举个例子，一个人可能会在走近某家商店的特定距离时接收到移动短信。如果这个人打开了消息，他可能在 4 周内分别只收到一条信息（不同的）。如果不打开信息，那他可能会在下次出现在这家商店附近时再次接收到信息。如果顾客未在 30 天内打开 App，那他们可能会收到电子邮件或短信，提醒他打开 App。

Xtify 的技术可以得到常驻位置或智能手机“打开 App”的位置，它使用了内置于苹果和安卓移动终端的技术，而这种技术能够在智能手机上持续注册用户的匿名位置。除了在机器上储存信息，智能手机还将信息发送到云端。这允许营销人员在顾客进入一个预定的地理区域或地理围栏区域时，将有用的信息发送给顾客。顾客不需要打开品牌的 App 以弄清楚是否存在特殊折扣，因为折扣是在顾客出现在商家附近时自动触发的。“我们接收推送通知并建立了一个云接口，”罗克林说，“我们使用动态分割方法来锁定目标并发送信息。”

由于展厅现象，罗克林的问题是，零售商如何通过移动终端夺回主动权。“一种可选的方法是设计一个 App。”他说，“就网络来说，在顾客在线时更重要的是拉力。”当巡洋舰用户处在恰当的位置时，Xtify 的技术可以用来给他们发送有针对性的信息。这些针对性的信息可以基于一天的特定时段、最近的天气和过去被打开的信息发送。当移动购物用户正在观看品牌的网站时，可以根据顾客是否在家、在商店，甚至是否在竞争对手的商店等不同情况发送不同内容的信息。这个平台支持 20 种不同语言，设计想法是任何一条信息都只会给同一个人发送一次，而每一个收件人都需要选择参与并且事先同意接收信息。

使用某个位置的地理围栏上的总体思路是，如果一个人在一定半径范围内打开一个页面，那他就能得到特定价值。由品牌或营销人员来决定如何对每个人提供最好的价值并且影响他们的想法。当一个人以接收信息的形式来获得价值时，这个系统还允许人们将信息发送到类似 Facebook 和 Twitter 这样的平台来共享信息价值。下面是一些公司如何运用 Xtify 的方法来开展针对性的在店移动营销的案例：

- Pacsun。使用推送通知吸引移动购物用户参与摄影和优惠券活动。这样做的目的是，吸引客户使用App或网站。
- JackThreads。这家男士生活方式和时尚品牌发送有针对性的推送通知给App用户，提醒他们每天中午开始启动销售并且购买时机稍纵即逝。这些是最新的闪购交易的快速提醒。
- **洲际酒店集团。**发送信息刺激App用户加入他们的忠诚度计划。客户的手机号码被链接到移动App上以进行更好的客户细分和更好的用户保证。
- **丽嘉酒店。**设计了针对性的欢迎短信，这类信息在智能手机用户走近宾馆入口特定距离时自动发送。有信息显示，人们会打开丽思卡尔顿App，查看酒店的更多信息并查找特色供应。

情境相关性

识别客户的地理位置的价值在于提供产品或服务，这些产品或服务是根据顾客所处位置的周边情况和他们的喜好来提供的。利用对顾客定位，顾客可能的行为方式或精神状态为我们提供了一种可称为“情境相关性”的事物。提供给在店移动购物用户的服务内容和可行性方案基于情境而不只是位置。

1-800-Flowers.com 是一家有 35 年发展历史、利用情境相关性的公司。带着每年进账大约 7 亿美元的成绩，1-800-Flowers.com 是第一批主动拥抱名为 SO-LO-MO（社交—本地—移动）趋势的零售商先行者——SO-LO-MO 包括社交媒体、本地商店和移动技术等元素。

这家出售花和礼品的公司发现移动终端拥有改变商业模式的潜力。"移动终端已经在两件事情上彻底地改变了我们的商业模式，"1-800-Flowers.com 的在线移动和社交部门的副总裁艾米特 · 沙阿 (Amit Shah) 说，"它所完成的第一件事是，真正为我们开辟了一个极具颠覆性的渠道，这个渠道对我们的业务和整个公司的增长都是一个增值因素。第二个是，它已经重构了我们现有的所有渠道，所以在很多方面它已经彻底改变了我们思考日常业务的方式。"

和其他公司的发现成果一样，1-800-Flowers.com发现移动行为深深地影响顾客和商家打交道的方式，这不只是移动足迹，还有从零售前台到在线电子商务的整个渠道体系。沙阿说：

> 想想你在情人节前为你老婆预订鲜花这样简单的事情吧。传统上，购物者总是认为在商店购物的体验是完美的，所以你可以走进商店并且挑选出那些最为可爱的红玫瑰。在这种情况下，需求基于购物者不假思索的内心冲动和某种品牌对购物者的强大吸引力。
>
> 但是现在突然之间，我们正在做一些被称为基于情境的锁定的事情。你可能会去商场为妻子挑选一套钻石耳环，也许这时我们所在的位置离这些珠宝店只有500米远。当你在珠宝店附近时，我们可能正在给你的智能手机发送广告告诉你："嘿，你已经在我们的花店附近，请进来看看。你能够为你的妻子购买两打红玫瑰，我们也能够完成一笔了不起的交易，这些玫瑰花能够和你的钻石耳环礼物形成完美的搭配。"传统的营销方式并没有将客户的位置或者情境背景考虑进去，现在的移动营销尝试更多地将位置因素纳入考虑范围，但是当

真正的突发事件发生时，你同样可以将这个情境背景带入运行过程。在我们的例子中，只考虑位置因素是次优选择，因为丈夫可能只是打算去珠宝店修理下手表，在这种情况下，适合发送鲜花内容的广告的情境没有出现，因为这些花可以在路上轻松地完成挑选。所以这种方法已经从根本上改变了我们向潜在和现有客户开展市场营销的方法，从单纯的移动渠道转向全渠道体系运营。任何低估这种情境营销的巨大力量的零售商都没有看到其发展的潜力。我经常质疑零售商的现场人流量，并且会要求现场的销售人员询问前来购物的顾客这样的问题："你们当中有多少人是因为移动终端才发现这家商店或者决定来这家商店购物的？"我想他们会为认定移动影响力促使顾客来店的数量之多而感到震惊，如果没有其他的背后关键性因素来影响他们的购物——谷歌称这个理念为"另类接触行销术"。

关于移动世界隐私问题的、常被人们误解的事是，在没有得到授权的情况下，客户不希望自己分享的信息被用于其他地方。但奇怪的是，我们发现如果能证明你是正确的信息管理者人选，那顾客更加愿意提供他们的信息。如果能够从你那里获取更多信息，那我们会让每个人爱上你。这与你如何做到最好并且最大化地利用好相关情境相关。我完全认为，不管是从零售商的角度来看，还是从顾客的角度来看，或是从监管的角度来看，我们在未来几年会得到非常清晰的如何更好地让其他人获取背景信息的指导方针。我们完全相信大部分人会更加乐意分享相关的背景信息，而通过同样的方式，人们仍然可以在表格上填下他们的实际方位。

你不能获得比这种方式更多的背景信息了，对不对？人们会坚持这么做，因为通过这种方式他们能够获得清晰的价值。

酷VS缓慢前行

随着定位技术的发展，营销人员即使没有通过移动终端接触到顾客的话，至少能够更加轻松地识别潜在客户。在电脑出现前，每天都会有大量印刷形式的垃圾邮件被送来。随着互联网的普及，垃圾邮件通过电子方式继续出现在我们面前。移动营销人员需要更加小心，遵循双向选择规则，确保得到顾客的准许再来发送特定信息。

定位技术为营销人员开辟了一条新的沟通渠道，在这一背景下可能会出现非常契合需求和有用的信息来影响人们的购买决定。而许多品牌、营销人员和移动行业的公司都打算这么做了。为了帮助思考一个位置项目，我们有一个简单的设计指南，它能够帮助我们更好地获得客户的反馈。我们称这个系列为“酷VS缓慢前行”。记住这个事实，一个人被认为“酷”的个性可能是另一个人的“缓慢个性”：

- 酷。最有针对性的信息是基于位置提供的，并且来自于值得信赖的品牌。要为客户提供清晰的价值，比如内容的互动性或者活跃的反馈，还包括即时提供的客户满意要素，比如打折或者额外的奖励。
- 可接受性。根据位置从已知来源发送有针对性的信息。
- 关闭雷达。客户已经在他们的手机里关闭了位置功能或者公司并没有使用位置技术。在这种情况下，一个机会就被错失了。
- 不确定性。向附近的随机顾客随机发送有针对性的信息。
- 出乎意料。完全随机或爱出风头的信息出乎意料地提供了基于位置和消费者没有预料到的其他因素。使用预测性建模技术提供建议，会使消费者怀疑他们是否在被监视。

一些移动购物用户希望他们的位置功能能够一直保持关闭状态，从而不会觉得被跟踪了，但还有一些人不仅保持位置功能开启状态，同时还积极在不同的位置使用签到功能，不断地广播他们所在的位置，并且利用各种基于位置的机会。在启动任何有关现时的、在店移动互动之前，一种简单的早期标准是咨询少数智能手机用户：根据你所期待使用基于位置技术的范围，描绘意向项目的人口特征，然后询问那些有着不同人口特征的人他们的想法。一旦能够被描绘清楚，一个基于位置的项目就很容易变成“那很酷”或“那是缓慢前进的”的印象。这是所谓的“酷 VS 缓慢前行”。

通过将顾客所处位置的周边情况纳入考虑范围，根据顾客的所处位置创造出的营销信息决定了现在的活动和基于这些元素的可行思维模式，精明的营销人员可以通过相关的情境精心设计营销方案。如果这种情况能够成为现实，营销人员和客户都能够从中获益。在能充分利用这种优势的前提下，实体零售商在移动购物生命周期中具有明显的优势。无论是对抗展厅现象还是充分利用展厅现象提供的机会，像 V&D 一样将数字和实体供应链充分整合，或在实体店使用短信，当获得消费者的位置信息时，营销人员可以在移动购物用户在适当位置的时候为他们提供增值服务。这就是我们在移动购物用户经过商店时可以利用的一个机会，这一点我们将在下一章讨论。

MOBILE INFLUENCE 数说移动

根据德勤数字的预计，移动影响力能够在2016年以前影响17%到21%的零售销售总额，也就是说，总共能够影响价值6 280亿到7 520亿美元的销售额。

05

关键4：决策阶段 一键购买

购物过程在传统上呈线性发展，而移动的力量使得购物过程变得更具互动性。购物者经过商场或专卖店时不断地基于位置实时互动。他们可以通过移动终端收到时间精确到以分钟计算的价格信息，接受在线零售商和实体零售商的促销，并最终通过移动终端一键下单。

MOBILE INFLUENCE

邻近营销的艺术

一旦移动购物用户来到可以购物的位置，另一个移动影响力带来的购物机会就产生了。当移动购物用户逛商场时，他们会查看和比较商品，尝试获得更多的资讯，进行比价，甚至当场决定购买。在移动购物生命周期的这个阶段，营销人员还有机会在实际购物阶段前发挥移动影响力。

企业面临戏剧性地接近移动购物用户的新机遇，而这取决于他们对特定产品和服务的亲近感，我们称之为“邻近营销”。他们有机会因为这种亲近感影响个人的购买行为。通过靠近产品的 Wi-Fi 或 NFC 设备接触移动购物用户的方式不断普及，移动行业称这种方式为“邻近营销”，而这种方式发挥的作用将越来越大。

基于产品位置和购物者的关联，营销人员能够通过多种方式接触到购物者。移动终端的定位功能在不断改善，因此现在顾客能够更方便地找到特定商品区和最爱的商品。在这个过程中，顾客会走近心仪的产品，甚至可能将商品取出货架，前往收银台或者直接将商品放入购物篮，而这就给移动营销提供了新机会——这就是在顾客购物时接触他们的艺术。

这些邻近购物者都对实际挑选过程十分重视。随着更多的移动购物用户使用 ShopSavvy 和亚马逊价格检查器来扫描产品，扫描的习惯将会在大众中流行，而这将使得零售商面临进行价格战的压力。

每个地方的销售助理都在奋力跟上移动购物用户的步伐。配备智能手机的顾客查看商品并且轻触他们的手机以了解有关产品的各种信息，这些信息包括产品信息、消费者评价、打分评级以及同伴和朋友的推荐情况。不少零售商已经接受了这个事实，并且给他们的销售人员配备了移动终端，比如说劳氏已经决定给 44 000 名销售助理配备 iPhone，还有像布鲁明戴尔百货店、梅西百货和西尔斯这样的零售商在他们的实体店中配备了移动终端。星巴克员工学习通过扫描顾客的智能手机代码来结账，用这种方式完成的交易额很快就达到了上千万。

条形码扫描

条形码出现于 1974 年之后，这一年在俄亥俄州特洛伊市的 Marsh 超市，10 包箭牌多汁水果口香糖第一次通过手动激光扫描仪结账。这次价值 67 美分的销售标志了 UPC 条形码时代的开端。在那之后，这些无处不在的代码帮助我们跟踪数十亿商品的销售情况，并且加快了购物者的结账速度。UPC 条形码承载了与特定产品相关的信息和定价。

UPC 条形码和 2D 条形码不同。传统 UPC 条形码是一种衡量维度，这种维度的读取方式是从左到右或从右到左，而 2D 条形码有两种维度，从左到右和从上到下。你可能在杂志或广告牌上看到过这些 2D 码，通常情况下它们是方形的，而不是 UPC 码的长方形形状，并且有些看起来更加精致。

多年以来，智能手机内置的相机有了很大的改善，因此读取这些代码变得更加容易和快捷。最常见的 2D 条形码是 QR 码。那些代码能够被移动电话迅速读取，并且即时导向从特定网站到竞赛和视频的各种内容。很多营销人员最初使用 2D 条形码是为了将用户导向网站，因为消费者能够轻松地键入网站地址并且获得满意的结果。随着时间的流逝，更加完善的营销项目加快了代码的完善进程，而这其中有两家处于领先地位的移动代码扫描公司，Scanbuy 和 SpyderLynk，我们将在稍后讨论这个问题。

2D 条形码显示出巨大的创新性和客户价值，所以我们将条形码印上包装袋时需要抱着明确的意图。与此同时，UPC 条形码几乎存在于所有的包装袋上，目的是在结账时使扫描产品更加方便。两种类型的条形码都在邻近营销中发挥了巨大作用。

只有智能手机在全球范围内不断普及、激励因素从各个方面不断涌现，移动扫描才可能不断发展。条码扫描有很多种变化形式，但是它们都能够吸引顾客来亲身体验。下面是几个例子：

- **查看价格的App。**移动购物用户能够通过这些移动App在他们的智能手机上扫描产品的 UPC 条形码，同时还能够接收到同款产品在其他地方的销售情况。ShopSavvy 在这种App中处于领先地位（之后会具体讨论这个App），但是还有大量App能够提供几乎同样的功能，具体包括亚马逊价格检查器、RedLaser 和 TheFind。很多主流零售商的App同样具有扫描能力，还有一些零售商，比如诺德斯特龙，由于使用的代码是独一无二的，因此能够在扫描产品上提供增值信息。

- **会员卡App。**你可以把商家给你的回馈和忠诚度积分保存在App里，这样就不用随身携带塑料卡片了。这类App中最引人注目的是 Key Ring 和 CardStar——Constant Contact 拥有这两款应用的产权。Key Ring 是由 Mobestram Media 设计，你可以用它扫描卡上的条形码来添加会员卡，或在没有条码的情况下，从大量备选中挑选出零售商或商家并且键入卡号，之后会员卡享受的优惠折扣就能够通过App在第一时间传递给用户。CardStar 提供了一个相似的会员卡名单，每一张会员卡都能够享受到类似的服务。

- **QR码扫描 App。**Sainsbury's 是英国最古老的一家零售商，它刚刚引入了一个名为移动扫描的项目，并且在汉普郡、克勒肯韦尔地区和贝斯纳尔格林地区的Tadley商场运行了这个项目。在那里去超市购物的人可以使用他们的安卓和苹果手机帮助购物，并且不再需要翻开购物车或者购物袋来完成支付。他们可以使用他们的 Nectar 会员卡来注册这个项目，下载App，然后在购物时扫描产品的条形码。移动购物用户签到和验货都可以使用QR码，并且通过信用卡或现金完成支付。

- **锁定实体店的购物者。**假期时，亚马逊能够锁定商店里的购物者。在线零售商给移动购物用户提供了一些激励，以促使他们扫描商店里的商品，若他们从亚马逊购买商品还会被提供一个折扣。通过在特定商品上添加 QR 码能够锁定在实体店的购物者，这样购物者就能够通过手机来扫描代码、购买商品、将商品打包回家。代码会内置于商场最畅销的玩具上，并且可以免费发送到美国的任何地方。

一键购买

环顾一下周边购物环境，你很可能会看到有人正在使用他们的手机。虽然电话和短信时有打扰，在实际的购物场景中客户还是越来越多地使用移动电话。大量的研究验证了这一点，但对于营销人员、品牌和零售商来说，弄清未来移动购物用户在购物时使用移动电话的方式才是关键。消费者可以通过移动终端扫描从移动购物生命周期的决策阶段迅速过渡到下一个阶段，也就是购买阶段，而整个过程都不需要跟收银台打交道。

尽管 ShopSavvy 公司团队位于得克萨斯州的达拉斯，但实际上 ShopSavvy 是日本一家名为 Big 的公司设计的 App。这个 App 已被下载超过 3 000 万次。它还将扫描技术授权给沃尔玛、梅西百货、消费者报告这样的大公司，并且 ShopSavvy 还被申请技术授权的个人或公司下载了 1 亿次。

这个 App 最开始的设计定位是，成为一款帮助客户通过扫描条码找到最划算产品的小工具。然后与成千上万的零售商建立了合作关系，从而向移动购物用户提供实时库存和价格数据。这款 App 可以在两方面发挥作用，它不仅能够让购物者找到最划算的产品，还能让品牌和商家在 App 中内置广告以接触到潜在购物者，而这是营销人员接触邻近购物者的一种方式。ShopSavvy 创建了一个广告平台，这个广告平台能够根据顾客当下所处的商店和扫描产品的历史推送有针对性的信息、特价供应和交易信息给购物者。

这家公司推出了 ShopSavvy 钱包，用这款产品扫描商品后便能进行一键购买。一般来说，在实体店购物的移动购物用户扫描商品上的传统条形码，通过 App 查看其他商店的价格进行比较，并最终选择一个最优惠的价格。例如，你在欧迪办公购物时扫描产品上的条形码，然后立马会通过 ShopSavvy 钱包知道在百思买这款产品免运费。只需要点击一次（实际上这个动作被标记为滑动两次完成支付），产品就能够完成配送。拿亚马逊的例子来说，信用卡和配送信息已经被预先输入 ShopSavvy 应用，移动购物用户能够一键完成购买和信用卡支付的流程，零售商会根据 ShopSavvy 留下的信息将产品直接配送给顾客。

在 MediaPost 移动内部峰会上，ShopSavvy CEO 亚历克斯·缪斯（Alex Muse）谈到了这款有名的比价 App 的发展历程，他为这款产品拥有超过 3 000 万次的下载数而自豪。对于现场购物，他展望到，位于零售店的用户通过手机钱包完成交易量的 90%。零售商未来要面对的是，越来越多的购物者在购物时通过移动终端查看产品并且比较产品的细节和价格。

实体零售商面临的挑战和机遇是，改变购物中出现展厅现象的移动购物用户，这类用户在零售商的实体店查看实物，然后马上跑到其他地方购买商品。如何将这类用户转变成立即在实体店购物的客户，这点已经在前面的章节中讨论过。在选择阶段，营销人员可在顾客在实体店中进行扫描时接触他们。

顾客离开商店前的最后一个阶段通常是结账。通过使用类似 ShopSavvy 的 App 在商店进行扫描，许多移动购物用户可能永远不会使用传统的现金收银结账方式，而是在选择产品阶段就完成了支付。虽然一些零售商可能会用错误的视角来看待零售行业的发展，但若不以适应移动购物用户为准来调整销售点系统以及结账流程，那他们也许就会错过一个更好地把握移动购物用户的机会。结账和 POS 系统显然是维护系统平衡的一部分，但是整个系统远不止这些。

传统的购物流程是呈线性发展的：顾客前往商店购置某种商品，挑选出满意的商品，然后前往收银台结账出门。移动影响力使得购物过程变得更具互动性。当购物者经过商场或专卖店时，店主会不断地基于位置与他们实时互动。他们可以通过移动终端收到分时价格信息，接收其他在线零售商和实体零售商的促销信息，并最终通过移动终端一键下单。营销人员可以通过地理定位确定顾客位置，并根据顾客位置和情境推送相关内容来接触顾客。当移动购物用户对产品进行扫描时，他们基本上都会对自己地理定位，而这也正是条码扫描的作用。

为邻近营销来扫描

条码扫描可以帮助营销人员识别购物者的位置和行为，以提高他们的邻近营销成果。当顾客在商店扫描条码时，他们能够得到更多信息以帮助自己做出购买决策。如果通过某些移动平台发挥代码的作用，营销人员和零售商还可以通过扫描条码接受即时反馈。Scanbuy 便是提供了这样一个平台的公司，它也是移动影响力的推动者，其总部位于纽约，自 2001 年成立以来其一直在深耕代码业务。

就像很多移动影响力的领导者和推动者一样，Scanbuy 的足迹遍布全球，其纽约总部有 50 多名员工，在英国、西班牙和巴西等地拥有 10 多个分公司。它设计的条码随着产品出售并且在全世界范围内使用。“我们的软件流量有一半发生在美国，1/4 发生在西欧，还有 1/4 发生在其余 145 个国家。”Scanbuy 的市场营销部门副总裁大卫·贾维奇（David Javitch）说。由于拥有如此大的市场，Scanbuy 需要辨别不同市场的特点，并适应每个细分市场。“日本市场已经完全饱和，有 90% 的人使用我们的产品，”贾维奇说，“在那里他们把智能手机当成个人电脑使用。在西班牙，罐装和瓶装的可口可乐上都放置了 QR 码。”

ScanLife 这款 App 可以读取条码，另外还可以读取那些经过特别设计用来在很多公司使用的 ScanLife 服务平台上运行的条码。为了解决市场提出的条码扫描需求，Scanbuy 在它的扫描过程中引入了语言检测技术。动态的 QR 码检测用户设备的语言设置以提供专属于这种语言的内容。这样一来，同一个产品品牌可以在多个市场使用不同的语言，开展可以被每个细分市场接受的活动，并且按顾客的语言自动发送他们需要的营销信息。

条形码被用在所有种类的包装上，这么做的目的是，希望当搜寻者和巡洋舰用户经过或者靠近产品时能够吸引他们的目光，但没有人可以准确估计条码什么时候能够抓住顾客的眼球。“布鲁明戴尔的产品目录和室外媒体已经在使用独特的 QR 码，这种条码促使人们再次在实体店进行扫描，”贾维奇说，“智能手机用户如果感觉到做出决策的过程更加舒适，就会更加倾向于在实体店购物。使用智能手机的顾客能够成为更加专业的购物者。很多客户在整个购物过程中都在使用 QR 码，因为 QR 码能够帮助他们完成购物。”

截至2012年底，ScanLife每个月的扫描记录能够达到600多万次，同时每个月App的下载数高达数十亿。ScanLife能够扫描2D和传统条形码，但是这一平台扫描的QR码更多，通过这个平台公司可以跟踪具体的行为并在扫描后提供高度定制化的结果。“我们了解不同设备和位置的扫描情况，”贾维奇说，“我知道位置、时间段、人口特征和扫描频率等指标，会使结果更有针对性、更加切合内容需要。”

Scanbuy认为使用条码能够丰富移动购物用户的零售经验。“零售商不能改变在店面发生的扫描行为，”贾维奇说，“他们需要给顾客提供相关信息，使得购物过程尽可能快捷、便利、个性化。”关于使用QR码，他们说：“通过扫描代码能够得到更多产品信息。”拥有移动终端的人都懂得这一点。至于大件商品，你可以设置触发开关，当任何价值超过300美元的商品被扫描时，它就会自动提醒销售人员马上办理。这一使用方法十分方便，并且对于所有人而言都是很大的进步。”这里有其他一些使用ScanLife开展营销的例子：

- **星巴克咖啡**。为了推广一款新产品线的招牌咖啡，这家咖啡店希望顾客能够了解到更多有关他们最喜爱咖啡的知识，并且积极参与相应活动。它还希望能够找到方法，在购买过程中迅速而方便地将信息提供给顾客。这家公司将QR码印刷在几百万个咖啡袋上，这些QR码能够链接到与产品相关的视频和其他的演示上，比如如何煮咖啡的演示。客户可以进行扫描、共享并且投票，目前在移动网站上已经收集了50 000张投票。

- **塔可钟（Taco Bell）**。这家公司正在探索一条创新的道路以推广它赞助的MTV音乐录影带大奖并分享独家内容，这家公司把QR码印刷在全美国数百万的塔可钟大盒混合包装和大号杯子上。QR码能够链接到独家音乐录影带大奖内容，而这些内容只有通过代码才能访问。

这些内容包括：视频花絮、艺人访谈和表演片段。该内容每周更新一次以回报用户，并刺激客户再次进行扫描。该项目促成了 6 个星期内的超过 40 万次扫描，其中 59% 的扫描请求来自男性，13% 的扫描请求来自回头客。

Scanbuy 在扫描后提供了多种选择。例如，惠普在它全球打印机生产线上都使用了 ScanLife 条码，为客户提供专门的增值产品信息，比如提供配件的详细信息以让客户更便捷地选择产品。对于斯台普斯球馆进行的比赛来说，ScanLife 条码可以用在室内标牌和提供给顾客的独家内容通告上，从而让顾客能够通过扫描代码进入比赛场地，这个尝试在 4 个星期内引发了数千次扫描。对于扫描技术而言真正关键的是，扫描产生的效果。

扫描后的新力量

二维码只能用来给客户推送网站，可这已经成为了过时的理念。更为有趣的是，扫描的后续行为能够提供价值更多和可量化的结果。另一种看待二维码的视角是，有两种截然不同的扫描结果：激活前的行为和激活后的行为。二维码的早期用途通常是推广网站，这往往使它承受了坏名声，因为这种类型的最终的体验结果十分乏味——就是在移动电话上看网站。

二维码现在的用途是，引导顾客参加活动或者参与某种体验——顾客能够使用手机完成激活，然后可以进行传统的条形码扫描，比如在购物过程中使用 ShopSavvy 或亚马逊价格检查器进行比价。扫描二维码的动作有点明显，不过还有很多移动终端的激活行为：

- 用手机扫描传统条码或者二维码。
- 给特定条码拍照并通过短信发送到特定号码。
- 轻触手机，比如进行手机对手机的信息交流。

- 摇摆或触摸手机以链接接收器，如通过 NFC 芯片连接。
- 用手机摄像头的增强现实技术，识别特定建筑物或特定地点。

所有的激活行为都是为了触发一些东西，其目的是给顾客提供有价值的体验。移动影响力的另一个推动者是总部位于丹佛的 SpyderLynk，它设计了名为“SnapTag”的独特条码。不同于正方形的 QR 码，“SnapTag”是圆形的，并且可以在圆圈中包含品牌的标志或其他图像。顾客可以通过智能手机或普通的拍照手机的拍照功能激活条码，并通过短信或电子邮件将条码发送出去。SpyderLynk 同样有一个免费的能够被下载的 App，这个 App 通常被用来快速阅读条码。标签通常被用在很多地方，比如消费品包装、出租车和杂志等。

对于 SpyderLynk 来说，在扫描条码之后发生了什么比扫描本身更加重要。“重要的是扫描背后的动作，而不是扫描本身。”SpyderLynk 的首席市场官首席营销官简·麦克弗森（Jane Mcpherson）说，他多年来一直专注于研究扫描效果。“激活的价值是顾客能够在激活后做些什么，或者说是能够得到什么。”不同于简单地链接到一个网站，SpyderLynk 将顾客连接到各种营销平台，从而刺激顾客参与营销活动，如引导顾客对进行促销的品牌点击“喜欢”、提交电子邮件以获取优惠券、提交信息参加活动以获得免费试用品，或者是为了获得 VIP 会员资格而输入个人信息，而所有的这些行为都可以共享给朋友们。

在一次大规模集中使用条码的尝试中，《魅力》杂志在同一期杂志的多个页面插入 SpyderLynk 的条码，这带来的结果和影响是多种多样的。该公司注册了超过 50 万个激活项目，包括使用 App 扫描条码和发送拍摄的照片。麦克弗森说，这次尝试导致了多个结果：

- 67% 的人会对杂志或品牌点击“喜欢”以进行后续交易。

- 18% 的人与朋友分享购物经历。
- 接下来，进行抽奖的转换率为 85%。
- 接下来将能获得独家内容。
- 接下来将能够接收到优惠券或促销代码。

衡量条码效果的方法可以从条码被扫描数量转变为扫描条码后能够得到什么成果，这种测量方法更加贴近于顾客在扫描条码后购物的现实。

在另一个案例中，当电子艺界推出最新版本的 NCAA 橄榄球游戏时，它在包装上使用了 SnapTag。如果在商店看到这个包装，顾客可以在扫描并且激活条码后看到这款新游戏突出展示新功能的剪辑视频。消费者也可以不断在 EA 体育的 Facebook 页面上对这款游戏点击“喜欢”。衡量成功程度的指标包括视频观看次数、在 Facebook 上点击“喜欢”的人数和 EA 网站的访问人数。

“真正的机会是，向消费者提供一些有意义或者有价值的事物。”麦克弗森说，他指出几大品牌都在瞄准了顾客扫描后的时间段发力。它不再是简单的扫描或激活而已，而是关于扫描后的后续动作。这里有其他一些市场营销人员使用 SnapTag 开展活动的例子：

- **富乐客。**这家零售商希望在他的富乐客家族推广活动中提高客户参与度。凡是印刷了 SnapTag 的富乐客广告物料，富乐客都提供了 25% 的购买折扣。在消费者激活 SnapTag 后，他们将会收到一条包含优惠券代码的短信，这条短信可以用来在结账时展示以获得优惠。

- **欧迪办公。**这家办公用品零售商希望提高店内人流量，为学生返校的购物高峰期做好准备。该公司在店面招牌、广告和直邮上使用 SnapTag，开展了一天内有 100 个顾客能够有机会赢得 100 美元的迪欧办公礼品卡的优惠活动。在顾客激活 SnapTag 后，他们只要回复他们的生日日期和目前所处位置就能马上知道他们是否赢得了礼品卡。获奖者在用现金结账时展示手机上的代码就能兑现优惠。与上年没有使用代码的情况相比，这家商店的参与率增加了 30%。

- **丰田车。**抱着增加顾客互动和提高美国经销商专业程度的目的，丰田在生产的汽车上放置了 SnapTag。他们最初的想法是在顾客决策过程中有效吸引顾客。其他支持联网功能的手机能够通过丰田网络接受信息，而通过贴标签和发送短代码，安卓和苹果用户能够获得下载丰田购物工具 App 的机会。这是为了提供信息、促进销售转化率而直接参与顾客互动的另一个例子。

在上述每个案例中，营销人员能够在新的移动购物生命周期的决策阶段加强与顾客的互动。这些互动可以在潜在顾客查看、比较和评估他们的备选选项时，在选择产品的过程中影响顾客行为。不管消费者打算购买的商品是否昂贵，是不是汽车或回学校的物质准备等大件商品，他们都有机会快速启动以扫描代码开始的人机对话，这就是所谓的邻近营销艺术。

增强现实

除了扫描代码外，还有另外一个移动技术能够在选择过程中增加不同的维度，这项技术被称为“增强现实技术”（AR）。它能够在用手机摄像头瞄准一个地方或物体时展示更加丰富的信息。例如，用手机摄像头对准建筑物时，可以在显示建筑形象的同时显示一系列数据以增强你对所看到事物的理解，这些数据包括建筑物落成时间、住户数目和建筑物安置公司的清单。

AR 技术的一个探索者是总部设在阿姆斯特丹、同时在纽约设有办事处的 Layar 公司，这家公司同时也是移动影响力的推动者。Layar 公司创立于 2009 年，它利用了安卓手机的发展趋势。“因为知道你将用手机指向哪个方向，我们开始的创意就是利用照相机来全面反映你所处位置的周边情况。” Layar 的首席技术官德克·格罗特（Dirk Groten）说，“Layar 就是这么开始的。”

这家公司最初的业务领域主要集中在房地产方面，专门针对荷兰的待售房屋。“你对每栋代售房产都有初步印象，但是当你真正想了解更多的与房产成本或者房产内部的真实情况相关的信息时，你只需要用手机打开 Layar 软件，指向建筑物，然后就可以看到一个点，而你只需要打开这个点就行了。”格罗特说。

这些是 AR 技术的早期应用。这项相机识别技术的下一次演进带动 Layar 来到了现在专注于传统媒体的阶段，即在印刷杂志中使用增强现实技术。

“对于我们来说，媒体公司是我们更有兴趣坐下来谈判的对象。”该公司的 CEO 昆廷·谢弗奈尔（Quintin Schevernels）说。他们正在接触代理机构、各大品牌和广告商，以将 AR 技术内置于广告中。

“印刷可能不是一个正在走向消亡的行业，但这个行业处在非常麻烦的境地中，”格罗特说，“至少在未来 5 年中，在如何将正在阅读的用户连接到网络上各种有趣内容方面将出现大量的创新。”

在公共页面中使用 Layar 的 AR 应用的杂志，能够通过一个 Layar 的标志来提醒读者马上行动，比如设置一个能够快速完成购物的按钮。用手机对页面进行扫描，就能够迅速获得页面刊载内容的相关深度信息。

增强现实技术可以在移动购物的全过程中针对各种对象使用，从零售商店本身到货架上的产品都包括在内。“杂志是我们现在的工作重点，因为进入杂志业相对方便，但是紧接着就是包装，”Layar 的一位创始人马腾·伦斯·菲茨杰拉德（Marrten Lens-FitzGerald）说，“我们有很多事情可做，其中之一就是在包装中进行打印。当然，圆形和皱巴巴的包装，很难通过计算机看清楚。我需要纸箱和坚硬的表面。”

已经有数百万人下载了 Layar 的 App，这个 App 适用于安卓和苹果移动终端，可以让用户在移动过程中看到更加丰富的信息。

谁主导规则

在实体店扫描商品价格的同时，越来越多的移动购物用户不断寻找在其他实体店是否有着更低的价格，这样一来销售人员面对的困难显然会增多。零售商和商店的业主将不得不决定他们将如何解决实际交易问题。在交易过程中销售人员是否需要屏蔽客户的手机，或要求客户在手机屏幕上展示价格在不同地方的差异？

随着越来越多的顾客装备了智能手机，问题只会变得更加麻烦，因为一般来说，在掌握移动技能方面顾客要领先于营销人员。

相对来说，有些公司在这方面受到的影响较小，比如星巴克，它在结账处设置了移动扫描仪从而方便顾客使用。在星巴克推出这个项目之后，已经完成了数千万的移动交易——星巴克很有可能假设过手机丢失的场景。星巴克员工手册规定：“门店应该将扫描仪放置在客户很方便接触到的位置，并且使用这款设备来扫描条码。工作人员不可以使用顾客的移动终端。”星巴克的政策可谓是相当明确，但是在其他公司的案例中这很少发生。

在地方超市的收银台，顾客可以打开他们的 Key Ring 应用，这款 App 能够存储商家的返利和条码。如果超市扫描仪不能够读取移动条形码，那他们可以将手机交给收银台以输入条码数字。

那么如果雇员损坏了顾客的手机该怎么办？“如果他们损坏了手机，他们就会面临麻烦。”纽约的爱德华律师说。但他质疑一部手机的价值是否值得去诉讼。

一些像星巴克这样的品牌，有着严格的规定，他们要求员工不得接触顾客的手机，而由于各种原因其他一些公司的规章没有这么正式或者没有相应的规定。

为了解他们关于移动电话处理的相关政策，我们在访问了十几个主流品牌后发现，目前还没有明确的行业标准。这是他们发言人的说法：

- 塔吉特：“我们要求我们的团队成员保证顾客扫描屏幕时，手机必须在顾客手中。”
- 梅西百货：“我们没有明确的政策，但是我们没有任何理由处置客户的移动终端，除非顾客向我们寻求帮助。”
- 西尔斯：“在客户要求下，操作者使用手机扫描条形码。”
- 百思买：“我们的标准作业流程或者价格管理政策中没有使用顾客的设备来进行价格比较这个部分。如果顾客从他们的设备里翻出了优惠券或折扣券，并向我们要求兑换，那我们在顾客的允许下肯定会同意这种类型的互动。”
- 沃尔玛：“现在我们国家的政策是，将印刷版本的广告带到商店。”
- 史泰博：“虽然没有正式的政策来指导处理顾客的智能手机问题，我们尽可能地鼓励我们的员工不依靠手机就能够得到必要的信息。”

一项政策被采纳后，公司仍然需要为员工过滤词语，而这可能比设计一项政策更具有挑战性。

“我们的培训内容包括，当顾客展示他们的移动终端时，我们应该寻找什么资源，因此它更加偏向于一项锻炼眼力的政策。”Tasti D-Lite 的和 Planct Smoothie 的主管技术的副总裁爱默生说，他同时也是移动积分奖励和手机结账的早期探索者。“应该没有必要拿走或者使用顾客的手机。”他补充道。

关于零售方面，各大航空公司也有不同程度的手机处理政策：

- 联合航空公司：“在过安检或登机客户和他们的移动终端需要通过扫描仪时，他们的移动终端也会被检查。客户服务代表（CSR）不会触摸手机/移动终端。”
- 美国航空公司：“我们没有相关政策说明客户需要将手机交给代理人员处理。他们可以自行拿出优惠券或者将优惠券交给代理人员。”
- 捷蓝公司：“我们没有相关政策。”
- 达美航空公司：“我们的扫描仪经过了精心配置，因此客户如果愿意的话可以在登机前进行扫描时拿着自己的手机，但代理人员可以在客户碰到麻烦时随时出现以提供帮助。”

随着更多能够进行条码扫描的智能手机的出现，在使用手机进行支付时肯定会出现一些小问题。并且随着现场使用情况的增多，客户和公司将必须确定谁来主导规则。

个性化体验

阿霍德是一家拥有 250 亿美元资产的控股公司，这家企业在美国的员工数超过 10 万，并且在美国经营着 750 多家超市。旗下品牌包括 Stop & Shop、巨人食品和巨人食品直营店。阿霍德还拥有目前处于领先地位的在线杂货商店皮波德公司，这家商店已经成为全美国食品零售行业十强之一。在移动扫描这个领域，阿霍德是最早引入和对顾客在超市内扫描购物这个模式进行试验的杂货销售行业领头羊，它在智能手机能够完成所有工作的多年以前就这么做了。

所有早期的扫描技术、实验和实体店的实践都是由位于马萨诸塞州波士顿市的 Modiv Media 发展而来的，这是一家致力于移动扫描超过 10 年之久的公司。2012 年，这家公司被总部设在佛罗里达州彼得斯堡的 Catalina 收购，成为了 Catalina 移动分部。

“这家公司是基于将电子商务和实体店交易链接起来的创意而开创的。” Catalina 主管营销的副总裁约翰·卡隆（John Caron）说。

由于不具有先进的扫描技术，Modiv 决定创建一个临时的扫描仪来测试消费者的购物行为，试图发现他们在购物时是否对商品进行了扫描。

“它开始于这个伟大的创意，”卡隆说，“2001 年的设计是将平板电脑连接到购物车上。当时的想法是如果你能让购物者接入互联网，就有办法让他们建立一个购物清单，在他们购物的同时进行扫描并对购置物品进行打包。这从顾客所在位置出发扩展了他们的选择。这个创意能够付诸实践，但是由于需要足够的平板设备，并且需要安装跟踪系统，故对于一家商店来说太昂贵了。”

Modiv 开始时与阿霍德一起使用这套平板电脑系统，在将这个项目发展成增值扫描技术后推入市场。

“直到 2007 年，由于被摩托罗拉设备采用，这套技术才开始真正发展，”卡隆说，“它结合了以前技术的优点并且拥有扫描快、易上手、拥有高质量屏幕来展示折扣和优惠券等优势。这一切都出现于智能手机大规模普及之前。在接下来几年，我们将重点放在通过多种数字格式来显示内容和提高显示内容质量上。这是一个复杂的过程，因为提供给购物者的折扣需要经过多个渠道，包括手持设备、店内的屏幕、支付终端、售货亭或网站。通过在顾客穿行过商店时将相关性最高的供应商品提供给他们，我们发掘了影响购物者行为方式的能力。”

当时，阿霍德是唯一一家购买了设备的公司，因为其他零售商觉得它们过于昂贵。“对于单个商店而言确实相当昂贵，但是他们（阿霍德）喜欢推动创新，”卡隆说，“在这个领域中，他们就被认为是一个创新。他们一直在寻找方法使自己与众不同，从而能够给客户提供差异化的体验。他们所定义的创新是比别人更加与众不同。他们喜欢这个技术创意，在采用了这个技术以后就在不断地继续推进。”

从 2001 年到 2011 年，阿霍德是 Modiv 唯一的有一定规模的移动购物客户，随后它推出了真正意义上的移动扫描设备。“在我们发布移动终端一个月之后，我们收获了自己的第二个客户，”卡隆说，“此后不久，Modiv 被 Catalina 收购，这让人们清晰地看到移动电子商务的前景。”

在引入智能手机扫描商品模式之前，Stop & Shop 在商店入口处设置了购物者可以刷会员卡和取得便携式扫描仪的地方。消费者可以在购物时使用便携式扫描仪，在结束购物离开商店前将扫描仪归还给商店。

倘若智能手机扫描技术更加成熟，那对于 Stop & Shop 来说，充分发挥顾客手持设备的作用是十分合乎逻辑的，因为这能够减轻管理设备和店铺设计的压力。350 多个阿霍德的分店都有这种手持设备，并且移动 App 已经能够在超过 750 家分店使用，而这个数字还在不断增长。

从顾客的角度来看，这种技术的价值不只是接收基于位置推送的相应优惠券，从而达到节约目的，还在于这款移动扫描 App 能够使购物过程的最后一个阶段变得更加愉快。“一旦你可以通过手机完成支付或者快速结账，从而能够在几秒钟内就离开商店大门，那改变游戏规则的时刻就到了，”卡隆说，“在 Stop & Shop，扫描 App 被完全集成到商店的奖励计划和销售点系统中，这使得顾客的购物体验更加流畅。

“试想这样一个场景，你走进你最喜欢的零售店，使用他们的移动 App，App 就会迅速根据你的购买记录、品牌喜好、目前已购买的商品清单和目前所在的位置迅速呈现出个性化的推荐。”卡伦说，“这就是实体店内的移动商务。我们能够看到在移动商务方面会出现真正意义上的大发展，未来的购物体验中销售人员可能会这么说：‘嘿，你想不想要一美元的折扣？’或者是：‘你也应该试试这个产品’。这就是未来零售商对于个性化的承诺，它使拥有比较大的经营规模的商店能够让每个顾客得到个性化的体验。”

不断变化的消费者行为

事实证明，对于使用移动扫描 App 的消费者来说，便利性要比省钱更加重要。通过应用还可以看到店内扫描能够吸引到多少新客户，以及最终这些移动购物用户的留存率是多少。但是由于目前只有一家主流杂货连锁商店进行了扫描方面的探索，还没有足够的数据能够确定顾客购物时进行扫描的主要心理动机。

Catalina 收购 Modiv 带来的一个回报是，Catalina 能够带来大量的消费者数据资源、行为目标和大量的制造商资源。Stop & Shop 还监控磨损率或流失率，也就是因为各种原因而停止使用扫描功能的客户比率。“到目前为止，这次收购给我们带来的首要回报是速度。”卡隆说，“其次的回报就是节约了成本，我们使存储更加容易，并且通过手机加快了结账和支付速度，促使整个流程上升到一个新高度。这就像收费站一样。当快易通（E- ZPass）第一次出现时还有一条路，现在只有半条路了，并且这是常态。不过还有一个更有效的办法来付费，它能为你省时省钱。”

问题是除了阿霍德以外，其他超市是否会或者什么时候会采用店内扫描这种方式，以及这种方式的推动力是否来自商店或者客户需求。越来越多的移动购物用户习惯于在其他类型的商店中扫描商品，这一趋势相当明显。如果有效配合移动支付的探索，比如通过使用手机钱包或者 NFC 技术，那通过扫描来省钱能够变成一个更加自动化的步骤。

卡隆希望在未来几年内能够看到某种集成了移动优惠券的手机支付方式。“在未来几年内，你将在每家主流连锁店看到我们的工作成果，或我们的理想解决方案。我们绝对会成为前 20 名。”他说，“如果不往这个方向发展，那你将被视为“旧时代的恐龙”。”

当阿霍德在 Stop & Shop 进行扫描方面的探索时，卡隆表示他们欢迎其他零售商一起参与探索。在 Stop & Shop 开始移动方面的探索后，沃尔玛也开始给顾客提供手机自助结账方式。“他们不想成为唯一一家这样做的公司，”卡隆说，“移动商务获得了更广泛的认同，这驱使每个人开始接受这种模式，而他们肯定希望看到其他零售商也这么做。”

远在被收购之前，Modiv 就在努力将自身从一家店内技术公司转型为一家移动技术公司，并且最终成为一家移动商务公司。卡隆认为 Catalina 和它的技术能够让自己的营销方式更加智能化。

“Catalina 正以创造性的思维方式来尝试影响顾客的购物模式。它是世界上最大的一家行为定向公司。因此在某些方面，可以说它是应用大数据影响顾客行为的渠道。”

针对邻近营销

对于邻近营销来说，Modiv 与 Catalina 的合并能够增加潜在的市场营销组合，并通过提供实时报价接触到更多的潜在客户。合并增加了阿霍德的精确定位能力、分析能力和特价处理能力。“Catalina 历来被视为一家以提供优惠券而闻名的公司，但其真正的优势是它的个性化功能和行为分析能力，”卡隆说，“个性化将是对移动商务行业和相应公司的核心要求，而 Catalina 则是这个趋势的推动者之一。”

将 Catalina 和 Modiv 合并能够给杂货店渠道带来更多的品牌资源，给移动 App 增加更多的价值。卡隆说：

> 这种方式能够提升顾客的忠诚度和价值，并最终让他们获得更好的体验。此外，在移动电子商务和店内移动商务之间还存在很大区别。移动电子商务实际上将实体商店和使用移动终端的购物者联系到了一起，并且零售商能够使用移动终端（和登录传统网站的方式相似）在你穿过商店时提供个性化的体验。
>
> 最大的机遇就在这里。零售商如何提供差异化的服务方式？他们如何为你提供个性化服务？他们如何让他们的劳动力成本花得更有效率？你的结账方式将发生什么样的改变？想象一下，在前端注册功能失灵时，你将如何利用多余的空间？试想一下销售人员不只能够在结账时，还能在购物过程中积极服务的体验。诺德斯特龙和潘尼百货等公司已经在这个方向上发力。
>
> 在 2011 年初，当讨论到我们正在进行的尝试及我们在 3 个 Stop & Shop 分店进行的试点时，人们会说：“这看起来很好，但是我不知道这个试点是否真能起作用，它是不是实用的？”在最后的 12 个月内我所看到的最大转变是，我们从认为“这很有趣”转变为“我们现在必须要这么做”，移动化现在是一个真正意义上的战略举措，而不是一个无关紧要的项目。
>
> 当这些零售商开始关注到展厅现象时，它就一直在加速。你认为人们在过去没有这么做，只不过过去花费的时间更长罢了。如果你欣然接受这个趋势就会说：“没关系，虽然目前效果很小，但那又怎么

样？”如果不比价，那顾客的理想价格应该是什么样的？从我们这买需要2 000美元，从他们那里买需要1 950美元。就在同一天你可以说：“就是那个，那就是从他们这儿买的原因。我们将朝这个方向不断发展。”

我们将看到移动商务在实体店内迅速发展起来。零售商会将它看成整合购物体验的一种方式。因为这些零售商都意识到，除了移动化没有其他任何方法能始终与顾客保持高度互动。

在三年内，所有的杂货店都将有能力整合手机存款、优惠券、支付和移动商务。我认为在实际中这个过程可能会进展得更快。但是，如果你看一下排名前25位的企业，他们都会在未来3年内拥有这个能力，而进展最好的企业在未来的一到两年内就能够拥有这个能力。对于零售商来说，这是最佳的参与工具。

定制报价

Catalina和阿霍德，很可能还有其他超市都将通过忠诚度提升计划给Catalina的供应和广告库存增加深度，而通过利用邻近营销艺术，所有元素都与位置相关联。这么做的部分驱动力来自不得不站在超市收银台的红线前目送移动购物用户潇洒地走出大门的顾客——移动购物用户购买的商品已经被打包并且不需要通过收银台就能够完成支付。结合移动签到服务，具有高度针对性的服务提供了一个强大的能够发挥移动影响力的工具。

由于优惠券、扫描和支付的路径有交叉的地方，营销人员将能够为邻近购物者提供更多的相关资源。这不仅与位置因素相关，还与过去购买特定产品引起的或隐或现的因素相关。

一家杂货店的扫描经验

为了得到第一手的超市内扫描情况的资料，我和 Catalina 的执行官一起前往杂货店购物，该公司已经和阿霍德以及 Stop & Shop 一起在店内扫描上奋斗了多年，并且开发了移动 App。

我们走进了在马萨诸塞州丹佛市的一个 Stop & Shop 分店，并且按照自己的路线围绕这家商店走了一圈。

在开始我们的移动购物之旅之前，我看到一个女人带着两个放在购物车里的小孩（其中一个在前面开着一辆玩具车），不断拾起商品并且进行扫描，然后把商品放在购物车里的袋子里面。她在整个商场购物过程中一直在这么做，熟练得好像一辈子都在做这件事一样。可见，对她而言这不是什么新奇的事情。

结账时，她不需要将购买的商品从购物袋里拿出来，使用扫描器就能快速结账（在系统内内置了多种安全分析措施）。

苹果和安卓版的 App 在 2012 年上线，我们在购物过程中使用的是苹果版本。使用这种 App 能够轻松读取各种类型的产品，并且当扫描特定的商品时，我们能够及时接收到商家提供的优惠券。当在乳制品分区进行扫描时，我们能够收到适用于乳制品分区的优惠券。但是优惠券选择标准不只与所在方位有关，还与过去习惯的购物模式以及其他标准相关，所有的扫描产品种类都是这样。

在农产品专区，消费者除了用 App 扫一下条码把东西顺手放入购物车里，还可以选择过秤。

正当一批拖着购物车的购物者等着结账时，这个带着两个小孩的女人在完成了商品的扫描打包和支付以后离开了。

邻近“飞速买”

移动购物用户可以通过移动终端采购任何东西。有些客户在 Stop & Shop 扫描杂货，有些客户使用 Scanbuy 和 SpyderLynk 刷二维码，还有一些客户通过移动终端订购旅行服务。如果说与商品近在咫尺是邻近营销的一个因素，那么时间则是另外一个因素。顾客可能就在商品附近，这使得他们能够发挥移动影响力。在某个时间段购物者可能面临必须做出购物决策的压力，因此时间上的恰到好处很关键。航空旅行就是这样一个例子，比如当你出差时，航空公司可以通过移动影响力提供你出发时间前后的预订或折扣便利。另一个影响因素是，刺激消费者，比如提供具有吸引力的性价比高的旅游服务套餐——我们也许能够通过很低的折扣来实现这一点。

捷蓝（JetBlue）航空公司的总部设在纽约，这家公司一直专注于观察客户的移动行为方式。它发现一些客户的行为方式和传统的互联网在线行为没有什么不同，而有一些客户的行为方式则大不相同。它还发现客户的登录终端是移动电话还是平板电脑会造成行为模式的不同。

“我们发现，我们的客户十分频繁地使用平板电脑。”捷蓝航空公司主管客户关系营销的副总裁迈克尔·斯特莫（Michael Stromer）说，“据我们所知，捷蓝航空的客户使用苹果设备的比例相对于我们的竞争对手更高。这种现象可能是根据我们的客户群特征自然形成的，要知道，我们的客户集中于纽约和波士顿，因此这可能是地理属性发生的作用。我同样认为客户的人口属性自然造就了这种现象，也就是说我们对相对懂技术并且更加聪明的客户吸引力更大。我们发现客户非常频繁地使用 iPad 访问 jetblue.com，而使用 iPhone 访问我们的移动网站的人数也相当多，并且安卓用户的渗透率在我们的客户群中不断提高，而这也是我们最近推出安卓版本的主要原因。”

除了使用不同的设备访问捷蓝网站外，我们发现客户会根据旅行类型来选择不同的使用方法。斯特莫说：

从购买行为来看，我们没有发现人们从什么时候开始因为移动影响力而改变了购物流程。我相信客户考虑为假期购买机票的时间上的习惯，并没有真正意义上发生改变。我们已经发现时间表有所变化，但是并不明显。商务旅客仍倾向于在最后一分钟进行预订，而为了休闲而旅游的旅客倾向于在几周前就进行预订。

移动给我们提供的更加明显的机会是围绕没有严格计划的旅游而产生的。我们能够让那些不太关注电子邮箱内容的顾客看到内容。无论是通过移动终端的推送通知、短信还是其他移动终端产品设计的更有针对性的内容，我们可以利用顾客的偏好和行为方式，为他们提供更多具有竞争力的产品。这促使我们提高产品质量，并且通过双方之间的沟通提高及时性，这也在我们的团队中创造了更多的紧迫感。

利用类似 Twitter 这样的社交工具，我们已经能够通过“Cheeps”这一订阅来源来创造更好的销售机会。“Cheeps”是一个与我们习惯的 Twitter 回复方式不同的订阅来源。我们使用这种方式是为了清理不良库存并开展其他生意。我们发现，这种购买行为明显与购买计划好的旅行服务不同。

从本质上来说，人们真正想要的是“一键式”购物体验，或者至少是尽可能减少点击次数。我不认为已经有很多公司能够做到这点。然而，在移动购物体验变得更好的同时，公司也在不断优化客户体验。我相信这是 PayPal 能够获得成功的一个很重要的原因。

消费者还可以使用手机进行购物前的信息收集工作。在上班的路上，我可以在路上使用手机来做那些平常在上班时没空去做的事情。我们都在努力尝试提高时间效率。简单地说这个过程就是在我上班的路上使用 iPhone 研究去哪里旅游，但是最终或者在周末通过平板电脑或笔记本预订机票。这种行为方式并不完全是一种新鲜事物，我认为人们早就已经开始使用移动终端来收集信息了，但是我相信随着移动终端使用体验的不断改善以及技术的不断发展，人们会更加乐意通过移动终端完成交易。客户向移动终端转换的比率在不断提高，在这一趋势中我们总结出这点。

当到我们这里购买为期五天的宾馆、汽车和其他杂项全包的旅游度假套餐服务时，客户要做很多事。因此，客户通过移动终端完成这类交易的可能性要小得多。但他们可以点击链接联系客服代表，然后马上完成交易或者通过移动终端开始研究并在随后完成交易。因此我认为这与价格高低并不相关，而是与客户对购买过程的想法和通过渠道完成购买过程的复杂程度更加相关。你可能在购买电视机或者购买旅游度假套餐前做了大量的研究工作，但是相对于通过台式机购买这些产品，通过移动终端完成对相同产品的购买对你而言毫无问题，因为整个过程十分简单。

我们在二月份重新推出了新版本的jetblue.com，当时的想法是建立一个针对平板设备进行专门优化的网站。如果你关注过我们网站的风格，那你会发现我们现在的网站风格比过去更加基于垂直体系。在为网站进行设计时，大多数公司都专注于将内容一屏显示提供给客户，但是对于平板电脑来说传统的显示方法已经改变。针对平板电脑优化我们的网站，并不排除会涉及平板电脑的专属应用。事实上，我们最近正推出一个名为“ThinkUP”的项目，这是一个能够收集顾客反馈意见的Facebook应用，它收集的是顾客提交的对我们平板电脑版本的喜好程度。顾客选举他们最喜爱的创意，然后我们可以将得票最高的创意带入市场。对于我们的产品开发过程来说，客户的声音非常重要。

随着手机和平板电脑的不断发展，记住这类设备的独特优势是十分重要的。位置服务、触摸屏、转换内容的能力、语音命令只是这些优势的几个方面，不断完善我们的产品以更好地利用这些优势才是优化客户体验的关键。我们正在积极设计这些类型的产品。我们最初的努力方向是，推动移动应用产品在市场中取得稳定地位，而现在我们正在推动更加深入的创新。移动就是如此保留下来的，所以对于捷蓝航空公司来说，它意味着我们需要确保把具有才能、能够帮助我们保持创新的人才放在合适的位置。

很明显，采购行为的规模和价格是影响营销人员发挥移动影响力的重要因素。对于这家杂货店来说，这种效应仅仅是为了促进销售而推出的优惠券或者为试用新产品而推出的激励措施。对于那些零售商里的大佬来说，它可能意味着在大众商品上与实力最接近的竞争对手的价格一较高下。而对于航空公司来说，这可能意味着为客户提供工具，以帮助客户做出长期旅行的决定，或者为客户提供性价比高的产品，否则飞机会面临座位空置的风险。

邻近营销的艺术就是，在顾客观察、感觉和触摸产品时，与顾客互动并深入参与到顾客的购买过程中。有时候，顾客可能会在通过移动终端比价后决定前往其他地方购物。有时候，他们会获得额外的信息或在扫描条码后发挥移动影响力。扫描后，他们可能会受到特定商品甚至是商品系列推出的优惠券的激励。在移动购物生命周期中，决策阶段是营销人员影响搜寻者和巡洋舰用户的最后一个阶段。之后，他们会在实际的交易过程中达成交易，而我们将在下一个章节讨论这个问题。

移动互联的力量 MOBILE INFLUENCE

人事系统 VS 技术系统

随着越来越多的客户在移动购物生命周期的决策阶段扫描和查看产品价格，销售 人员需要加强学习从而与更加精明的购物者进行互动。技术可以起到一定的作用，但在很多情况下，最终成交取决于购物者和最终结账的人。要发挥移动技术的作用最终还得取决于人与人之间的交易过程。

与移动技术和人相关的一个例子可能会说明这一点。史泰博是一家著名的办公用品零售商，它已经在移动价格匹配上做得十分纯熟，结账人员知道他们应该在顾客的屏幕上寻找什么信息——这点我们将在下一章详细讲述。然而，在任何商店里，当多个元素被混合入店内扫描、价格匹配和客户服务时，情况就变得相当复杂。

举个例子来说，在惠普与史泰博一起举办的促销活动中，顾客每购买两件商品就能够收获一个免费的墨盒，在邮件中这个活动被命名为“买二送一”。史泰博还在客户购买价值超过100美元的任何品牌墨盒时，用价值20美元的优惠券来做促销。

我选择了两套不同的墨盒（每套有两个），其中一套每个墨盒价值39美元，而另一套每个价值28美元，这就超过了100美元的门槛。到目前为止，一切都没有问题。在结账前，我使用ShopSavvy来扫描这个墨盒的价格，并且发现每个墨盒在另一家商店要便宜好几美元。那家商店是一个在线商城，虽然它也有实体店。一般的主流零售商将会和实体店的竞争对手比价，而移动扫描使得这个价格发现过程变得瞬息万变。

许多零售商在下一阶段要面临的挑战是，整合多种奖励回馈、流程和产品跟踪系统。销售点系统可能会有预订好的规则，但这些规则可能不对所有的移动终端外部因素进行解释。在史泰博，结账技术能够包含价格折扣或“买三送一”等两种优惠，但是这两种优惠不能同时出现。

然而，精美的广告上写着“不提供任何其他的优惠”，所以我们提出了一个观点，价格匹配不是另一项优惠，只是不同的价格而已。店长和销售助理研究了半天才弄清楚该如何处理好两个折扣的关系。但是当输入我的优惠券时，整个交易又回到了最初的价格，并且他们不得不从头开始。

史泰博公司不断改进，最终弄清了如何提供各种类型的折扣，包括与惠普合作提供的优惠。人事系统使得它能够起作用，并充分利用客户的优势。

越来越多的客户转向通过移动终端获取实时信息，比如不同商店的比价信息，并逐渐将优惠券和在线交易等传统市场营销手段与这类信息结合起来，这使得零售商面临更多的、更加一体化的挑战。“史泰博一直在寻找提高客户便利度的方法，并且努力给客户提供最好的跨渠道购物体验，”史泰博公司的移动和电子商务部门总监普拉·韦莫纳（Prat Vemana）说，“我们知道，越来越多的客户使用他们的移动终端进行研究，以确保他们能够使用从史泰博公司获得回馈。”

消费者和很多公司的技术系统都要面临这个跨渠道的挑战。短期的方法是采取临时性的应变措施，比如史泰博公司的结账方案解决团队正在执行的方案。长期的解决方案是设计更好的整合移动终端的项目，将现场的价格匹配因素考虑进去。但与生硬地利用技术减少问题的临时方案不同，IT 部门的领导者现在拥有了观察和测量人们的行为方式的机会。

在前面的章节中我们讨论过零售商担心展厅现象这个话题，我们可以从人事系统这个案例中得到些教训：热衷于使用移动终端进行比价的客户，不免会将这些遵循僵化的交易规则并且没有利用实体店优势的实体零售商作为他们就近试用产品的地点。

有趣的是，我在拨打史泰博的客服热线时，经过很长时间的沟通后，呼叫中心表示他们可以提供最低的价格或者提供 HP 的产品优惠，但是不能够同时提供两种优惠。这就是规则所在。他们给技术系统设置回复口径，而商店的员工根据实体店的顾客情况进行回复。通过移动 App 降低顾客所选择商品的价格，商店还出乎意料地出售了一个装满办公用品的包，其中包括史泰博不能匹配价格的产品。

数说移动 MOBILE INFLUENCE

在 2012 年底，ScanLife 每个月的扫描记录能够达到 600 万次，同时每个月 App 的下载数可达数百万。ShopSavvy 这款产品拥有超过 3 000 万次的下载数。劳氏已经决定给 44 000 名销售助理配备 iPhone，像布鲁明戴尔、梅西百货和西尔斯这样的零售商也在他们的实体店中部署了移动终端。

06

关键5：购买阶段
移动支付

来自移动终端的能量改变了购买点的终点。手机钱包技术、现场扫描、产品信息和回馈计划的融合促使移动购买的过程更加流畅。随着移动购物者通过智能手机自助式地查找产品信息和购买商品，零售商的角色将发生永久性的改变。

实时营销的新规则
手机支付
移动世界的信用卡
重新定位购买点
弥合移动购物用户的鸿沟

MOBILE
INFLUENCE

实时营销的新规则

来自移动终端的力量改变了最终的购买点或者销售点。手机钱包技术、现场扫描、产品信息和回馈计划的融合使得购买过程更加流畅。随着移动购物用户通过智能手机自助式地查找产品信息、购买商品，零售商的角色也将发生永久性的改变。现在，对客户购物行为的影响力扩展到了实际的成交过程中。

在有些商店里，移动购物用户已经能够扫描商品、及时确定商品的库存情况、挑选商品、用奖励积分完成支付，并且从橱窗直接拿走购买的商品。这一过程不需要促销员，亦不需要现金或信用卡。

在移动购物生命周期的这个阶段中，企业可以在客户实时扫描的过程中通过刺激手段影响购物者的行为方式，目前梅西百货、塔吉特、百思买等零售商已经开始这么做了。通过相应的 App，顾客能够在进入上述这类零售商时自动完成签到并且在扫描特定产品时获得积分奖励，而这类奖励积分可在企业旗下的任何商店代替现金使用。

在购买结账阶段，努力影响和改变移动购物用户的想法是一个营销机会。装备了移动终端的客户获得了接触到所有库存产品的优先权，商家和顾客关于产品的实时双向价格谈判将会增多，因此现场扫描的购物者能够获得最高的价值。

有了实体商店体现的新价值（在前面章节已经讨论过），移动影响力给零售商提供了接触那些在购物时不断接收商品实时信息的客户的机会。大品牌和小品牌都在等待进展，他们现在还可以选择开展我称为“实时营销”的营销方式，通过这种方式与顾客进行短至几秒钟的互动，便更有把握根据时间和位置给顾客发送最相关和最有价值的信息给客户。这要求企业必须精准时间和地点，而这对于企业和零售商的价值也最大。由于购物者的注意力往往是从一件商品转移到另一间商品，所以这些时刻来得快去得也快，这也就带来了很多发挥移动影响力的机会。

手机支付

移动行业的人们在多年前就已经开始讨论手机支付了。一般来说，大家讨论的焦点在于使用移动电话在现场完成的实际支付过程，而强调的话题通常是手机钱包和近场通信——顾客可以通过这些技术在支付终端或支付终端附近轻触或摇晃下手机来完成支付，有时候这种支付方式被称为“非接触式支付”。实际上，归结起来就是用手机而不是通过现金或信用卡来购买商品并且完成支付。

用手机来支付是一个全球性的现象，在这方面某些国家暂时走在了前面。举个例子来说，在中国 52% 的手机用户使用手机钱包，相较而言在西班牙、德国、阿根廷和美国只有 12%。由于为购买产品和服务而兑换货币没有国界限制，手机支付活动在全世界所有的市场都十分活跃。大量的各种类型的公司与其他公司合作，形成新的伙伴关系，并开始启动支付测试项目。

作为全球最大的一家电信公司，西班牙电信的业务范围遍及 25 个国家，在欧洲和拉丁美洲市场表现最为突出，并在手机支付方面的动作频繁。这家公司在全球拥有 3 亿客户，并与 Visa 形成了战略伙伴关系，双方一起在移动电子商务中发掘新的商业机会。它还与万事达卡（MasterCard）合作创建了一家合资企业，并在拉丁美洲创造了一个新的名为“Wanda”的品牌以开拓移动金融业务。这个品牌想提供链接到手机钱包或者预付账户的手机支付服务，来支持手机转账、账单支付和零售购物。“我相信 Wanda 正朝着成为这个地区手机支付背后最重要的支撑力量前进，从而促进经济发展、推动金融行业的包容性。”万事达卡拉丁美洲和加勒比海大区总裁理查德·哈泽尔（Richard Hartzell）说。万事达卡还在哥伦比亚举办了整个拉丁美洲的主流银行领导者参加的业务峰会，在这次峰会中哈泽尔和万事达卡全球组织总裁兼 CEO 彭安杰（Ajay Banga）与银行家们一起研讨了移动因素在未来的支付行业中的重要意义。

手机支付带来的机遇是，顾客逐渐不再需要携带现金或信用卡来购买商品。随之而来的挑战是，顾客是否或者何时能够信任手机支付。专家们在这个话题上产生了分歧，65% 的专家认为消费者将会完全信任并且欣然接受使用智能设备和手机钱包在商店购买商品。皮尤研究中心的互联网和美国生活研究项目的研究成果显示，33% 的消费者认为手机支付不会获得成功，因为安全和隐私问题难以解决。

随着越来越多的支持 NFC 技术的手机的普及，手机支付将会不断发展。预计到 2016 年市面上支持 NFC 技术的手机将占 35%，因此说 NFC 时代已经到来还为时过早。旧手机不会一次性退出市场，所以支持 NFC 技术的手机将花些时间来完全占领市场。但是，必须提出的是，还存在其他手机支付方式与 NFC 技术竞争。NFC 并没有被所有的手机制造商接受，而其中最有名的就是苹果。由于还有很多成熟品牌和新创建的移动创业公司都在相互竞争努力成为被选中的手机支付方式，所以占据统治性地位的手机支付方式很可能还需要等待一段时间才能出现。

通过手机赚钱

关于新的手机钱包和手机支付的公告已经出现了相当长的一段时间了。

把某些小型设备插入安卓或苹果移动终端中，你就能够在手机上刷信用卡。这种运行方式通常十分简便，它和在结账处的支付终端轻触或者摇晃智能手机以完成支付的方法一样，都与传统的消费者在信用卡终端自助刷卡完成支付的方式类似。

在得克萨斯州奥斯汀市举办的倍受欢迎的 SXSW 年度交互研讨会上，一个专注于手机支付的讨论组尝试回答手机支付蓬勃发展的原因和时间。这个讨论组的成员都是 Isis 公司的专家。Isis 是威瑞森无线、美国电话电报公司和德国电信公司合作的合资企业，它成立的目的是给商业、银行业和其他运营商提供移动商务网络。Isis 于 2012 年底在奥斯汀和盐湖城启动了消费者试用体验项目。要使用 Isis 提供的服务，拥有支持 NFC 技术的智能手机用户需要从当地零售商得到一张新的 SIM 卡并且下载免费 App。之后，这些消费者能够在参与这个项目的商家设置的终端处轻触手机来为购买的商品付费。

讨论组成员一致认为有相当多的手机银行服务已经在 Isis 以外出现，并且包括 Isis 自己的方案在内，任何手机支付方式都需要较长的时间才能被大众接受，这是移动行业从业人员的共识。

最初一批客户对于非接触式支付的兴趣在于它的新奇性。在终端轻触手机以完成支付的创意激起了很多从来没有尝试过这种体验的客户的好奇心，而这种支付方式在美国还不常见，因此显得尤为如此。“这是一个体验上的改变，” Isis 的首席营销官瑞安·休斯（Ryan Hughs）说，“NFC 技术不是新生事物，” 他说，“惠尔丰公司说他们的终端都支持 NFC。” 举个例子来说，休斯和他的团队带来了由 Isis 制造的贩卖机作为参加 SXSW 的样品，这个样品在奥斯汀会议中心的一楼展出，很多人始终在红线处等待看到机器运转的时刻。Isis 公司的庞大营销团队中的一员将用支持 NFC 技术的手机扫一下这台机器的前方，也就是你通常投币的地方。之后，在手机被收 50 美分的同时，一本宣传册将掉落到机器的前孔处。

出于对手机钱包未经授权就被使用的担忧，隐私问题也常被当成与手机支付相关的一个重要议题，比如由于手机被偷引起的这个问题。一般来说，所有的手机支付服务和平台的安全级别都是最高的，特别是银行和信用卡公司，两者的品质意味着高度规范化和防护措施到位。休斯认为，安全是顾客考虑的第一要素，而 Isis 的系统内置了安全措施。他还补充了一句："你只需要打电话给运营商就可以关闭你的手机钱包服务。"

正当 Isis 专注于服务零售商时，其他手机支付方式允许顾客通过移动终端进行资金转账以及使用信用卡进行支付。不管是哪种方式，它们涉及行为方式的转变，并且都向顾客所期望的方向转型。一大批公司采用了各种支付方式来争夺未来的手机支付市场，这其中包括了创业公司和知名大品牌。下面是几家这样的移动支付公司：

- Boku。这家手机支付支持公司的在线商城无需信用卡或者银行账户就可以收到通过移动电话发来的货款。收费直接寄到顾客的手机无线账单上。手机支付的选项内置于手机 App 中。Boku 的支付平台已经可以在 60 多个国家的 250 多个移动网络中使用，而商家的忠诚度项目也可以整合进这种服务中。Boku 还与西班牙电信公司及它的手机钱包服务部门达成了战略合作伙伴关系。

- Dwolla。它的商业模式是对每笔交易收取 25 美分的固定费用，这家创立于艾奥瓦州得梅因的手机支付网络筹措到了多家投资者提供的总计 500 万美元的初始投资，其中包括了演员艾什顿·库彻（Ashton Kutcher）的个人投资。点对点（P2P）的资金转账可以迅速通过手机完成，因为资金是从银行转移到银行的，而且低于 10 美元的转账不收取费用。

- PayPal。PayPal 是一种最知名的数字支付服务方式。这家易趣的子公司在全球的200多个市场拥有超过1亿个活跃账户。它创立于1998年，总部位于加利福尼亚州的圣何塞，其国际总部位于新加坡。PayPal每年要处理大约100亿美元的手机支付交易，而其中很大一部分来自美国以外。它还贡献了易趣年总收入的很大一部分。由于在美国拥有5 000万客户的庞大客户群，PayPal拥有能够在零售店使用的自己的支付卡并且提供一款能够连接上安卓或苹果移动终端的名为"PayPal Here"的设备，这款设备能够让手机提供信用卡刷卡和支付服务。这家公司在大量零售品牌上进行了手机钱包服务的试点，包括家得宝、美洲鹰奥菲特、富乐客、欧迪办公和美国玩具反斗城。

- Square。将一款小型Square设备插入安卓或苹果移动终端，就能将手机转换为一款实质上的收银机。手机用户通过在手机上刷信用卡完成支付。这款设备之所以能够流行是因为它使用起来很便捷，因此小型商户、餐馆、出租车司机和个人能够很方便地通过这款设备完成手机支付。这家公司成立于2009年，总部位于旧金山，每年能够处理超过80亿美元的支付交易额。这家手机支付公司从包括Visa和美国大通银行在内的多家投资者处筹集了几亿美元。Square还从星巴克处接受了2 500万美元的投资，同时还获得了在全美国的7 000家星巴克分店支持Square钱包服务的相关利益。顾客能够通过Square账户将信用卡和支付链接起来，在餐馆打开平板电脑不需要离开座位就能够进行支付，因为公司系统能够检测到手机在商店的具体方位并且自动完成支付。通过告诉收银员你的名字或者展示给收银员你在Square账户上的照片也能够完成手机支付。Square在2012年底将它的业务扩展到了加拿大。

很多公司引进了能够很方便地接入智能手机的信用卡读卡器，这样智能手机马上可以转换为一台处理现金的计算机。举个例子来说，虽然易趣拥有 PayPal 的所有权，它还是引入了 Square 的直接竞争对手“Here”，这款名为 Here 的服务商拥有自己的加密狗。

不管是哪种支付方法或者支付平台，目前使用移动电话完成实际支付所体现的价值，并没有达到顾客通过手机支付可能收获的潜在价值，因为手机支付的潜力还没有发挥出来。有个想法是，通过掌握顾客所处位置的现场信息和支付历史，零售商能够提供与客户需要密切相关的优惠券或其他优惠，从而丰富客户的购物体验。这是古老的超市优惠券结账处理流程中出现的引人注目的创新，它可以根据你的购物清单发放竞争产品的优惠券，从而尝试让你在下次前往超市时改变选择。这个流程已经在过去几年间变得非常复杂，而移动影响力将它推到了一个完全不同的水平。

用手机结账时会获得更多的实时信息。它包括精准的地理位置、一天当中的时间段、过去的移动行为、过去的购买行为、刚刚完成的行为和目前户外的气候等。像 Square 和 Dwolla 这样的支付公司很可能将继续推出更多的创新，因为信用卡公司和银行正努力确保他们在未来的移动时代的地位。

加强手机支付经验

各种金融机构，有的甚至有数百万的客户群，都在努力学习如何在一个移动化趋势日益明显的世界发展壮大。举个例子说，在拉丁美洲的一些地方，银行家正在努力获取原来不能使用银行服务的新客户群，我们将在后面讨论这个话题。银行也认为在购买点优化客户体验是一个非常难得的市场机会。

通过各种措施，美洲银行在移动化过程中获得了增长。这里有一些这家知名银行于 2012 年底在移动方面的统计数据：

- 在 3 000 万在线银行用户中，1 100 万是移动终端用户；
- 银行一个月内的移动终端使用量大约是 1 亿次；
- 移动终端在一个星期内增加 4 万名新客户；
- 将移动终端作为首选的客户群比 2011 年同期增长了 74%。

虽然增长数字十分喜人，但美洲银行并没有对移动终端进行大规模营销，而是花费时间和大量资源去尝试加强用户间的互动。“我们生活在一个连接更加紧密的数字世界，”美洲银行的高级副总裁兼移动方案执行官马可·沃肖斯基（Marc Warshawsky）说，“每笔交易都为我们提供了机遇，让我们能够更加精心地为客户打造更具人性化、互动性更强的服务。我们关注的是，找到将更好的客户体验带入市场的方式。”

与其他主流品牌的情况一样，美洲银行不打算自己来解决所有的移动终端购买问题，它认为与其他品牌合作是一个机会。“在这个方面，对单独的玩家而言，通过自己的力量解决所有问题是十分困难的。”沃肖斯基说，“合作能够帮助解决这些问题，因为每家公司都有着不同的特质，因此有潜力创造更好的客户体验。举个例子来说，我们和商家合作从而在客户使用美洲银行的信用卡或转账卡购物时通过我们的 BankAmeriDeals 项目获得有针对性的现金返还优惠。”

美洲银行在 2012 年花费了大量时间探索并试验了从 NFC 到 QR 码的各种手机支付方式。不同于将所有的鸡蛋放在一个篮子里的赌博式方法，如把 NFC 当成最终的支付解决方案，这家银行更重视与每一个客户在所有方面的互动体验，而不只是支付问题。“客户希望能够拥有更多可选的简捷的互动方式，”沃肖斯基说，“每次互动对于客户而言都是独一无二并且十分重要的。”

这个关于简捷性的想法让我想起直觉公司第一次推出 Quicken 的时候。

在它刚刚出现的时候，所有软件都将信息印刷到支票上，你要在支票上写点东西来自动平衡支票簿。但是它很快发现客户需要的是简捷——找到平衡支票本的替代品。直觉公司获得了大量客户群并且很快扩展为各种形式的金融服务产品。这并不意味着创立小公司，而是致力于做小事情——能够让人们更方便地简单互动。美洲银行做的小事情已经颇具规模，且拥有了数百万的客户。举个例子来说，包括美洲银行在内的银行能够让客户用智能手机给支票照相并且通过手机来完成存款过程，从而免去必须前往银行或者 ATM 机器办理的麻烦。虽然不是移动历史上最大的创新，但这个流程也能够规模化地普及到数百万的客户群并且使得他们的生活更轻松。

最重要的是它提供了能够带来客户价值的功能，即使这些功能看起来很小。美洲银行发现移动用户比固定端上网的用户更有参与性，这意味着银行需要确保互动很简单并且具有直观性，以便顾客用手机进行交易和互动。在移动终端，简单的事物会走得更远，并且可以不断扩展。在实际交易发生时，有很大空间来发挥移动影响力，沃肖斯基补充道：

> 就像我对于购买点的想法一样，销售点也在不断出现变化，它能在真正意义上为购买体验增加价值——利用技术来帮助客户进行购物，节约他们的购物成本，并且使购物更加方便。我们相信当这些技术成熟时，无论它有什么特点，移动元素都能够帮助客户获得各种各样的购物工具。
>
> 我们正在寻找让支付体验更有价值、更加简捷的方法，并在进行试验和测试，且评估了各种能够带来丰富的购物体验的解决方案。在这个空间，有大量可做的事情来优化购物体验。
>
> 我们也很重视帮助客户管理他们的日常财务情况。它已经超越了在购买过程中能够节省多少钱的层面，而达到了这件产品是否适应我的预算和我的账户里是否有足够的资金来支付这件产品的层面。我们正在尝试将所有元素汇集成一个紧密结合并且无缝连接的体验，这能够真正帮助客户更加有效地管理他们的日常财务。

在交易阶段提供更多的信息能够影响消费者的行为方式，并且使得通过使用智能手机选择产品的过程更加具有互动性。“从产品比较的视角来看，这就是移动终端的妙处，”沃肖斯基说，“无论何时何地，你动动手指就能够获得丰富的信息。当走进商店发现一件特别的商品时，你可以扫描条形码、查看评价、看看还有哪些人已经购买了这件产品、查看详细的产品信息等等。我们可以预见这些体验将会被更加紧密地集成起来，同样可以预见出产品研究、产品评价、产品比较、特价、支付方式等，所有都能通过无缝化并且十分时尚的方式呈现给客户。很显然，这给客户增加了价值，而这种价值会随着未来的体验一体化的发展趋势而不断扩大。”

即使移动交易体验能够变得更加丰富，也并不意味着人们就不再需要信用卡了，这主要是因为我们距在全球范围内大规模使用手机支付还比较遥远。“事实上，信用卡还能够发挥作用并且在目前的作用仍然很突出，”沃肖斯基说，“通过移动终端进行交易能够创造价值，但是要大规模使用手机支付还必须要有一些条件。任何已经出现的手机支付技术都需要更加普及。要想扩大在这项技术上的规模，商家和消费者必须要看到采用这项技术能够创造什么价值。它必须是安全的、可依赖的，并且比现在更加便于使用。”

虽然规模不大，但移动创业公司能够迅速推出产品和服务，并在比较小的规模基础上随着时间不断成长。在很多方面，有着知名品牌的大公司会有更大的障碍，因为客户期望这些公司的新产品或新服务能够符合潮流，并且可以引领潮流。品牌同样需要建立在大规模基础上，这方面最好的案例就是像万事达卡和美洲银行这样的全球性实体。它们都很知名并且在一开始就拥有比较大的客户基础，而这正是出于大品牌的优势。它们通常同样有着创新和推出新产品的企业文化，并且提供了拳头产品和服务。沃肖斯基说：

客户体验是最重要的事情，那些人们了解并且信任的传统品牌在出发点就拥有了优势。当美洲银行发现新技术或新解决方案时，我们必须确保这种新事物是安全的、可信赖的、可伸缩的。我们是为数百万的客户和每天数百万的交易次数解决问题，这使得解决方案会更难找。

我们不看重成为市场上的第一名，而专注于成为市场上最好的选择。对于我们来说，“好”意味着客户体验好、安全性强、可依赖性高、时间精准，还有能够在每天将体验带给数百万客户。

每当出现新技术时，我们必须确保新技术从各个视角看都是银行级别的。很多支付创新并没有达到银行要求的标准，因此它们可以研发技术并且迅速地切入市场，因为他们没有金融机构对于规范性要求那样的很多顾虑。

银行业的移动未来

美国银行业的领导者并不是唯一关注移动趋势对于业务的影响，以及未来银行零售业务发展趋势的人。在拉丁美洲，移动同样是金融服务行业的焦点话题。在一次巴拿马举办的 IT 业和银行业人士齐聚的年度会议上，当我向来自拉丁美洲的数百名 IT 业和银行业的首席执行官发表演讲以后，几位首席执行官把谁将主导未来的手机支付行业这个问题抛给了我。当时在美国市场已经出现了大批手机支付计划，拉丁美洲联合银行赞助巴拿马 CLAB 银行 IT 会议里的高管们对运营商的角色进行调查。

相较于其他一些市场，拉丁美洲的移动产业发展情况有所不同。拉丁美洲的手机渗透率很高，超过了总人口的107%——虽然局部市场情况有所不同，举个例子来说，巴拿马的手机渗透率达到了204%。下面是国际电信联盟（ITU）统计的一些例子：

- 巴西：2.51 亿部手机，2.03 亿人口；
- 哥伦比亚：4 500 万部手机，4 300 万人口；
- 阿根廷：5 700 万部手机，4 200 万人口；
- 智利：2 200 万部手机，1 700 万人口。

拉丁美洲的 20 个国家的移动电话用户数超过了总人口，并且这 20 个国家占据了拉丁美洲所有移动电话用户数的 98%。但是根据 ITU 的数据，与移动方面相关的关键数据是，接入互联网的拉丁美洲家庭数占比只有 29%。这意味着大量人口通过移动终端而不是电脑登录互联网，这给当地的银行家带来了巨大的影响。

很多银行家表达了他们对于移动运营商将进入手机支付行业的恐惧，虽然运营商表示他们不会进入这一领域。运营商声称，他们忙于发展主营业务，故而没有精力进入银行家的业务范围。

很多金融服务公司正专注于发展用西班牙语称为"Bancarzacion"的市场，以吸引更多人选择银行服务而不是非银行服务。因为不管是谁主导支付行业，都有可能成为数百万客户心目中排名第一的金融服务（或银行业）体验。这也是手机支付在这个地区如此重要的原因。银行家都在努力确保他们能够满足潜在的市场需求。

在拉丁美洲还存在一些移动影响力的推动者，比如巴拿马的 Arango 软件国际公司——以"Grupo ASI"的名字为人所知，它为小型金融公司和其他银行业机构研究软件。金融应用软件专家胡里奥·阿朗戈（Julio Arango），于 1985 年创立了这家公司，并且将它扩展到了其他市场，包括墨西哥和哥斯达黎加。

这家公司开创了一种新模式，即渠道经理通过数字通信方式提取有关银行业信息，并将这些信息通过高度安全的方式分流到不同的移动渠道里。“ABanks 移动给客户提供了通过手机完成交易的能力。在过去，客户还得去支行或通过互联网才能完成这些交易。”Arango 软件的代表胡里奥·阿朗戈说，“它在任何移动电话上都运转良好，而其所需要的就是移动电话能够支持 HTML5 的浏览器。”

这个系统根据不同国家的不同规定管理所有的安全问题。“我们在巴拿马、哥伦比亚和委内瑞拉为一些客户提供这种服务。”阿朗戈说，“在拉丁美洲，很多国家的用户都使用移动 App，而且人们信赖本地最流行的手机。举个例子来说，在厄瓜多尔最流行的手机是黑莓，因此他们使用黑莓的 App。在巴拿马，人们大多使用安卓；而在哥伦比亚和墨西哥苹果和 iOS 设备更为流行，因此人们依赖这些产品。我们拥有能够安装在任何安卓手机或平板电脑上的 App，就像在谷歌市场和任何 iOS 设备、iPod、iPad 或者 iPhone 里 App Store 提供的 App 一样。其他人也能够通过 URL 或者浏览器登录。大部分人都在智能手机里使用它。”

对于没有智能手机的客户或者那些没有使用移动运营商提供的数据流量套餐的客户，阿朗戈建立了一个不同的渠道。“你可以打个电话并且通过按键的方式利用手机完成交易，”阿朗戈说，“我们在委内瑞拉已经推出了这种服务。这个创意主要是为了带动更多人使用银行业服务。要知道利用手机完成交易是完全可能的。”

在移动方面，美国市场和拉丁美洲市场有一些不同之处。举个例子来说，黑莓在一些国家仍然占据重要地位，而造成这个现象的原因有很多。在巴拿马移动终端的使用情况也有些相似之处。在巴拿马运河，来自不同地区的大部分游客都会使用他们的手机拍摄下巨轮进入运河时刻的照片和视频。我把我的 iPhone 和三星 Galaxy Nexus 交给陌生人拍摄运河的照片，没有人需要我提示该怎么做。对于世界上任何地方的任何人而言，无论市场情况如何，移动终端的某些功能不用教就会。

把欧洲、拉丁美洲和南非加起来算，不到 1/4 的移动电话人口使用手机支付服务，接近一半的人（46%）已使用移动终端进行某种类型的银行交易，而超过 1/3 的人（39%）对于手机支付感兴趣或者有应用计划。

移动世界的信用卡

主流品牌通过各种手段尝试开展手机支付服务，而且他们十分看重未来自己能否在这一领域占有一席之地。在大多情况下，他们的主营业务是支付或支付处理，因此适应移动化的未来势在必行。这些公司需要平衡多方利益相关者的需求，包括消费者、商家和银行等所有与支出或者收入相关者。所有的参与者都有着某种期望，比如合理的收费、高度的安全性和易用性。

信用卡是一种最常见的不需要现金的支付方式。1950 年第一张名为“大来卡”的信用卡出现了，紧接着其他几家公司也带着不同的商业模式进入了这个行业。有些信用卡是免费的，有些则要收利息费，还有些会向商家收取比率不同的费用，此外也有一些配置了多层服务。不管是哪种类型，全球市场都接受了信用卡这种支付方式。

信用卡不会消失。手机支付的交易数量会不断增长，与此同时从没有使用过信用卡的手机用户数量也会不断增加。“我不认为信用卡会消失，”万事达卡全球组织的移动业务执行官芒凯伍（Mung Ki Woo）说，“总量在增加，我也相信市场还未饱和。”

万事达卡的愿景是“一个超越现金的世界”，它每年处理超过 230 亿笔交易。作为一个支付处理者，这家公司通过万事达卡全球网络将金融机构、商家和持卡者联系了起来。

“我们将向数字化方向转变，”芒凯伍说，“通过回望过去来预知未来，在某种程度上是正确的。”伍是万事达卡刚成立的支付小组成员，这个小组致力于让支付能够在全世界范围内的新技术平台上运转。“支付是我们的核心业务，”伍说，“在购买点向移动终端的转变并不意味着完全取代过去或者完全取代信用卡的地位，而是意味着通过移动终端提升潜在价值。”

就像其他向新技术和新平台的转型过程一样，公司来确定提升价值的方法，而消费者负责寻找到新价值。这不意味着以前的平台完全不起作用了，而意味着通过转型能够提升价值。举个例子来说，人们在移动终端上阅读电子书，但是电子书并没有桎梏纸质书的发展。“纸质书并没有消失，”伍说，“电子书是另一种服务，他们能够提供随时可得的满足感。旧媒体不会消失。”

万事达卡选择了合作的战略方式并且进入了一系列领域，比如成为谷歌钱包最初的一家信用卡合作伙伴，把它的积分回馈项目与手机签到 App Shopkick 连接起来。就像很多向移动化方向转型的大公司一样，万事达卡需要考虑的东西很多。“如果你希望有足够的发展规模，那需要仔细计划，”伍说，“数字形式的卡片感觉和塑料材质的一样，但事实并非如此。我们拥有 3 500 万合作商家和 45 万支付终端。移动终端是唯一的你可以接触到个人的媒介载体，在便捷性方面的一点点提高都足以改变消费者的行为方式。”万事达卡发现手机支付在处理能力方面的增长潜力。“总体而言，未来在交易总量上将有一个增长，”伍说，“一切都与服务有关。你可以通过无线进行交流并且在现实世界引起反响。”

手机支付与移动支付

除了手机钱包、NFC 和其他的现场手机支付方式，还存在另一种覆盖范围更广的手机支付方式。手机支付一般是指用移动电话来为你面前的商品付款。而用移动电话来支付那些不在你面前的商品，市场空间更大。这就是手机支付对比移动支付的话题，此外，移动支付明显更重要。

举个例子来说，毕马威（KPMG）进行的一项全球性研究成果显示，预计到2015年，移动支付预计能够达1万亿美元。出于智能手机和平板电脑数量的快速增长的刺激，接下来两年的增长速度能够接近100%。截至2012年的下半年，33%的美国消费者已经使用了移动支付，而这个数字几乎是前一年的2倍。

消费者在移动状态下购买各种各样的产品和服务，比如通过iTunes购买音乐，通过亚马逊支付购买电子产品并通过PayPal移动购买衣服。虽然很多数字商品，比如音乐和电子游戏，是在移动状态下售出的，但大部分移动购物用户都选择购买实体商品。

因此，在移动状态下的支付蕴含了真正的商机和商业潜力。越来越多的人会逐渐适应通过手机来购买商品，所以这种消费会更多。

另一方面，根据英国瞻博研究机构的研究成果，预计到2016年，全世界预计将有230亿门票（用于演唱会等等）发送到移动电话上。这种服务方式的好处在于，通过移动终端直接出售和发送门票不需要多余的人工成本或房产成本，这就能够有效节约成本。移动影响力对于传统的营销方法也产生了影响，因为很多手机门票购物者同样会在购物时通过手机收集各种信息。这意味着营销信息必须要适应移动时代的需要并且能够在客户的手机平台上运转。重要的是，营销人员要领悟到，通过各种销售点战术和战略集中所有的精力在最后的交易特价上是不够的。

移动支付将影响所有的产品。人们随时随地都会购物，但大部分产品或服务供应商缺乏或没有控制力，此外购买行为也发生了根本性变化。

使用移动终端来寻找合适的商品并完成购买的过程，互动性强并能够随时随地进行。移动支付是消费者的行为方式问题，而不是手机支付的技术难题。

重新定位购买点

按照传统的购物流程，消费者会前往实体店、闲逛、选择商品、前往收银台完成支付，然后离开商店。在一些像沃尔玛这样的大型商店里，这个流程的时间可能会有所变化，而这一变化取决于购物时现场的人流量以及有多少顾客在同时进行结账。随着时间的推移，很多零售商将收银台应该办的一些结账工作交给了顾客完成，比如让他们自行安装好物品传送带，从而在结账时能够自行运转，允许他们将购买物品放到自己带的包里并且把包放入他们的购物车内。顾客不需要指导，眼前的任务十分清晰。

多年以来为了让这个流程变得更快，商家引入了自助结账系统。购物者可以自行扫描他们购买的每件商品，且不需要与收银员打交道就能完成支付。很多地方都已推广了这类系统，比如超市、大型零售商店和飞机场。虽然这些机构将一些销售点的工作交给了购物者，但他们仍然要求顾客去收银台结账。对顾客而言，逛街选择商品，然后在离开商店前完成支付已经成为习惯了。纵使这个惯性流程在长久以来一直为顾客和零售商所接受，移动化趋势却彻底重新定义了这个流程。

仔细想想，你就会明白为什么逛商店和支付两件事情需要分开进行，为什么必须得做完一件事情后才能做下一件事情。顾客一边逛堆满商品的商店，一边将战利品放入购物车。当挑选商品并将商品放入购物车后，顾客将拉着购物车前往收银台结账。在这个时候，所有的商品将被作为单独的商品分开——通过 UPC 条码，然后再次被收银员和商店的电脑系统检查和注册。之后，顾客才可以带着被分开打包好的商品回家。当分解后，传统的购物流程看起来可就不同了：

- 顾客在整个商场寻找目标商品；
- 顾客挑选某种商品并把商品放入购物车；
- 顾客推着购物车前往收银台；
- 顾客排队等待结账；
- 顾客从购物车中一件件拿出商品并把商品交给收银员；
- 收银员再次检查每件商品；
- 商品被交给另一个工作人员，这个工作人员将把所有商品分装入不同的购物袋；
- 购物袋被再次放入购物车；
- 顾客推着购物车走出商店。

类似劳氏、家得宝和史泰博这样的主流零售商都在努力促使移动终端帮助销售人员在顾客闲逛的过程中开展工作。现在有各种各样的移动技术能够充分发挥潜力，从而在最合适的时机通过与客户互动促成交易。举个例子来说，总部位于波士顿的创业公司 AisleBuyer 创造了一个虚拟的购物助手，能够让顾客绕开结账的麻烦直接通过他们的移动电话进行支付。只要顾客的信用卡绑定了这款手机 App，这个系统就能让购物者免去排队结账的麻烦。这家公司最终被直觉公司收购，然后成为了直觉公司手机支付团队的一部分。这种技术被用来改造直觉公司的销售点解决方案以及 Square 的竞争对手 Gopayment。

另一个名为“Aisle411”的手机 App 能够帮助品牌有效地影响那些正在商店内挑选商品的顾客。这种技术可以被整合到商店的自有品牌 App 中，并且进行活跃的双向互动，以使品牌能够根据顾客的精确位置和意向对主推商品组合进行实时调整。此外，营销人员能够从顾客的购买行为表现中获得有效数据。沃尔格林使用了这款 App，因此当你走进任何一家沃尔格林的商店，整个商店的布局就会展示在你手机上。举个例子来说，如果你要购买粉末，那在手机里输入这个词语然后所有相关产品甚至精确到货架位置的信息都会显示在手机屏幕上。

移动购物用户可以使用这款 App 来预先规划旅行、添加购物清单，并通过商店的室内地图找到要去的商品区。这款 App 能够让品牌根据顾客特有的购物标准、所处方位的变化轨迹、关键词搜索和用户生成的信息等内容锁定目标客户。

随着越来越多的技术创新被引入销售点终端，交易更多发生于顾客所在的位置而不用等顾客走到固定位置。顾客已经有了足够的处理能力来通过移动终端完成支付交易。下面是一个熟练使用移动终端技术的顾客进行购物的场景：

- 在商店里查看商品；
- 查看、扫描、选择好商品后将商品放入购物车的购物袋中；
- 推着购物车离开商店。

随着时间的推移以及无线射频识别（RFID）芯片、阅读器还有其他库存监测系统的发展，商品监测已经变得非常复杂。这种技术和手机跟踪技术结合起来使用的下一步就是，将商品位置、商品与移动购物用户和他们的行为方式以及目前的需求联系起来。这么做的目的是，让顾客更快地找到目标商品，更加有效地完成交易并且在整个过程中免去麻烦。

伦敦机场的购物经历

有时候重新布置店面陈设可以让人们反思商品一般是在哪里被购买的。举个例子来说，除了在线购买以外，人们一般是在服装专卖店购买衣服，在电子产品专卖店购买电子产品，在杂货店购买杂货。移动终端能够改变所有的既定规则，并且通过消灭出售商品和地理位置的联系来影响购物行为。

在英国的消费者都很熟悉乐购，这是一家拥有 3 000 多家分店和 30 万多名员工的零售企业。这家零售企业的 Finest 和 Everyday Value 是英国最大的两个商品品牌——甚至比可口可乐更大，每个品牌一年的销售额都能够超过 15 亿美元。在英国以外，欧洲、亚洲和北美洲的 14 个国家都分布着乐购的分店。在美国的南加利福尼亚、亚利桑那和内华达的新鲜方便邻户超市，拥有 200 多家分店以及 5 000 多名员工。

在 2012 年的下半年，乐购决定尝试让顾客通过一种不同的方式、在不同的地方用移动终端来购物。鉴于乘坐航班的旅客在机场检票和过安检后有空闲的时间，乐购在伦敦盖特威克机场引入了机场杂货购物模式，它在机场创造了一个虚拟的杂货店，并安装了互动式广告牌，这使拥有智能手机的旅客能够在航班起飞前使用。

广告牌显示了装满商品的货架，每件商品上都贴好了标签。消费者打开乐购的专有 App，扫描心仪商品的条码，然后选定配送日期和时间，这样就可以在外出旅行后收到商品。一个外出度假两周的旅客对他们在回家时家里储存有足够的生活用品的安排感到满意，这样就省去了假期后必须前往食品店购物的麻烦。消费者还可以通过手机从网上订购杂货，所以飞机场的电子广告牌是一个出现在合适的时间和地点的高度可视化的提醒器。除此以外，对于消费者来说，将商品加入清单更快捷、方便。电子货架是消费者能够在实体店看到的、一种颜色鲜艳的模拟产品。举个例子来说，电冰箱商品区看起来就像电冰箱，而电冰箱货架上还有几种不同的牛奶产品。

乐购在盖特威克的虚拟杂货店是在韩国对这一概念进行了成功的尝试之后进行的。在韩国，乐购的 Homeplus 品牌在地铁和公交车站有着很多虚拟商店。顾客可以通过使用智能手机扫描二维码来完成购买，这样商品就可以配送到他们家中。它在韩国的分公司同样有 270 多家实体店，其中包括了特大超级市场和小型便利商店，它还是当地最大的杂货零售商。

英国和韩国的虚拟商店都是公司将传统商店店铺陈设转移到远离实体店的地方的实例。这使得销售点的移动影响力能够转移，并且在很多情况下能够有所提高。

弥合移动购物用户的鸿沟

营销人员多年以来一直在讨论以客户为中心这个话题。在兴盛的互联网早期年代，IBM 组织了行业解决方案小组（IBM 称之为 ISUs），其中每个小组成员专注于一个特定的行业，比如银行业、零售业或者娱乐业。对于一家主要出售大型硬件和存储器给大型企业的大公司来说，这有着多重意义。它可以在合适的时间以市场为中心，集中任何市场的专业知识来为每个顾客提供更好的、更切合实际的解决方案。在很多方面，那就是最终的 B2B 方式。

但是就商家对客户（B2C）的商业模式来说，就像很多广告代理机构和领导品牌多年宣传以客户为中心的理念一样，手机的存在创造了更好的以客户为中心的机会。移动行业有一些专有名词，比如“微目标”、“定位”和“网络城市”，这些词说起来可比做起来容易多了。以顾客为中心和服务顾客的理念通过移动终端的力量有了更大的潜力，尽管单单因为技术就能获得最终的成功的情况很少见。公司内部的管理结构或者企业文化常常会阻碍移动影响力成功地发挥作用。

引入技术方案是企业关注的一个重要方面，而顾客则是另一方面，这甚至会随着移动终端的强势话语权变得更加强大。举个例子来说，前一段时间我们引入了回报丰厚的 Shopkick 应用，当时的想法是当购物者走进像梅西百货或者百思买这样的商城时，我们会静悄悄地把信息发送到他们的手机上，并且只要消费者在商城中收到回馈点（被称为 Kick），他们便可以因为扫描特定商品的条码而得到奖励积分。

一开始，这并不容易。但是在员工层面它和技术的关系没有和“滴入式”理论那么相关。在早些时候，我们要努力去寻找能够使用 App 扫描的特定商品。我问离我最近的百思买员工能够用 Shopkick 来扫描的商品在哪个位置之后，会得到类似“Shopkick 是什么东西”这样的答复。但是随着时间的推移，百思买员工的这种回答方式逐渐演变，从“我去找懂得 Shopkick 用法的人来帮忙”到“好的，我很熟悉 Shopkick 的用法，您想做些什么”，这就是大规模引入一种新的移动营销方式后的典型而普通的演变过程。

下一步是结账。百思买有它自己的积分项目，而 Shopkick 也有他自己的“Kick”积分项目。结账过程再次体现了这个演变过程：当我第一次尝试使用 Shopkick 在结账时获得积分的时候，两个员工和值班经理好不容易才弄清楚如何在百思买的 POS 系统找到这个项目。第二次时，一个员工和一个值班经理就能够发现这个项目；第三次时，结账处的收银员一个人就能找到这个项目，而且百思买的积分项目和 Shopkick 项目都可以用。

我们能够从中学到的是，要想 Shopkick 技术发挥作用，所有参与这个过程的人都需要进行调整，而在向以客户为中心的转变过程中还有一个关键性的挑战。最好的移动技术也许只是这类组织所追求的一个方面，而拥有购买意愿的客户则是另一方面。问题就是，如何平衡好这两个方面。

这些话题包括从有效引进类似 Shopkick 这样的新方法来适应移动购物用户，到说服具体的利润中心或加盟商去采纳并使用公司引入的新技术。在未来，胜出的零售商会明白该如何提高这个变化过程的效率。“那些想的最多的人会获得成功，而那些并未重视这个方面的人将会失败。”Shopkick

的联合创始人、首席产品官杰夫·塞林格（Jeff Sellinger）这么说。

在Shopkick这个案例中，超过400万使用Shopkick应用的移动购物用户把压力转给了百思买商城的工作人员，迫使他们去研究这款App的特点。在诸多移动影响力的案例中，移动购物用户起到了催化剂的作用。Shopkick是恰到好处地发挥移动影响力的一个案例。商家知道你正在商店里、了解你刚扫描了什么商品，如果你的积分卡关联上了Shopkick账户，那他们还很可能了解你的购物行为，因此商家可以根据他们所掌握的情况提出实时的购买建议。

另一个影响组织向更加以顾客为中心的方向演变的组织内的典型障碍就是，所谓的“谷仓效应”，也就是A部门或小组的目标和成功标准与B小组自己独有的标准不能相互协调。如果A小组和B小组能够协调一致，那么就有一个C小组或D小组重复这个事。

这同样给移动创新者和客户相互适应的过程增加了困难，而两者都了解这一点。在移动购物生命周期的购买阶段，移动创新者和客户的鸿沟需要被弥合。否则，公司将面临在交易阶段失利的风险，致使前期的所有努力都化为泡影。

毫无疑问，移动终端的力量最终会改变人们购物的方式。移动购物用户可以期待在购买时刻出现不同类型的营销活动和优惠活动，就像他们可以期待在商场购物时能够在手机上收到相关产品的丰富信息一样。即使在完成交易以后，移动购物生命周期继续进入售后阶段情况也是一样，而我们将在下一个章节讨论相关问题。

MOBILE INFLUENCE

数说移动

65% 的专家认为，消费者将会完全信任并且使用智能设备和手机钱包服务在商店购买商品。根据权威机构的研究成果，到 2015 年，移动状态下的支付金额预计达到 1 万亿美元；到 2016 年，全世界预计将有 230 亿门票（演唱会等等）发送到移动电话上。

07 关键6：售后阶段

持续沟通

在移动购物生命周期中，销售的过程并没有因为顾客完成购物而结束。消费者会通过手机和社交网络分享他们收获的新战利品以及购物体验等相关信息，此时对于营销人员的挑战是，如何成为他们之间对话的参与者。

确保移动购物用户的连接
彩信营销的诱惑力
信息分享
汇聚签到数据
在每个地方营销

MOBILE INFLUENCE

确保移动购物用户的连接

在移动购物生命周期中，销售的过程并没有因为顾客完成购物而结束。刚买到心仪商品的顾客会在移动终端登录社交网络分享他们收获的新战利品以及他们的购物体验等相关信息，无论好坏一一道来。分享信息的方式包括在购买商品后发送一条短信，使用移动电话拍照并发布在 Facebook 上，等等。这意味着每次购物体验都有可能马上成为全球范围内的实时新闻直播。

商家，特别是那些出售大件商品的商家，需要与买家保持联系，以确保产品的使用体验能够符合他们在购物周期的早期阶段在买家心中创造的期望值。在交易完成后商家与买家保持联系的方式有很多。其中一种是将完成购物视为移动购物生命周期的一个部分，这能确保顾客在售后阶段感到满意，并有可能使他们成为忠实顾客。这也是销售者需要介入移动购物周期的多个阶段的另一个原因。

售后阶段能够带来的另一个潜在收益就是新客户的购买需求。一个满意的客户很容易会在他们的朋友圈里进行分享。他们可能会编辑并发送照片、手机视频，并且通过社交媒体分享这些内容。移动影响力的领导者大都通过多种方式给这些活动授权，包括在 App 和手机网站中设置共享功能和经常采取一些激励措施，比如消费者分享给其他人那他可能在未来购物过程中得到折扣。就像在前面的章节讨论的一样，使用短信可以有效地分享内容，而彩信能够给同样的内容增加丰富的图像和视频信息。

彩信营销的诱惑力

移动视频发展得越来越好，功能更加强大的智能手机和平板电脑促进了这种增长势头，而数据流量使用量增长的很大一部分归功于移动视频的迅速发展。根据思科视觉化网络指数关于全球移动数据流量的预测报告，截止到 2016 年，移动视频流量将占到所有移动终端数据流量的 71%。这个流量相当于 330 亿张 DVD，4.3 万亿 MP3 文件，或者 813 万亿条短信息所占用的数据流量。运行于更加快速的网络中的更强大的移动终端不断地访问更多的视频资源，从而促进了视频数据流量的增长。很多研究结果表明，消费者喜欢在移动终端上观看视频。你可能在你的移动电话上看过电影花絮或者看过你朋友发送过来的视频。如果你曾经看过你选择的最喜欢的品牌发送过来的视频，那么这些信息很有可能是通过一种你从未听说过的名为 Mogreet 的技术发送过来的。

Mogreet 是另一个移动影响力的推动者，并且是在彩信营销方面处于领先位置的探索者。它在 2006 年于加利福尼亚州威尼斯市成立，其创始人是詹姆斯·西特伦（James Citrons）。这家公司几乎花费了全部精力以使各种品牌能够通过彩信将移动视频发送到他们客户的移动电话上。Mogreet 自称是第一家能够发送彩信视频到消费者手机上的公司，无论消费者使用的是哪家无线运营商服务。经过几年发展，Mogreet 已经成为行业中最大的彩信平台。

像很多其他的移动影响力的推动者一样，由于 Mogreet 隐藏于“幕后”，所以它并没有成为一个家喻户晓的名字。一长串知名品牌都在使用这个平台，比如沃尔玛、科尔士超市、耐克、特纳、布鲁明戴尔、福克斯、ABC，当然还有很多其他的品牌。

与我们在前面讨论过的文字短信息不同，彩信内容（多媒体信息服务）能够包含图片、声音、视频和几乎没有限量的文字信息，并且这种信息服务能够在各种类型的手机上查看，包括功能手机和智能手机等。彩信在移动购物生命周期的整个阶段占有一席之地，并且如果能够在售后阶段之前的多个时间段使用彩信，那就能够有效提高客户的品牌参与度。

Charlotte Russe 是使用 Mogreet 彩信服务平台的公司之一，它是一家以购物为主的专业零售商。这家公司希望加强与客户的互动，并且成为 16 到 26 岁年龄段女性的首选品牌。它通过研究发现，这个特定年龄段的客户群通过社交媒体和移动终端与她们最喜爱的零售商进行互动。鉴于 Facebook 上拥有超过 50 万粉丝，Charlotte Russe 决定深挖移动领域的潜力。

就像很多零售商在预购阶段的情况一样，Charlotte Russe 的第一步是获取初始客户信息。“我们的零售商客户基本上在它们的顾客登录网站时就获取客户的手机号码。”Mogreet 的创始人兼首席执行官詹姆斯 · 西特伦（James Citron）说，“举个例子来说，Charlotte Russe 为了激励客户加入他们的移动俱乐部，会立即给新加入进来的客户回馈一张 10% 的折扣优惠券，通过这个该公司达成了目标。通过提供令人信服的激励措施，他们的客户会更加乐意提供电话号码，因此这些零售商能够推送有针对性的内容给这类客户。”

Charlotte Russe 利用一个移动网络视频彩信活动在过去的三天内启动了一个“神秘约会”的竞赛活动。购物者可以通过给一个短代码发送特定关键词（MATCH）参加活动，并且可以在三个预先规定的选项中选择他们心仪的神秘日期。对于那些选择加入进来的客户，公司会通过视频彩信送给他们一份礼物。作为刺激购物者参加竞赛的激励措施，移动优惠券会从客户赢得“神秘约会”的那一天起通过视频彩信开始发送。为了促进活动开展，并吸引更多愿意参加的购物者，Charlotte Russe 通过在遍布全美国的 500 个分店的结账终端处放置标语等多种措施推动这个项目开展。作为移动影响力中的关键要素，员工同样有任务鼓励购物者参加活动。这家公司还通过鼓励它的 Facebook 粉丝去商店见一见他们的神秘约会对象，来充分发挥它这方面的社交媒体作用。在 Charlotte Russe 的神秘约会活动中，在一个周末的时间这家公司的移动数据库的增长率达到了 33%，并且参与率高于过去利用短信开展相同项目的 300%。

“只在现场提供的优惠项目执行起来比较容易，而且还可以利用很多零售商拥有的顾客在店内留下的有重要意义的数据。”西特伦说。在店的各种行为能够让零售商获得顾客的信息或者发送相关内容（比如，类似优惠券这样的激励措施，或一个有关为什么这件产品是火爆新品的视频，等等）以提高顾客当时购买产品的可能性。

“Charlotte Russe 采取各种各样的促销方式。其中最常用的是在现场发起快速有奖促销项目，这种项目会说‘如果你来到商店并且购买特定商品，那三种奖品任选其一’。而提供的奖品都让人吃惊：珠宝、一双看起来很酷的袜子、一件 T 恤。顾客会喜欢这些奖品，他们认为这些奖品十分有价值并且非常有吸引力。每个人都希望得到一些免费的东西，并且如果只能在店内兑换免费商品，顾客将转而买些其他商品，从而推高平均的销售额。”

万斯是在推动客户购买、让客户加入他们的移动数据库方面有着惊人的表现。他们在网站主页上询问购物者在不同运动项目上的兴趣作为附加的问题（比如冲浪、滑雪、自行车越野等），并且创造客户的移动档案，从而推送和客户高度相关并且有吸引力的内容给客户，以使特定商品的认知度和销售额得到提升。彩信是能与移动购物用户互动的非常独特的一种载体，因为顾客能够在店或者之后在百忙之中抽出时间通过彩信观看一则短视频。“你可以用视频来说个故事从而提高顾客考虑购买商品的可能性。”西特伦说，“我们的基本前提是，虽然 140 个字符对于发送信息来说足够有效率，但是视频能够提供更好的客户体验和沟通体验，它在提高忠诚度和促进销售等方面能将效果提升 3 到 5 倍。我们的独特之处是，我们能够帮助各种品牌利用视频的力量在整个购买周期吸引顾客。”这家公司表示，他们的业务增长率在一年内提高了 400%，在这段期间，通过系统发送给顾客的彩信达到了数亿条。Mogreet 计划能在一年内发送 10 亿条彩信。”

不断增加的流量

和短信一样，彩信能够帮助提高流量和获得实际效益。举个例子来说，Charlotte Russe 发现彩信比电子邮件更能提高店内的人流量。“那是手机信息能够带来的一个非常特别并且明显的收获。”西特伦说，“当给顾客发送电子邮件时提到‘这件新 T 恤仅限线上购买或者当日在店购买才能够享受 10% 的折扣’时，营销工作人员希望顾客点击并且在线购买这件商品。但是，多个研究表明品牌发送的邮件常常会被过滤到垃圾邮件箱中，而且接收者经过很长时间才会打开邮件。当顾客接收到相同内容的文字短信时，他可以很轻松阅览短信并且得到关键信息。顾客收到信息可能会说：‘OK，这就是离我最近的 Charlotte Russe 商店，我会到那里买点东西。’同时，由于移动终端与所处方位高度相关，因此这能够激发顾客前往实体店购物的积极性，而这也正是大部分零售商的首要目标。”

彩信同样能够被用来与在店的顾客互动。“最简单的接触到在店购物的顾客的方法是，掌握顾客在商店内所在的具体位置。徘徊在商场走道的顾客面对形形色色的商品，通常分不清每件商品的区别。”西特伦说，“聪明的营销工作者给顾客提供了能够帮助他们做出正确决定的丰富信息。虽然像优惠券这样的激励措施能够促使顾客马上采取行动，但顾客指出他们经常使用视频来展示产品特色和优异之处以辅助购物。如果顾客正在购物，这时候最该做的事情就是给他们发送一段短视频突出产品的特色。家得宝利用他们商店专用的 QR 码在这方面有非常突出的表现——家得宝产品上都附有 QR 码，顾客可以通过扫描条码接收一段包含重要信息的视频，这段视频能够充分展示为什么应该买这件商品。”

对于像百思买这样的拥有类似各种平板电视这样的大量优质产品的商场来说，精明的品牌商和制造商都在包装上附上了短码和关键字，从而方便顾客通过他们的移动终端接收到视频，而视频的内容正是顾客为什么应该购买这件商品。Mogreet 举办的另一个有趣的活动是通过和制造玩具的公司 Melissa & Doug 合作完成的。“他们有热门商品，那就是给小朋友用的儿童旅行箱。”西特伦说，“这是小朋友非常欢迎的一种行李箱，因为它能够让小朋友收拾好出游需要的用品，并且在与父母亲共同出游时能够骑在这件行李箱上。”展示产品的作用同样会引起顾客对产品的兴趣。Mogreet 的客户 Melissa & Doug 将之付诸实践，输入一个代码或者扫描 QR 码，就能明白为什么你的孩子需要买一个儿童旅行箱。只要用户输入代码，他们就能接收到一段十分精彩的视频，其中会显示出孩子们快乐地骑着这件销往全美各地的儿童旅行箱场景。

“布鲁明戴尔是另一个充分利用这种营销策略的品牌。你在布鲁明戴尔可能会发现一件十分感兴趣的产品，比如汤米·希尔费格刚出品的新款衣服。你可能会在衣服上发现一条突出显示的文字条码。当走进这家商店时，布鲁明戴尔的销售员会积极说服购物者输入或者扫描 QR 码去发现更多有关某件商品的信息。布鲁明戴尔同样通过顾客的婚礼注册目录来完成这项工作。你在邮箱中会收到包括 QR 码和彩信码的目录，并可以通过代码得到更多有关产品的信息。它能够给项目注入活力并且将印刷广告变为直接销售产品的工具。在这些案例中，根据受众的不同，通过文字代码的彩信营销项目获得的参与率要比通过 QR 码获得的参与率高出 2 到 5 倍。一个年轻的受众——正在读高中或者读大学的人，如果说曾经有过这类经历的话，那也就是偶尔扫描过 QR 码。20 多岁到 30 岁出头的人是 QR 码的忠实用户，而超过 30 岁的用户从未使用 QR 码，特别是这个年龄段的女性。他们都使用短信。妈妈一代用智能手机和短信作为她与家庭沟通的主要方式。现实就是这样。”

至关重要的电话号码

获得电话号码很明显是彩信营销工作的重要组成部分，特别是当它与购物周期有着密切联系的时候。商家可以在顾客闲逛、结账时获得他们的号码。

“完成购买的地点是零售商获取顾客的移动电话号码的主要场所，”西特伦说，“那是顾客最有可能拿出他们的手机将个人资料加入数据库，以得到一次性优惠的头号场所。史蒂夫·马登就是这么做的，而 Charlotte Russe 推进了他们的移动战略，无论是通过数据库、抽奖还是在购买点的竞赛。通常在登记处会有些标记。在你排队的时候，为什么不加入手机俱乐部并且获得 10% 的折扣呢？客户数据就相当于货币，因为它是品牌能否给用户提供价值的关键。另一个促进人们提交个人信息充实数据库的因素就是给那些在购买商品时愿意加入俱乐部的人一件免费的小礼品。它之所以能够起作用是因为，商家提供的东西对于顾客而言是有价值的。”

另一个能够获取移动电话号码的机会是在收银台特定的支付终端那里。当顾客用信用卡付款签名的时候，会在键盘上输入移动电话号码并且选择支付方式，这就是开始行动的好时机。应该要说明不管通过彩信营销还是短信营销，营销者和品牌在选择发送信息进行营销时需要遵循相关规定。

举个例子来说，顾客正在等候结账，这时候收银员问顾客是否愿意加入手机俱乐部，顾客表示同意，并且提交了他们的移动电话号码——可仅仅完成这个流程是不充分的。收银员还应该要求顾客手写输入更多信息，就像前面说到的在实体店标识的一样，发送一条信息回复给顾客，确定他们是否愿意选择收到特定公司发来的信息。每条信息都应该提供选择退出信息服务的简便方式，从而能够停止未来来自某家公司的信息服务。

信息分享

在成交阶段结束后，营销人员马上获得了另一个发挥移动影响力的好机会。你可能获得一个心满意足的顾客，并且有机会将他转变为品牌宣传员。你还可以将更多精力集中在获得下一次顾客垂青的机会上。但是，移动购物生命周期在购买完成后仍然在继续，这也就给商家提供了一个保持顾客满意度的机会，并且为他们提供了一个把顾客发展成为帮助传播产品或服务美誉度的业务宣传员的机会。

在交易完成后，营销可以提高品牌的声誉或者激发客户的朋友们迅速地反应。“我们经常努力尝试通过类似给客户提供 10% 的购买折扣这样的方式，来激励他们与 Facebook 或者 Twitter 上的朋友们分享这次购物经历，”西特伦说。他建议客户给购买的战利品拍照并且在网络上发布。举个例子来说，在 Mogreet 和匡威共同举办的一次活动中，购物者可以拍摄下他们最喜爱的匡威时刻的照片，这张照片最终会出现在科尔士超市主页的匡威专区上。全美国的每家科尔士超市的分店都会推广这次活动，而每个参加活动的人都给品牌注入了商誉。

“有创新意识的营销人员明白他们不只是为了完成交易，他们在做客户关系的生意，”西特伦说，“这些品牌需要与他们的客户建立一种有忠诚度的关系，从而不仅能在短期内促进销售成绩，还能促进长期的销售成绩。对于很多营销者而言，一个重要挑战就是如何将有重要价值的东西传递出去从而让顾客转变为品牌的宣传员，并乐意与他的朋友们分享美妙的购物体验，且激发他的朋友们购物的兴趣，同时保持现有客户重复消费的冲动。”

Mogreet 还有一个社会化推广的特性——通过 Mogreet 平台（只要顾客需要的话——西特伦说几乎每个人都需要这种服务）发送的每条视频彩信都能够在顾客愿意的情况下将他们购买的战利品信息即时、直接分享给 Facebook、Twitter 和 Google+ 上的朋友们。“如果顾客乐意使用彩信，或者得到了一些值得分享的有价值的东西，比如优惠券或者视频，那他们将分享这些消息。平均来说，3% 到 10% 的人会与他们社交媒体上的朋友或者粉丝分享特价信息。当这些信息被分享，我们的客户会发现他们发布的商业信息接触到的受众数字相对于最初的移动终端受众会扩大 10 到 100 倍。举个例子来说，假设我刚刚在万斯购买了冲浪器材，并且作为购买这些商品整个流程的一部分，我选择同意接受凯利·斯拉特（Kelly Slater）——全世界最受欢迎的一位冲浪高手发送的视频信息。如果我收到凯利·斯拉特（Kelly Slater）发送来的视频，而视频中提到‘与你的朋友们分享这条信息，你下次在万斯购物时将获得 10% 的购物折扣’，我会非常倾向于分享这条信息并且通过手机得到优惠券。通过与 Facebook 上的朋友们分享这一信息，我将会得到我的优惠券，而万斯的移动终端受众也获得了增长并且能够接触到几百名我在 Facebook 上的好友。”

在神秘约会活动中，Charlotte Russe 在一个周末的时间内的移动数据库容量增长了 33%，并且参与率比过去的短信项目高出 300%。彩信在移动购物生命周期的所有时间段都能发挥作用，特别在结束阶段，通过发送彩信能够带来更多潜在客户，甚至能够将这些潜在客户带入移动购物生命周期的预购阶段。虽然 App 和精致的手机网站可能是很多公司关注的焦点，但是彩信能够成为移动购物生命周期整个阶段发挥移动影响力的关键组成部分。

Foursquare的售后知识营销

除了能够提供一个机会让满意度高的顾客的观点充分发挥作用外，移动购物生命周期的售后阶段还为企业提供了另一个机会，让他们能从顾客过去的行为中获取数据并且使用这些数据。通过获取和分析移动购物用户的大量行为活动，企业能够使用从中得到的数据来创造那些能够在未来给消费者带来更多价值的产品，并通过多种方式让移动购物周期形成完整的循环。有家总部位于纽约的公司就这么做了。

在《决战第三屏》里，我第一次描述了 Foursquare —— 一家位于曼哈顿下城库珀广场的一栋建筑物的 5 楼，提供基于位置的服务的公司。早在 2010 年初，这家公司就从另一家创业公司那里租用了一些空间并与之在同一间办公室里共享空间。随着 Foursquare 的发展，它在三楼租用了更多的空间，因此它的员工分散在这两个楼层。之后这家公司从风投那里筹集了 2 000 万美元的投资，翻新了这栋建筑物的整个顶层并且将公司搬到了新地方。这家公司现在已经发展为一家拥有超过 150 名员工的公司并且已经再次迁址，这次迁往了纽约的百老汇。就像 Foursquare 的位置和规模随着时间不断改变一样，它的商业模式也在不断变化。

Foursquare 开始的定位是做一家提供签到服务的公司，数百万的用户可以通过各种形式的签到获取积分。通过使用智能手机进行定位，附近区域的名字都会呈现在手机上，移动购物用户可以在其中选择他们所处的方位并且轻触按键完成签到。接下来这位用户预先选择的每一位朋友都能看见甚至通过邮件提醒的形式知道他所处的位置，反之亦然。Foursquare 在成立之初的 16 个月里就完成了 1 亿次签到，两个月后这个数字变成了 2 亿，这突显了基于位置的服务在迅速增长。

消费者可以将他们的 Foursquare 账户与其他的社交媒体账户连接起来并且跨平台分享信息。举个例子来说，签到可以被分享到 Twitter 上。用户进行签到的一个重要动力是竞争，因为签到多的用户会得到徽章，而朋友们只会注意到那些在某个地方签到数排名第一的人。这个在某个地方签到超过其他任何人的人会在被授予“领主”的头衔，然后每个在这个位置签到的用户都会知道“领主”的名字。

本地商家希望能够刺激附近的潜在顾客来他们的店里消费。他们可以提供一个特别优惠，比如给在附近签到的 Foursquare 用户提供 15% 的折扣。最初还有好几个手机签到服务企业和 Foursquare 竞争，但是现在 Foursquare 实际上是这个领域最后的玩家。

Foursquare 在发展中积累了很多经验并且提炼了针对客户行为的深刻洞察力。经过多年的发展，Foursquare 上已经拥有了超过 30 亿的签到次数。其中很多签到内容是对某个地方的推荐以及各种各样的评论，其他在之后签到的用户会看到这类信息和一些面包屑一般的散乱信息。

Foursquare 现在在全世界拥有超过 2 500 万用户，100 多万商家使用它的商业平台来刺激移动终端用户去商店消费。Foursquare 可以被归类于所谓的纯粹的建立在移动平台上的公司，这意味着它完全是针对移动互联网需求设计，而不是对在线或者传统实体商业的简单扩展。作为移动影响力的领导者之一，Foursquare 不断发展并密切地观察它的客户们的行为，并且改变了他们的需求。经过一段时间，它发现了多种利用位置信息给它的客户群提供新价值的新方式。Foursquare 选择了一种独特的到达移动购物生命周期售后阶段的路径，那就是充分利用售后阶段或者说离开商店以后的阶段所产生的信息来创造未来价值。

“产品一直在演进，”Foursquare 的销售总监埃里克·弗里德曼（Eric Fredman）说，“你现在可以用 Foursquare 去找到你周边最有趣的地方和最好玩的东西。如果登录 Foursquare.com，你就会看见一张外表十分漂亮的地图和搜索框，可以在所有数据中挖掘对自己有用的数据。只要看看我们收集到的并且仍然在不断增长的签到数据，就会发现它作为世界上最好的地点评价平台拥有巨大的力量。我们现在已经拥有超过 30 亿次的签到数据。如果你把 Foursquare 当成数据挖掘器，那便能够积极地使用它。你可以利用那些在你之前到达某个地方并且输入‘咖啡’、‘比萨’或者‘奶酪汉堡’的那些人的成果，而这些数据全都能发挥作用。过去，如果你曾经想搜索周边的东西，当打开地图并且进行搜索时会发现不同的人可能会搜索到同样的结果。而现在 Foursquare 能够给你呈现出一系列独特的结果。”

社交与互动

Foursquare 除了签到还有别的用途。类似 Yelp 和 Poynt 这样的基于位置的 App 能够提供附近商家的详细信息和服务评价，而你可以通过这些信息考虑类似前往哪家餐馆用餐这样的问题。这些 App 能够根据过去的顾客们对某家商家的打分得出总体评分，从而给用户提供一个评价功能。Foursquare 能够提供更多个性化的信息，比如你的朋友中有哪位在商店消费并且发表评论意见后经常前往这个商店消费，系统本身能够自动找到结果。

“从最初的第一次签到开始，我们的建议就变得越来越智能化。”弗里德曼说，“如果你在很多地方签到过，我们就能够更准确地猜测出你在寻找的目标。如果你喜爱小咖啡店，那当你前往一个新的城市并且在系统里输入咖啡店时，猜猜我们会给你推荐什么？一个小型的独立咖啡店。如果你是一个喜欢大型咖啡店的家伙，当你前往不同城市或国家并且在系统里输入咖啡时，我们会根据你的历史记录为你提供参考意见。如果我们是 Foursquare 上的好友而我正在波士顿，我看见查克在销售奶酪汉堡的地方消费过 5 次，那正是一个非常明显的信号——提醒我前往同样的地方去吃午餐，因为我知道我很熟悉查克并和他的口味类似，而查克知道销售口味好的奶酪汉堡的地方在哪里。”

“你不需要任何其他的信息，就可以使用这个平台。你越经常使用这个平台，我们就越能提供更好的推荐意见，另外，在这个系统中你的朋友越多，你得到的体验越好。我们将这称为‘社交因子’，如果你朋友有过前往某个地方 15 次的经历，而且你知道他的口味，那么你前往同样地方，体验应该会非常完美。我们利用顾客在某个地方留下的小贴士，而且其他人能够在一周或者一年以后发现这些贴士，并且发现这些贴士仍然有用。贴士的内容可能类似于‘去这里应该做这些事情’之类的。这些贴士可以在一个名胜古迹、一家餐馆或者是一个公园处找到。它就像是你在两年前留下的宝藏一样，比如，‘坐在舞台背后的角落里，那儿的音乐的效果是最好的’。贴士就是那些永远都能起作用的东西，而我们使用贴士来提出更好的建议。”

即使签到已经不再是 Foursquare 的经营重点，Foursquare 每天仍然记录了超过了 500 万次签到并且将签到功能发展到了全世界。Foursquare 已经在俄罗斯、巴西和南美洲发展壮大，并有着 12 种语言的版本，且出现在每种主要的移动终端平台上。当 Foursquare 用户第一次到某地旅行时，就能够通过平台得到值得信赖的推荐意见。

在 2012 年进行了一次重要改版后，Foursquare 引入了一种名为“探索”的新功能，这种新功能可以根据用户最近出现的位置突显一些信息，其中包括用户可能过去没有考虑过的特色事物和地点。随着越来越多的人发现“探索”功能，使用这个功能的用户数迅速增长，这使得商家能进一步开发沟通工具。Foursquare 是商家接触现有客户和潜在客户的重要渠道，它使商家有了拓展生意的新方式，并且让他们用全新的视野看待业务。

“我们铺开的新产品名为‘更新’（Update），”Foursquare 说，“这是我们按照那些乐意与客户沟通的商家给我们提供的反馈意见设计的。更新是 Foursquare 自己的黑板，用户可以坐在餐馆外面使用。我们建立了一个数字化的黑板功能，从而让商家有机会在黑板上打广告，在自己的数字黑板上写东西。一些类似‘瞧瞧这些刚刚出炉的蛋糕’、‘瞧瞧这份回到菜单上的 T 骨牛排’或者‘厨师约翰逊这周上班’各种具有时效性的、非常切合消费者需求的有趣的事情，但这些与特价产品并没有关系。那些就是我们希望用户能够发布的东西。仅仅是更新而已。你可以想象当走过街道并且发现一个黑板的场景。Foursquare能够让你在没有人经过的情况下发送信息。这是一张数字化黑板，它能让顾客看到你的店里的最新动态，只要他们曾经到过你的商店或者对这个地点点击过‘喜欢’。”

就像很多建立在移动终端的商业模式一样，Foursquare 增长的主要推动力是用户的口碑。由于人们一直在使用 Foursquare 的服务，所以售后阶段的数据规模一直在扩大。在购物周期的售后阶段发挥移动影响力的一个关键点就是，不只是要发挥好客户的作用，比如立即在社交媒体上进行互动，还得发挥个性化活动和合并客户行为数据的作用。Foursquare 在全球拥有超过 4 000 万互动地点，并且拥有超过 100 万商家的数据。除在纽约有一个运营总部外，Foursquare 还在伦敦有办公室。在土耳其，最大的一家电信运营商将 Foursquare 预装到自有品牌的手机中，从而让客户在拿到手机时就能自动享受 Foursquare 的服务。

汇聚签到数据

Foursquare 仍然是城市生活的重要向导，虽然“探索”功能让 Foursquare 变得更加具有互动性，让客户能够在“举目无亲”的情况下发现从来没有到过的地方，并且充分利用其他人留下的数字碎屑信息。作为 Foursquare 团队中的早期成员，弗里德曼在公司的角色是发展、完善公司的商业模式和具体实现手段。他回忆道：

> 在我到公司的头两年里，我们正为消费者和商家搭建平台。我们的平台从零起步发展到了超过一百万商家。这些商家都能进入他们的后台看到所有的签到数据，并且能够使用更新功能。
>
> 我们第一次获得收入是在推出“更新”功能之后。“更新”会在探索一栏中作为第一个结果显示出来。客户会为公司推广的这个功能买单。我们首先和一些目前在美国的零售商合作伙伴开展了试点项目。

合作伙伴中有3/4是全国性的大公司和主流品牌，还有1/4是小型的地方性的公司。其中一些公司是Gap、杰西潘尼、希尔顿和全食超市。类似全食超市这样的合作伙伴正在做的事情是，使用“更新”功能进行推广，并且他们可以拥有那些推广的照片和文本。不同于横幅广告，这些动态更新都来自实际存在的地点。假设全食超市正在进行一个利用动态更新功能进行推广的项目而你只有在全食超市的商店里才能看到动态更新。我们认为签到实际上是比地理围栏更加明显的信号，因为它能告诉我们你所在的精确位置，而不是模糊地说：“我在纽约。”这和仅仅说“我正在隔壁”是完全不同的。我们能够根据过去的行为来锁定用户，因此不管顾客是否看见了广告，这方面正向着更加智能化的方向发展。这个人是否曾经来过这里、他的朋友是否来过这里、在一天当中的什么时间段来过，是午餐时间还是适合购物的时间？

Foursquare会设置好所有的目标，我们会做好所有工作，因此广告客户所需要做的事情就是，给我们提供诸如一件产品、一个发布会、新的产品线或者是回到学校等事情的一张照片和一段文字。动态更新并不是一定要为客户提供折扣。

老海军在出品新产品时可以进行“更新”，他们可以上传一张照片和一段文本，然后Foursquare可以根据过去的签到记录和点击“喜欢”标签的记录发现哪些人曾经来过老海军的专卖店或者到过专卖店附近从而决定为哪些人提供“更新”的内容。我们在有人点击广告时收费，而不是向那些看到广告的人收费。人们以为这是免费的，但是当有人点击广告时，我们会向商家收费。用户并非在书桌前、在办公室或者是在家里，他们拿着手机在外面，而这时有人将客户喜欢的东西或者位于客户附近的东西的广告展示在客户面前。如果有人在搜索自行车的信息，那我们可以将附近出售自行车的商店信息呈现给他们。

企业发现了惊人的结果：他们能够在那些过去没有良好回报率表现的渠道中跟踪和证实投资回报率，而这比社交媒体的表现要好。你可以将人们推回网站或者社交媒体，但是我不认为还有另外一种服务能够更清楚地展示出流量表现。当签到次数提高时，相对于在社交媒体上增加粉丝数来说，签到表现和你的广告效果有着更加直接的关系，但是量化效果却十分困难。

我们正将已经在类似美国运通开展的一些项目扩大化，这些项目投入多少便能获得多少回报。百思买就是这样一个例子，它也是我们的试点合作伙伴。百思买希望你走进商场购物，这样他们花费了X却能够得到Y的促销效果。他们能够通过刺激购买的措施，来提高平均销售业绩。全食超市开展了一个类似的促销项目。唐恩都乐开展了满10美元，返2美元的活动。这会让你花更多钱，并且对于营销者来说，这是一个重要的里程碑，因为他们从来没有能力去弄清楚将更多资金投入一个渠道是否能够收回这个问题。这就我们与电视、印刷媒体、优惠券、广告插页等类似的事物的区别。Foursquare能够显示出真实的人流量，并且在某些情况下，能够显示出使用信用卡购物的情况。

站在本地商家的角度来说，美国运通已经成为他们的“促销员”。美国运通可以通过提供现金回馈让人们使用他们的卡。目前的标准是消费20美元就能得到5美元的回馈。服务员、值班经理等人员不需要做任何事情，他们只需要使用运通卡就够了。打开钱包，拿出卡，交给侍者，让他们来扫描。你不需要经历尴尬的兑换过程。由于人们都希望队伍能够移动得更快并且希望事情能够变得更加自动化，因此这一点十分重要。他们不希望打印出优惠券然后将优惠券交出去。由于与美国运通存在这种类型的关系，Foursquare能够意识到哪些商家能够接受美国运通。如果一家餐馆参加餐馆周的活动，美国运通会给用户提供现金回馈。我们可以为参加特定活动的餐馆提供全球性的推广活动。Foursquare是给商家和客户双方传递价值的一种非常好的渠道。

我们在赌：明确的行动要比模糊的行动更加有力，并且我认为其他一些公司在你经过街道时对每个地方都进行了位置跟踪。这个过程不会像“嘿，我在转角处的餐馆这里”，或者“嘿，我正要去看这部电影”这么有趣。因此下次见到我的时候，你可以问我是否喜欢这部电影。你需要看到难题的两个方面或者需要将难题翻过来考虑，并且让每个人都知道你一直在什么位置，而且我认为通过Foursquare这能够很好地运转。

> 模糊方式是一种被动的定位方式。如果我正在使用“Loop”，那从理论上讲你可以看到我正走过街道并且进行了一次左转弯。我正在SoHo区，而这一街区就有15个可能的地点，但是你搞不清楚我究竟在哪个位置。可如果我在Foever 21签到，那么就比在隔壁的果汁吧签到的信号要强烈得多。这是两个完全不同的地方。

弗里德曼的12人团队，通过与商家进行会晤来与合作伙伴合作，这是Foursquare成立之初就有的一项工作。“在开始时我们没有任何主意，”弗里德曼说，“我们通过种种方式了解其他公司正在做些什么事情，比如Groupon公司正在做的事情。我们听说过我们需要与所有的客户进行沟通。大玩家们希望拥有一个超越其他广告渠道的平台。这就是我们在开始时从这个试点项目入手的原因。我们想要做的事情是弄清楚最好的部分并且在这个部分投入更多资源。仔细聆听合作伙伴的反馈声音，并且将之反馈给更大的玩家。”

“我们现在拥有可以为商家进行全面服务的团队，以及帮助商家进行自助服务的工具。如果商家已经在Foursquare平台上，那他们就有机会加以利用。我们现在拥有完全自动的与企业沟通的方式来确定谁是真正的负责人。你在手机上花上1美元就可以完成这件事情，而且不需要花费任何成本在1分钟内就可以开始使用“更新”功能。我们让各类公司将“更新”连接到Facebook和Twitter上。我们发现，各类公司在Foursquare上比数据网络上拥有更多的受众。我们这边可有相当于3年的数据，如果有一家企业要求加入Foursquare，那它在无形中就拥有几千次签到。你不需要像在Facebook或者Twitter上那样得从零起步。当百思买第一次与Foursquare合作时，他们就已经拥有一批内置的听众。我们已经解决了启动初期冷冷清清的难题。我们知道人们希望能够听见你的声音，因为他们已经在你的Foursquare主页上点了‘喜欢’并且进行了签到。”

商家能够提供给附近的Foursquare移动终端用户的特色产品信息是免费的，并且逐渐能够提供一些激励措施将顾客吸引到他们的商店。“Foursquare的主要营收是在推广方面。”Friedan说，“这可以用现实中的搜索来打个完美的比方。商家将会为接触到那些关联度最高的客户而付费。”

通过将来自数百万的移动终端客户形成的数十亿的签到数据汇聚起来，Foursquare充分发挥了移动购物生命周期的售后阶段的作用，并且最终为自己和它不断增长的客户群精心设计了一套能给双方带来收益的商业模式。因为在移动购物周期的在店阶段可将签到分类，所以Foursquare汇聚了数据并且将这些数据在售后阶段使用。

优惠券

移动影响力不但可以在售前阶段和实际交易发生阶段发生作用，还能够扩展到完成销售后的阶段中去。从传统上讲，顾客在逛商店之前就拿到了优惠券，或者是通过手机将优惠券在App里或手机网站上下载出来。但是这都发生在前往商店之前。就像前面章节讨论过的Stop & Shop案例一样，客户在闲逛时也可以同时下载手机优惠券。

已经成型的优惠券产品包括大量的签到和回馈项目，所有的项目都包括不同种类的分配给客户的任务。一些任务凭直觉就可以完成，还有一些任务需要零售店销售人员的解释甚至是帮助。

- 进入商店的顾客需要使用Shopkick赚取能够在任何参与这个项目的联盟商店兑换的积分，这些商店包括老海军、百思买和梅西百货等。假如顾客在商店时手机能够接收到Shopkick发出的信号，那签到在某种程度上是自动化的。App会提供以下操作指南：“打开你手机上的Shopkick，走进商店，然后就可以等着Shopkick的信号来发现你。”

- 我们允许商家在平台上设立自己的规定，并且给那些展示出曾经来过商店且购买过商品的顾客提供现金返利。在顾客通过拿出愉快地使用产品的照片并发送给零售商进行验证以证实他们曾经到过这个地方以后，商家会将回馈交给顾客。

- 使用ShopSavvy扫描商品的传统条形码，以实时进行比价。这些方法都能带来益处，可相对来说某些需要顾客费更多心思。但是，创新者仍然在寻找在移动购物生命周期内引起影响力的新方法，即使是能将过去在预购和销售点阶段完成的事情转移到周期的售后阶段完成的方法。

移动化趋势越来越盛，大家仍然在寻找能够让顾客在没有抵触情绪的情况下接受优惠券和特价商品的方法。实际上，不是所有的购物者都会在购物时使用手机扫描商品并接受优惠券。有些购物者可能会觉得在购物时用手机对准条码有些难为情，而其他人要不就不会使用手机的这种功能，要不就认为不值得费力这么做。有家公司设计了一种方法，目的是使产品确认、产品制造商特价和洞察购物者消费数据能够超越一次性的产品扫描和零售商 POS 一体机。这个系统和平台是由 Endorse 设计的，这是一家位于加利福尼亚州圣马特奥的资金雄厚的创业公司，而且它正在挑战有关优惠券的陈旧观念。

顾客下载免费的安卓或iOS移动App就能立马收到10条特价供应信息，优惠程度从 10% 到 100% 的现金回馈不等，这些优惠是来自顶级快速消费品公司的知名品牌，包括卡夫、蒙大利兹、通用磨坊和百事公司等。举个例子来说，如果有一款特价的冷冻比萨而你已经购买了这件产品，那就不需要再扫描实际产品打印出优惠券了。你只需要回家时给收据照张相，就可以上传到 Endorse 的系统里了——那就是系统所需要的所有东西。在一个小时以后，回馈就会回到 App 中。回馈采用的是现金形式，你可以通过支票或者 PayPal 来转账。

站在顾客的角度来看，将来不再需要扫描产品，也不再需要进行优惠券跟踪。“在账户中的账单越多，那么特价信息就会变得越个性化和越有针对性，”Endorse 的创始人兼 CEO 史蒂芬·卡朋特（Steven Carpenter）说，“我们已经能够提供更加个性化的特价产品，这意味着即使我和你在同一天下载了 App，我们看到的也是不同的特价信息，并且它们会时时更新。”有很多变量可以被用来决定什么样的用户可以接收到什么样的内容。“我们的广告服务器十分灵活，因此我们可以根据品牌合作伙伴的意愿来进行分配，还可以依据地理因素、人口信息、零售商、市场容量、产品业务种类、消费类型、购买频率、品牌忠诚度、轻度品牌购买者、优惠券用户等，而这仅仅是其中的一小部分。”卡朋特说。

超越零售商

随着顾客不断地购物并上传越来越多的账单，Endorse 系统学到了如何将特价信息和顾客更好地匹配起来，以发送更多的、相关性更强的特价信息，这样就能够让顾客和品牌双方都得利。“品牌营销人员需要比目前更加有效率的、投资回报率更高的渠道，”卡朋特说，“盲目地将优惠券覆盖到 7 000 万家庭然后祈祷能够达到预定的兑换率，这一想法令人费解。而通过这种方法，品牌可以设置优惠预算而我们可以对这个预算进行管理，这种方法相对来说更好。”

Endorse 的技术平台能够根据销售收据来确认个人产品。举个例子来说，如果顾客在手机上拥有脆谷乐的优惠券，在他们购买脆谷乐时只需要扫描下收据，系统就能够自动检测到他们曾经购买过脆谷乐并且这是用户手机上的多个优惠机会之一。如果客户在结账处使用传统的优惠券，那他们仍需给销售收据照相。

通过与各种品牌一起工作——其中大部分还是知名的消费品，Endorse从根本上绕过了零售商以及销售点系统。从消费者的角度来看，整个流程可以发生在售后阶段，而且他们在购买商品后有好几天时间来扫描收据。“我们是网络世界提供给品牌的下一代优惠平台。”卡朋特说，“我们在消费品牌和消费者之间建立了直接联系，而且我们在所有商店都是这么做的。那就是关键。我们已经将传统的促销优惠从销售点基础设施里面分离了出来。当你这么做时，所有的新优惠类型突然间都变得有实现的可能性，并且对于数据的洞察力变得非常丰富且具有可操作性。我们的品牌合作伙伴对这个产品十分热情，并且我们可以与某些零售商合作。我们的优惠无需与目前及传统的优惠券、会员卡系统或者任何需要零售商协调的东西有丝毫牵扯。”

从某种程度上讲，在前面章节讨论过的 Shopkick 同样是售后阶段的一部分，因为使用 Shopkick 在商店累积的积分可以在将来发挥作用。“Shopkick 和我们的项目之间的不同之处是，Shopkick 将在零售商的定位和签到功能作为一个盈利单元，他们的合作伙伴就是零售商。”卡朋特说，“我们直接对接品牌制造商来帮助他们在新的移动互联网环境中获得成功，并且我们没有花费很多时间来思考零售商需要获得什么特定的利益。”

Endorse 平台同样有一个售后阶段的社交媒体组件。举个例子来说，当你安装了这款 App 且将它与 Facebook 关联时，你可以看见各种各样的产品优惠，而且你可以通过在 Facebook 上分享战利品让这些优惠额度得到提高，有时候甚至可以达到 100% 的现金返利。通过发布信息，你可以半价购买一件产品，这被称为“社交折扣”。Endorse 已经与 PayPal 达成了合作关系，因此你可以坐在沙发上并且将 Endorse 余额转移到 PayPal 账户上。在一次促销活动中，Mountain Dew 在它的 Facebook 主页上发布了一条 Endorse 优惠信息，并且通过 Endorse 平台给两升装的产品打了半价，当时有近 800 万人点击了“喜欢”。当有人在 Facebook 上申请优惠时，这个要求会被自动添加进用户的 Endorse 应用中。在一周内，Mountain Dew 接触到了差不多 200 万人，其中 35 000 人采取了行动。此外，Mountain Dew 第一次能够有机会与品牌的忠实粉丝建立紧密联系，无论这些粉丝是否在商店内购买了产品。

Endorse 研发了技术来分析商店的收据，并解读顾客究竟购买了什么产品，以尽可能地提供实时分析。“我们能够理解所有的收据内容以及其他相关信息。”卡朋特说，“我们能够抽取信息中所有有关的片段，然后分析这些片段并且彻底地摸清其中蕴含的内容。我们已经建立了全国性的会员卡基础系统，并将之与老式的跨零售商售后分析手段相结合。我们能够在有可操作性的、稳定的基础上做这项工作，因此你不仅可以关注某些个人的购物行为方式，还可以随着时间的推移建立更有持续性的关系，从而能够了解到如何将优惠与顾客进行更好地匹配、如何更好地设置商品区、不同商品种类的补货周期是多少，而这也意味着可以根据消费情况来试验某些产品。你可以通过非常具有操作性的方法来做上述所有的事情。”

在售后阶段采取新方法的目标是影响消费者的行为。“我们希望能够刺激消费者购买，”卡朋特说，“最重要的是，我们希望能够与之联动。移动影响力之所以非常酷是因为，它对品牌再好不过了。各种品牌现在有了一种直接的方式与潜在客户建立联系。品牌不再需要受制于零售商。我们已经完成的工作是循序渐进地推出现有的优惠和推广价值链，并且我们已经让购物者和品牌都感到有所进步。我们能在一天里完成这些事，因为你不需要做任何前期规划，也不需要印刷一些东西并且进行分发。我们不在乎优惠兑换率，因为品牌能够提供预算给我们，而我们只需要管理好预算。因此我们不需要担忧有什么限制甚至是欺诈，因为你不能接收我们的优惠再将优惠进行复制然后发送给数百万人从而欺骗整个系统。此外，没有东西可以在零售店呈现出来，而我们拥有有关兑换链条的所有数据，所以我们能够给自己的品牌合作伙伴提供传统的分析服务，而他们甚至可以不用付费。这是他们作为系统一部分的好处。”

Endorse专注于日常生活用品，比如杂货、咖啡、快餐、煤气和衣服，但是为了应对国际市场可以很容易地扩展到其他品类。这一系统同样能够通过在商店提供特定品牌的优惠，来驱动消费者前往特定的零售商消费。这个App能够在安卓和苹果上运行，而且上传的收据能够直接传送到Endorse，而不是被存储到手机的图片库里。Endorse称一旦开始使用这个系统，人们一般会在一周内上传两次收据。

这种在售后阶段的努力挑战了建立在传统和现存的基础设施上的商业模式。“他们要不就是需要弄清楚如何迅速地搭上移动趋势这趟快车，要不就是需要找方法摆脱对销售点购买方式的依赖。”卡朋特说，Endorse最终会提供给品牌的另一条关键信息就是预知能力，举个例子来说，在塔吉特购物的人同样会前往沃尔玛，甚至可能会去5家以上的商店。“我们可以得到完整的钱包份额和完整图景来为购物者设计更好的激励措施。”卡朋特说。

这种方法的独特之处是，流程本身发生在预购和购物后的阶段，而且只需要对销售收据照个相，而照相可以在购物者回家的时候完成。具有讽刺意味的是，这种新的优惠券管理方法将整个流程带回了家，而以前顾客去商店之前会在家剪下优惠券。现在他们仅仅只需要给收据照相，优惠券就可以自动激活并且能够追溯到过去被购买的那天。

在每个地方营销

由于现在主流的购买方式还是前往市场去购买一辆新车，故对于身处移动购物生命周期中的汽车制造商而言，一部分挑战来自于超前性。汽车很显然不是一种可以进行冲动性购买的商品，购买汽车可以被周期中多个阶段的移动因素影响，其中包括预购阶段、在途阶段、和汽车经销商打交道的现场阶段、选择阶段、在汽车经销商处准备购买的阶段，还有最为知名的销售完成后交付汽车的阶段。丰田就认识到了移动因素在整个过程中的重要角色。

“购物流程的哪个部分可以不受移动因素的影响，”丰田美国数字营销和社交媒体总监金伯利·加德纳（Kimber ley Gardiner）说，“我们认为在从人们对购买汽车有初步想法，到修改初步决定及思考究竟买什么车最为适合，这整个过程中移动因素都能发挥作用。”

购买汽车是一个复杂的过程。移动购物用户习惯于在出门后的任何时候查阅信息，而在买车方面这个习惯也没有例外。“人们寻找信息的地方和他们的购买方式的走向正在变化，在未来的几年内购买汽车的行为可以在任何时候发生。”加德纳说。丰田早预计到了移动因素在汽车选择和购买过程中所起到的重要作用，并且希望移动影响力能够在将客户与品牌的良好关系衍生到售后阶段的过程中发挥重要作用。

丰田根据在所有能够发挥移动影响力的时刻接触到潜在客户这一目标来安排它的营销和广告策略。“你从来不知道这种影响力可以在哪个地方发生，”加德纳说，“你希望在合适的时间出现那个地方。不同于‘那如何运转？我如何得到它？我需要出多少钱？’对于我们来说，激动人心的部分和困难的部分是一样的，那就是我们必须随时出现在数以千计的不同的地方以发挥影响力。但是移动终端是一个非常好的工具，它能够帮助人们从购物周期的一个阶段跳往下一个阶段。”

贵重物品的售后阶段

贵重物品的购买者，比如购买汽车或者大件设备的顾客，倾向于在移动购物生命周期的多个阶段花费更多的时间。他们可能会在预购阶段感到犹豫从而继续进行研究和比价。他们喜欢多次前往实体店，并且花费大量时间来选择。直到成交阶段，营销人员仍有很多时机去接触到潜在购物者并发挥影响作用。但是，在成交结束之后，购买者可以用积极的方式或者消极的方式来影响其他潜在购物者。

在移动购物生命周期的售后阶段的购物者成为那些在预购阶段的购买者的主要信息来源，这就形成了一个移动购物生命周期的完整闭环。那些在将商品销售出去后就与顾客失去联系的营销人员，不仅要冒风险受到顾客的负面评价，还会失去在周期的其他阶段建立起的商品美誉度。“丰田认识到移动因素对汽车买家购物生命周期重要性，并且知道需要积极参与到购物周期的所有阶段中去。”加德纳说。

> 我们正在关注该如何安排某个拥有汽车的人的整个移动购物生命周期。从买到汽车的那一刻开始，他们会驾驶汽车回家，希望能够弄明白自己的汽车有什么特别之处，也希望得到类似指南和有用的小窍门之类的东西，以使得他们的汽车能够发挥最大的作用。
>
> 我们希望能够在合适的时间出现在顾客面前。因此我们在关注合适的应用让顾客可以查找资料，他们可以给汽车的仪表盘图标照相，然后弄清楚这代表了什么特征、有什么功能，而在以前你必须得通过用户操作手册才能找到答案。
>
> 我认为那就是汽车买家最终想得到的东西——给客户指出操作的方法，让它变得更简单。查找与你的丰田汽车相关的信息，应该在真正意义上变得简单和直观，这就像苹果公司在其产品上的做法一样。你不需要拥有一本像过去一样的用户操作手册。新的方法让整个过程变得十分简单，你只需要打开几个页面就可以完成所有工作。而且由于新的方法十分有效，因此你不需要走回头路来进行参考。拥有一辆车就应该变得如此简单。
>
> 我们所需要做和正在做的就是紧跟最新的技术趋势，紧跟客户的

视野变化，并且最终从完全不同的领域找到一些灵感。否则你不能保持领先的状态，也不能为客户创造有突破性的数字生活体验。

不管是使用彩信在售后阶段与客户保持联系，还是促使客户在互联网上分享愉快的使用体验，又或者是利用优惠券，营销人员都需要在移动购物生命周期的售后阶段与客户保持紧密联系。虽然这看起来像是移动购物生命周期的最后一步，但它实际上可以再次成为客户购物的第一步，而对于从朋友处接收到分享售后感想信息的潜在客户来说，这也是第一个阶段。在移动领域创新方面取得初步成功的零售公司即使不是参与移动购物生命周期的所有阶段，也会参与其中的大多阶段，这一点我们会在下一章讨论。

MOBILE INFLUENCE 数说移动

根据思科视觉网络指数关于全球移动数据流量的预测报告，到2016年，移动视频流量将占到所有移动终端数据流量的71%。这个流量相当于330亿张DVD，4.3万亿MP3文件或者813万亿条短信息所占用的数据流量。

08 移动购物生命周期的全流程营销

一旦消费者在移动购物生命周期的多个阶段都使用移动终端，他们就会形成习惯变成稳定的购物者，与此同时，移动影响力将零售商转变为持续性的销售者，这样买家和卖家两者都将在购物流程的所有阶段持续地保持活跃和互动。

让移动终端运转得更快
平板电脑交易
跨渠道的移动战略
移动战略和公司文化
移动购物满意度
多个客户接触点

MOBILE INFLUENCE

始终坚持为客户提供价值

就像你已经通过这本书所看到的一样，移动趋势对于零售业的影响力超越了简单的购物体验范围。移动终端使顾客的购物体验能够超越实体店的限制，而那些过度专注于顾客在实体店内使用移动终端的行为方式的公司可能会在时间和位置方面都表现得过于迟钝。另外，如果放任竞争对手在移动购物生命周期的后期阶段在客户身上施加移动影响力，那些过度专注于移动购物生命周期早期阶段的公司会发现所有的努力都白费了。成功依托于能够在发挥影响力的多个不同的时间点采取积极行动。移动购物用户在新出现的移动购物方式的所有阶段不断变化，因而给客户施加影响力和让客户改变决定的机会存在于这一周期的每个阶段。

商家能够在移动购物生命周期的多个阶段和多个时间点接触到搜寻者和巡洋舰用户。无论移动购物用户是在家、出门在外还是在实体店，精确定位这些客户都变得越来越复杂。商家会根据诸如位置、一天当中的时间段和过去的行为记录等多个因素，设计出更多符合用户需求的信息并且发送给移动购物用户。商家将把他们的积分回馈项目与市场中表现出的移动终端使用行为更加紧密地联系起来。移动购物用户会期待商家能够根据他们正在从事的事情为他们提供最切合需求的产品，从而让他们获得价值。这意味着有用的信息能够帮助他们购买商品或者找到特别优惠。

一旦消费者在移动购物生命周期的更多阶段开始使用智能手机和平板电脑，他们就会形成这样的习惯，从而变成稳定的购物者。从另一方面来说，移动影响力可以将零售商转变为持续性的销售者。这意味着买卖双方都将在购物流程的所有阶段持续性地保持活跃和互动。移动购物用户将会期待得到朋友们有关购买商品的更多回应。主流零售商已经集中主要力量，以更有效地使用手机和平板电脑，为客户带来更多价值，而不管这些客户是在商店里还是已经离开了商店。

让购物更轻松，史泰博的移动战略

很多开始适应移动购物生命周期的公司发现，他们要面对的挑战不是为什么要开始转型，而是从哪里着手开始转型和如何开始转型，还有定义价值链的哪个领域被影响的程度最大、如何将不同的渠道有效地整合起来、如何将移动渠道与线上渠道结合起来以及应该测试哪些内容。但是也许最重要的是，明确通过移动渠道提供价值给客户是最有效率的方法，以及明确定客户现在的需求和未来可能的需求。

史泰博是世界上最大的办公用品生产公司，它每年的销售额可以达到250亿美元。这家公司拥有88 000名员工，并在北美洲、南美洲、欧洲、亚洲和大洋洲的26个国家拥有零售渠道。史泰博创立于1986年，在电子商务销售领域排名世界第二。对于史泰博来说，是否迎合移动趋势不是一个问题，而是迫切的需要。史泰博公司是移动影响力的另一个领导者。

“当第一次开始探索移动领域时，我们找到了一些非常简单的东西来帮我们非常便宜和快捷地展开营销。”史泰博的全球电子商务部门高级副总裁布莱恩·泰尔泽（Brian Tilzer）说，“我们设计了一个非常简单的手机网站和App。我们进入市场非常迅速——这点可能比便宜更加重要，因此我们能够弄清楚移动意味着什么。在那个时候，我们还不知道下载了App的人究竟是谁，也不知道App的用法和网站相比有什么不同。可那段时间为我们提供了一些基本的洞察力。我们首先洞察到的是，并非只有普通消费者才使用移动终端，企业也使用。我们发现，在我们的核心客户群中，使用情况增长很平稳。

快速将移动因素引入市场能够让企业看清什么能够发挥作用和什么不能发挥作用。由于智能手机和平板电脑的使用模式仍然在不断发展，特别是越来越多的客户能够更熟练地使用移动终端，各种规模的公司都应该采取一种边学边试的方法。移动购物用户将会不断地尝试新鲜事物。开始在移动终端做出努力之后，企业逐渐学习到更多与移动购物行为方式相关的知识。要知道在不了解真实市场状态的情况下,移动购物行为很难被预测到。史泰博发现它可以通过尽早进入移动领域并且保持活跃，来学习到更多东西。

“我们还发现，这是一个好机会，但是和在线购物无关。”泰尔泽在2007年以后一直为史泰博工作，他说，“它能够让消费者在前往商店购物前更加轻松、更加明智地做出决定，在某些情况下做出决定的时间是在顾客前往商店之前，而在某些情况下则是顾客正位于商店的时候。我们已经完成的每件事情都与前往商店和在商店内有效地发挥移动终端的作用有关，而不仅限于是在网上买东西。我们想在移动领域成为一个领导者是为了客户，而且我们一直在寻找更好的方式来完成这项工作。我们相信测试、学习和灵活的力量。未来还没有真正意义上发生，而这个故事的结果也还没有出现。”

“在这样一个不断变化的空间里，我们不知道未来会是什么情况，你又会在这种情况下做什么。我们需要写下三年战略计划，或者必须亲自体会然后得到一些真实的客户反馈意见？我们采取了一些真正意义上的实验方法，特别是在初期。虽然很多已经被写了出来，但是我们并没有了解到哪种方式能够真正对客户有意义。在那个时候，在我们的小组里有一部分人认为我们服务于小企业，但移动应用应该为消费者服务，所以这就像是小孩子使用手机一样，而那仅是几年以前的事。”

史泰博早就发现，通过利用移动终端的多种不同特性能够为客户提供多种购物方式。它同样从多年的在线销售经验中学习到了大量知识。“移动终端主要的功能是寻找商店、查看交易，而评级及评论功能则没有包括在内。”泰尔泽说，“我认为我对网站的责任就像对公司资产的责任一样。一直以来我们相信顾客上网是为了购物，但是有时候他们上网是在购物前进行研究。我认为，我们是对 POS 系统和商店内的售货亭的整合事项进行投资的第一家零售商，因为我们认识到它们之间存在联系。”

一旦顾客开始使用史泰博的 App 和手机网站，史泰博就能够很便捷地确定使用模式，而这能够帮助更好地锁定需要增加和修改的产品特性。他们同样了解到哪种类型的客户倾向于使用移动终端。泰尔泽说：

> 我们更重视我们所做出的决定和中心功能。如果你关注我们在手机网站和 App 上所做的努力，就会发现这都是为了消除客户在购物当中的一些烦恼。我们所做的每一件事都可以非常清晰地归类于此。
>
> 这种多渠道的、流行的和解决主要难题的模式是第二个收获。我认为第三个收获和 App 有关。我们曾经看到的是，下载并且使用 App 的顾客是我们品牌的忠实粉丝。有些人认为你可以通过设计一些看起来很酷的 App 来获得新的客户，可以吸引年轻的客户群或者其他一些人。但那不是我们所看到的东西，我们所看到的是，下载并且使用 App 的人士是品牌的忠实粉丝，这些粉丝热爱史泰博并且寻求通过与众不同的方式来融入我们。
>
> 我们认为他们是我们忠实的小企业用户。我们为他们进行设计。如果你关注我们的 App，就会发现我们能够从 App 的设计方面得到收益，而这个 App 也会由于我们的忠诚用户而变得更加强大。它的力量来自于我们知道的有关顾客的所有有用信息，它很容易让客户变得最好。因此如果你想到类似我们如何给你邮寄支票的事情就会说，“这是你收到的返利”。你会知道我们玩的是什么游戏，可我们希望你忘记它，不过我们的账户喜欢它——它就是所谓的折旧。哇，我们节约了 36 美分！但是我们是否从中获得了更高的客户忠诚度呢？很可能没有。

利用历史记录来解决问题，就像你正站在商店里面需要给你的打印机准备碳粉盒，但是当时不能回忆起你的打印机是什么型号一样。顾客多年以来一直在说这个问题。他们由于不知道自己的碳粉盒是什么类型，因此必须回办公室一趟，就这样一个小时就浪费了。因为我们了解下载 App 的客户，使用系统里面的忠诚度信息，我们拥有客户处理过的所有信息。

我们得到了与我们的智能手机资产相关的基本见解，这些见解提醒了我们两件事。其中之一是我们应该如何逐渐让事情变得更好。我们围绕解决小公司客户的痛点设计了手机网站和 App——不管这些客户是活跃的还是正处于学习阶段的，这都能够真正让 App 对忠诚用户有所帮助。

让移动终端运转得更快

史泰博的总部位于马萨诸塞州的弗雷明汉，这个地方位于波士顿以西大约 20 英里的位置。史泰博希望能够推动自己的数字化创新进程，这样在 2012 年就能够顺利启动它的电子商务创新中心项目——这个中心叫史泰博速度实验室，它位于马萨诸塞州的剑桥市。史泰博为这个中心加上了 IT、产品管理、可用性和创新性的定位以推动工作，这项工作的内容是提高跨多种移动终端渠道的客户体验。它希望利用剑桥作为学术中心的磁极般的吸引力，来吸引这个领域内来自世界顶尖大学和技术公司的人才。这个中心致力于，将蓬勃发展的移动电子商务和社交媒体在线技术方面具有突破性的新创意引进市场。

史泰博速度实验室位于肯德尔广场的一个大型办公写字楼里面，它有一长列并排的工作区域形成的开放式空间，来自弗雷明汉的员工可以来这里进行一到两天的远程工作，将中心的创新成果和在弗雷明汉日常性运转的全球性零售生意连接起来。这个创意中心是由普拉特·维曼娜（Part

Vemana）领导的，他是史泰博速度实验室和移动战略的总监。

“我们中心的任务是推动多个渠道的电子商务创新。”维曼那说，“那就是这个中心要做的事情。”维曼那负责为史泰博通过手机网站和App优化包括智能手机和平板电脑在内的移动终端使用体验。“我们正在努力做的事情就是付出，从某些方面来说，你付出的越多，App和手机网站整合得越好，顾客下载App的障碍也就越小，”他说，“这两者之间联系密切，而我们在横跨不同地域和扩大全球资产规模方面面对很多挑战。我们在这个空间内仍然有很多要学习。我们已经发现更多的人开始登录手机网站，而且使用App的人也越来越多，并且成为有重复使用习惯的用户。因此，如何在不同渠道间分配精力仍然存在不同的模式，而这也是一个值得学习的问题。”

除了在移动领域的运作外，史泰博还有多年的在线商务经验。但是，移动终端的行为方式和在线行为方式并不相同，泰尔泽说：

> 人们认为史泰博是街角的大商店，可实际上我们更像是一家在线商务公司。我们全球销售额中的60%都是通过电子商务完成并且将产品运送出去的，相比之下来自零售业务的份额仅为40%。我们在26个国家有业务，是北美洲第二大零售商。
>
> 你可能最熟悉史泰博B2C模式的业务部分，也就是Staples.com和零售商店。我们认为它其实是B2B模式，即小型企业。我们同样拥有“公司–大公司”的业务部分，我们称之为“史泰博的优势业务”。在个别案例中，比如美洲银行需要我们的办公室用品，他们可以在我们的网站上进行采购。
>
> 60%的业务可以完全在线完成。现在仍然有一部分是在呼叫中心完成，而在60%的业务中有一部分是移动化的。
>
> 顾客在进入商店之前更多地使用手机进行研究，虽然我们在线也有一些业务。另一件将要发生的有趣的事情是，平板电脑将成为移动战略的另一个重要组成部分。平板电脑是另一种真正意义上用来购物

的设备。从一个极端来说，在你前往商店前，台式机用于购物的比例要比仅仅是收集信息进行研究更高，移动终端则被用来浏览，而平板电脑则处于一个中间状态。对于这一切，我们正在学习的过程中，学习内容一部分源于一直以来我们通过努力积累的资产，因为我们已经大胆走出去并且决定把大部分赌注放在我们的智能手机网站和 App 上。通过最初的尝试所积累的知识也给我们带来了信心，使我们能够坚持研发道路。

我们下的两个与研发相关的赌注都是有关平板电脑网络的：一个是围绕平板电脑进行优化后的不同的用户体验；另一个是让我们自己的销售助理人员都来使用平板电脑，因此我们把平板电脑发到了 5 家分店并且进行测试。这仅是一个例子，但是这个行动让销售人员能够使用平板电脑中专为他们打造的内置的 App，从而提升他们的能力。

销售人员可以查阅客户信息，来帮助他们回答类似如何处理墨盒的问题，还可以用平板电脑来查阅线上更多的货品。这些都是我们所进行的不连贯的尝试和学习，并且我们正在尝试弄清楚如何，让我们所取得的成果能够真正对我们的业务起作用。

从比例上说，人们使用平板电脑完成的交易要比智能手机多，这一点很明显。平板电脑是一个流量相对较小的渠道，因为平板电脑的数量要少得多。虽然仍然有研究提出不同意见，但是从比例上来说，平板电脑在商务方面表现突出。我认为，我们很清楚，在网络购物方面平板电脑比智能手机更加重要。可以说，这种设备能够让消费者在真正意义上获得满意的实体店购物体验。

平板电脑交易

随着时间的推移，史泰博发现在平板电脑上发生的交易额是智能手机上发生的交易额的 3 倍，通过平板电脑访问史泰博的数量是智能手机的 11 倍，而在平板电脑端完成的销售增长速度是智能手机的 6 倍。零售商还发现，如果在 App 内提供优惠，那相对只有 App 的情况销售额要增长 10 倍。维曼那对移动购物用户抱有更高的期望：

> 当一个关注实体店体验的顾客走进商店时，有着 5 星标志的标签对他而言已经不够了。他需要社交网络对于产品的描述。“我的表兄弟拥有同样的椅子”已经不再契合需求。客户行为模式已经很成形，以至于他们期待商店能够通过数字化变得更加吸引人。就像你可能在史泰博曾经看到过的一样，我们现在还出售更多完整的技术解决方案。当购买电脑时，你可以购买云软件和适用于笔记本电脑的备份解决方案，而我们的联营商店可以为客户设计正确的包装方案。平板电脑是更好的内容载体，也是在不需要过多的个人空间的情况下更加适合分享的工具，它能够给顾客提供更多的选择和信息以让他们可以做出正确的决定。有了这种不断测试和学习的理念，我们在一些商店找到了证明我们观念的论据。
>
> 我们正在学习从销售人员的视角和顾客的角度来看什么能够有效果？顾客是否因为在商店时手握有用的信息而得到益处？同样，什么信息更加有力量？举个例子来说，在我们的一些分店里，你可以利用平板电脑程序迅速获得所有你关注的产品信息。你或许可以在找到产品并且逐个进行比较后做出正确的决定，以及设计正确的解决方案。你还可以发现你真正需要的产品组合，一些工具、内存仪、墨盒。你需要记住你购买的打印机的型号，从而可以轻松地拿到墨盒。如果你是史泰博的会员而当时不知道打印机细节，那我们可以查看你的会员卡记录，并且从记录中找到打印机或墨盒型号。若在商店工作的销售助理人员手持平板电脑，那他们便会拥有和客户一样的力量。
>
> 哪个产品内容从不同的角度来测量会更加有用？他们在哪些地方花费了更多的时间？他们学习的方式是什么样的？它是如何影响决定的？通过这些视角，它就不仅仅是指标了，还是商店的实际体验。我们非常相信可用性测试和用户测试。
>
> 我们的员工都有在商店购物的实际体会并且观察过商店业务。对

话过程看起来像什么样子？我们能够起到帮助作用还是分散了顾客的注意力？在销售的过程中，如何和顾客更有效地沟通？在销售过程中，如果我犹豫的时间超过2秒，那顾客就会失去信心。同一个平台可以分别从客户视角和产品视角提供信息，因此在平板电脑获得的信息和我们在台式机网站上获得的信息基本相同，而不同之处在于你是怎样提供信息的。举个例子来说，你的浏览时间不能太长，这样销售人员可以迅速地给你提出指导意见并且对你进行帮助。但是信息来自相同的来源，所以你会发现通过不同的两个渠道你会获得同样的说法。

加强与客户互动

移动影响力的领导者通常和一些移动影响力的推动者进行合作，这取决于特定的需求。就像在互联网早期蓬勃发展的年代经历过爆炸性增长的很多其他公司一样，很多来自那个时代的知识和经验一直延续到今天的移动时代，并仍然能够发挥作用。泰尔泽说：

> 我们公司取得的共识是：销售人员的积极参与意味着更好的客户体验。我们希望销售人员不管使用什么工具都能够超越自然的学习曲线。最终我们会拥有一批更加自信、更加积极参与的销售人员，而他们也可以给我们的客户带来更积极或者更好的体验。此外，我们在网站里还整合了其他的应用。
>
> 如果你问我们如何组织团队、选择什么内容进行外包和内包以获得最好的可用性和专门知识，那我得说在移动战略方面我们发现的一个秘密武器就是，围绕用户体验准备好相应的专门知识。
>
> 我们拥有一支战斗力强的队伍，在企业中它很有话语权，而这个团队的一部分成员现在在我们这里（创新中心）——这就是关键。为了保持团队的战斗力我们还进行了战略投资，将团队带到外部专家那里去学习和参与工作。即使在内部拥有大量资源，我们还会同时使用外部资源。

那就是我们为了改善客户体验所完成的工作。我们在弗雷明汉还有很多坐在不同办公区域的员工。在这里我们将把不同类型的人整合到一个团队里，包括技术性的、有创造力的、执行力强的和商业嗅觉灵敏的人才。

史泰博在不久之前曾经历过同样的过程。回到互联网蓬勃发展的狂热年代，史泰博公司设置了不断跟踪的股票并且建立了独立运行的部门来运行互联网商业。当时，互联网部门就像是上帝的宠儿，能够得到丰厚的股票和免费的食物，但是互联网部门和其他部门在同一栋大楼里工作，所以乍看他们没有得到免费的食物，反而像偷窃了免费的食物。当进行了这样的设置后，它不仅仅为我们带来了创新而且还为我们工作方式的创新。后期的任务是展开这些创新并且在团队里留下一个成员来明确开展这项工作，同时不断改善这些创新。

我们已经和那些来这儿的人进行了正式的内部沟通，而我可以明确地说我们的目标是，整个团队在创新方面要更加大胆、更加有进取心，而不只是在这儿的人。这只是我们在这些维度中拥有的一个源而已。

跨渠道的移动战略

包括史泰博在内，没有人知道智能手机在零售店的使用方式将如何发展以及它是否会继续发展，这取决于商业模式的种类或类型。“我确实有自己的理论，但是没有任何证据，而那也仅仅是一个理论而已。”泰尔泽说，“有些时候会出现一个转折点，在这里移动终端能够在实际意义上以购物作为主要用途。特别是对于我们销售的很多商品来说，它们是可以补充的。我们越能有效地利用所掌握的客户信息，就越能够将商品以顾客内心深处最需要的方式呈现出来，也就越能拥有更大的潜力。在有些时候他们会说‘为什么我不能订购这件商品？’‘为什么我必须得去商店或者使用我的台式机？’我想，我们将更加精确地展现我们的产品，以使得整个过程没有瑕疵。我认为，在未来的3年内，使用这些设备将会变成一个很自然的事情。那就是我的观念，可现在它还只是一种研究工具。”

同时拥有实体店和网店的零售商面临着一个难题，那就是如何整合由于移动化而不断演进的消费者的行为方式，从而在移动购物生命周期中开辟出一条路来。很多零售商花了数年时间来整合网店和实体店，故而客户能够很简便地在线订购商品而后在实体店提取实物。史泰博研究了它所拥有的不同渠道的意义。泰尔泽说：

> 人们的行为变得越来越跨渠道化，我们已经发现这个迹象很久了。越来越多的零售顾客在线购买东西。这并不意味着零售商的生意会因此减少，但是线上线下的比例会变化。我不知道这为什么会发生，但猜测问题在于购物场合的不同造成了这种比例的分割。
>
> 想想史泰博，我们的业务基本上包括3种类型的购买方式。其中之一是消费型的重复购买，比如储存办公用品。你可以想象长时间通过这个零售商进行简单研究后开始购物。另外一种是你需要进行深入思考后才会做出购买决定，比如一台电脑。你想要看见实物，想触摸到实物，想对实物有真实感受。我不能肯定第三种方式是如何运转的，但一般来说，我认为这种购买方式出现在服务类产品上。我们每天销售出更多的拷贝和印刷服务。对于史泰博来说，这确实是非常重要的业务。我们发现两种渠道都在不断增长，但是线上业务增长得更快。我不知道研究过程将发展到什么程度。我想将来会对购物者进行更加精确的细分，而同一个人可以根据以上名单适用不同的模式。
>
> 多年来，我们一直用单一的视角来看待在多个渠道购物的顾客。史泰博有一项重要资产：拥有两种运行机制。我们知道顾客做了些什么和顾客告诉我们的他们所做的事。我们围绕那些顾客告诉我们的那些已经做好的事情开展了日常性的研究。从资料库中，我们能够知道他们做了些什么事情。我们跟踪价格匹配记录。我不知道我们已经选择了通过移动终端去跟踪价格匹配，还是通过在线打印出来的资料来进行价格匹配。

“我们不知道这个链接。”“哦，这是因为他们已经被扫描了。”我仍然认为有很多有价值的客户很快得到了满足。这就有一个问题，我们究竟应该对那种行为方式操多少心。我要强调的是，我们每天都需要继续改进。从根本上说，不管在什么时候，我们都能够提供最方便的办公用品购买方式以让人们更便捷地购买特价物品。令人欣慰的是，做小生意的客户都是非常繁忙的人，因此如果我们能不断地找到可以帮他们节省时间的方式，那就拥有了一个对抗其他竞争对手的好武器。

我们已经在商店里设置了服务于一代人的售货亭。一直以来，该业务的增长速度都相当稳定。手机网站上的流量比我们的专属 App 上的流量要高出很多倍。我想有些关于手机网站的事情需要说明，因为人们已经能够明白这一点，那就是智能手机就像另一种电脑一样。我认为在移动终端的浏览器里输入 Staples.com 很自然。我们知道很多电子邮件是在移动终端上被打开的，而这些电子邮件会引导人们登录手机网站。

我认为，从营销角度来看十分重要的东西已经变得越来越薄弱，而这也是我们的另一个收获。我们花费了很多时间来修改邮件，将这些信息变得完美并且更加具有创造性，通过这种策略你可以在很短时间内给人留下深刻印象。

我们面向小型和中小型企业（SMBs），而对它们而言真正有价值的能够解决问题的是我们的关注点。把优惠券推给它们更像是我们想要做的事情，而不是我们的客户希望我们去做的事情。针对 SMBs 和 SMS 的研究就像是闯入个人空间，而不是我们能够尝试并且深入研究的部分。我们还没有走得那么远。

史泰博观察到客户的智能手机访问量增长了 4 倍，其中 1/3 的邮件都是在移动终端上被打开的。他们对顾客的走向已经不存在疑问，而且通过类似 Velocity 实验室项目这样的初步行动和在未来进行的集中投资，史泰博将会和客户一起变化。

移动战略和公司文化

除了采纳和适应新技术，比如新的移动通信技术，许多企业也不得不面对新的做事方式并且将新方式与特定的企业文化整合。一些公司非常激进进而成为移动影响力的领导者，而一些公司表现得非常谨慎以致错过了正在发生的爆炸性的移动购物市场的发展机会，不得不说企业文化是其中的一部分原因。

“史泰博一直以来表现得都非常不错，因为我们一直致力于为客户做正确的事情，而这在财务上也得到了很好的回报。”泰尔泽说，“我想我们正在尝试尽可能地利用自己的在线资产和在线商务为客户服务。我认为那是我们做这些事情的出发点。史泰博是一家实事求是并且趋于理性的公司。我们一旦发现了趋势并且察觉到其中有着巨大的力量，就会利用这种趋势获得发展。”

史泰博已经熟知互联网对于它的业务的巨大影响，并能够清楚地看到移动趋势的走向。“我们早已制作了这张图表，它可以显示出移动终端的使用比率和互联网技术之间存在的关系。”泰尔泽说，“就史泰博而言，由于60%的业务都发生在线上，所以我们明白该如何推动业务面向互联网进行转型。我想，我们必须在新技术改变我们的业务之前采纳新技术。”

“我刚与我们的CEO讨论了我们是否在移动方面已经做出足够的努力，我们还可以做些什么，我们如何更大胆地开展研发工作以及关于议程安排的想法。如果你问我们的CEO他对这个中心的期望，那他会说出一长串东西，但是移动和创新排在这个名单中的首位。我向董事会说明了我们所完成的移动战略工作，而在最初那只是我的玩笑。我曾经打过赌在董事会你得有一个App，而我现在的观点是你必须得拥有一个App，但是移动概念要比App更大，并且在实际经营中手机网站可能会更加重要。”

像史泰博这样的移动影响力的领导者明白，将移动渠道和在线及实体渠道整合起来才能发挥作用。即使不能在所有阶段发挥作用，他们也会尝试在移动购物生命周期的大部分阶段发挥作用。并且就像史泰博一样，很多公司密切关注着移动购物行为方式的走向。大多数公司认为，不管零售商在移动方面做了什么工作，移动购物用户在购物过程中都将感到更加满意。

移动购物满意度

当消费者经过了移动购物生命周期的完整阶段后，企业的目标就不应该只是满足移动购物者的需求了，因为还有很多的机遇。当消费者从线上购物向通过移动终端购物不断转移时，他们的期望值也在不断提高，这使得人们能够对两种不同的购物体验进行更加明显的比较。Foresee 是一家客户体验分析公司，它设计了移动平台用户体验的科学基准。在它的零售商移动满意度指数中，Foresee 开展了一个关于客户如何对他们的移动体验评分的深度研究。

通过移动终端，很容易让一位不满意的消费者转变态度：这种不满可能是由于在移动网站的一次负面经历，如感觉到供应商没有投入足够的资源来满足客户；也可能是源于一个设计得很丑的 App 或者手机网站的产品一点也不吸引人。在它的分析中，Foresee 检测了 20 家主流零售商的客户满意程度。

被测量的零售商的总体移动体验满意度都比较高，虽然测量的范围是零售商的一些适用范围最广的手机网站和 App。在它的流程中，客户满意度要达到优秀程度的话必须要达到 80 分的基准，而 45% 的被测量的零售商移动体验的分数都能够达到或者超过 80 分（见表 8—1）

研究报告指出，由于最低分为 76 分，因此低于 80 分并不意味着工作就完成得很差。“恰好相反，76 分是一个非常不错的移动体验分数，但是还存在改善空间。”报告中提到。研究同样发现第一次使用公司的手机网站或者 App 的用户倾向于对他们的移动体验表示较低的满意度，因为他们对于 App 或者网站的布局、导航以及功能都不熟悉。相较于 65% 的重复性访问者，35% 的第一次访问者对于他们的移动体验都表示相对失望。

表 8—1　　移动满意度指数

亚马逊	84%
雅芳	83%
苹果	82%
维多利亚的秘密	81%
巴诺书店	80%
易趣	80%
网飞	80%
沃尔格林	80%
百思买	79%
Groupon	79%
潘尼百货	79%
戴尔	78%
家得宝	78%
Living Social	78%
梅西百货	78%
沃尔玛	78%
西尔斯	77%
塔吉特	77%
玩具反斗城	76%

注：根据 Foresee 的移动满意度指数：零售商版本，基于 4 500 个客户的调查。

品牌在移动购物生命周期内与客户互动程度越高，就越可能在整个购买和销售流程中获得成功。Foresee 研究报告还发现，参与公司移动体验的访问者由于拥有优先体验的机会，所以往往比其他人更加容易得到满足。和品牌更加熟悉将在移动世界里走得更远。几乎 40% 的人参与了移动体验，因为他们已经对品牌、公司或者网站十分熟悉。Foresee 还发现：

- 老客户经常收到公司发来的电子邮件或者移动短信提醒，他们对于自己的移动体验表示高度满意。
- 通过搜索引擎或者购物比较网站进入公司网站或者 App 的客户满意度较低。
- 口碑推荐会带来一批匹配良好的用户，他们的满意度会较高。

当访问手机网站和 App 时，消费者们会有各种各样的任务需要完成。这篇专注零售商的研究报告发现，最受欢迎的活动是查找产品细节（28%）、查找价格信息（19%）和查询产品是否还有库存（17%）。那些为了购物而购物的访问者满意度是最高的，而那些查找价格、寄送方式或者配送信息的客户满意度相对较低。那些使用移动终端购物的人的移动体验满意度分数为 86 分，比优秀的标准高出不少。

在移动购物生命周期的多个阶段中，品牌和零售商需要出现在任何地方任何时候。这意味着，很多大品牌已经拥有了它们的手机 App（有些比其他公司拥有着更多的 App）。它同样意味着要设计和维护手机网站的良好运转，因为并不是所有的智能手机购物者都会下载所有公司出品的 App。很多使用智能手机的用户都倾向于按使用电脑的方法来使用智能手机：去寻找附近的东西并且搜索网络。Foresee 关于移动互联网用户的研究报告指出，68% 的人通过移动终端登录零售商的网站，而 32% 的人最近使用过零售商的 App。使用 App 的用户比那些使用手机网站的用户满意度略高。关于零售的研究报告指出使用率最高的应用是网飞（59%）、易趣（53%）、Groupon（52%）和沃尔格林（48%）。

精明的营销人员和广告代理机构监控了他们客户的数字来源渠道，这些监控渠道来自传统的网站、智能手机还有平板电脑。他们同样需要关注消费者处于什么位置，因为在移动购物生命周期中消费者可能出现在任何地方。消费者可能会成为一位搜寻者，开展研究或者甚至计划通过他们客厅的平板电脑去购买东西；他们也可能成为巡洋舰用户，在零售商的位置附近不断徘徊。研究表明，每 5 个用户中就有 3 个（59%）最近在家里登录了被测量的零售商的手机网站和 App；超过 2/3 的（68%）的苹果用户和巴诺书店访问者最近在家登录了手机网站或者 App；同时，沃尔格林（27%）、塔吉特（25%）和西尔斯（24%）的客户比其他人更倾向于在任何地方登录零售商的网站或者 App，以为前往商店进行采购作准备；16% 的用户表示他们访问手机网站后就计划前往商店购物。

遥远的展厅现象

就像在前面讨论过的，很多深受展厅现象困扰的零售商，倾向于把它看成一种只在实体店出现的现象。Foresee 的研究中有一个重要发现，那就是在使用手机对零售商进行研究的消费者中，很大一部分在去商店前就已经在家完成了购物。这就精确地对应于移动影响力的预购阶段，而同时也意味着展厅现象实际上可能不像实体店那么明显，因为通过手机进行购物并不依赖于位置，它可以在任何地方完成。“展厅现象正在发生，但是进展的速度并不快速，”Foresee 的 CEO 兼总裁拉里 · 弗里德(Larry Freed)说，“零售商需要意识到这个问题，但是怎样解决它却是另外一个问题。”

在移动购物生命周期的开始阶段，知名的品牌拥有优势。至少在这一阶段，任何拥有忠诚度的品牌都会面向移动环境进行转型。研究发现，影响人们访问手机网站或者使用 App 的最重要的因素是对品牌的熟悉程度，而最小的影响因素是搜索引擎。如果移动购物用户在没有使用移动终端前就知道了你，那你就拥有优势继续发展。这对营销人员的挑战和机遇是，在顾客转向依赖移动终端时满足他们的需求，就会创造出移动影响力。

多个客户接触点

很多移动影响力的领导者参与了移动购物生命周期的多个甚至全部阶段，你可能在书中已经注意到这个情况。很多公司，比如 Rue la la，有机会将客户从预购阶段直接转移到交易阶段的购买点。其他公司，比如 Guess，尝试将所有的渠道连接到一起从而让移动购物用户拥有无缝化的体验。不同的公司会发现，他们在移动购物生命周期的某些阶段比其他竞争对手拥有更好的机会，这取决于产品种类和行业的差别。一些公司在周期内有经常性和持续性的机会，比如在那些需要消费者花费更长的时间做出决定来购买昂贵物品的案例中。不同的公司都能够适应移动购物生命周期，这取决于他们试图把东西销售给谁，即使在那些购买日常必需品的案例中。

Giant Eagle 是全美最大的食品零售商和经销商之一，它的年销售额超过 90 亿美元。这家建立于 1931 年的公司由私人所有并且多年来发展为拥有 175 家分公司、54 家独立经营的超市、169 家加油站和便利商店的大公司。它的商店分布于宾夕法尼亚州西部、俄亥俄州、西弗吉尼亚州和马里兰州。

Giant Eagle 希望能够与它的客户在移动购物生命周期的多个阶段进行互动。“我们所期待的道路也是我们所描绘的道路，那就是无限循环。”Giant Eagle 的互动和在线营销部门的高级经理唐娜·帕赫（Donna Pahel）说，“它有着多个停留在其中的循环。我们同意销售漏斗理论已经死亡并且在整个购物生命周期中顾客可以在不同的时间点被截获的说法，而且我们有多种方式来吸引他们。”

零售商用整体性的眼光来看待它的客户，并且当移动购物用户在店时他们会寻找办法来与之互动。“我们把这件事看成如何在每个接触点利用好资产，从而能够真正让客户有效率地完成每件事情。”帕赫说，“我们还加入了社交客户循环，并在思考社交是如何发展的以及客户对购物流程抱着什么样的想法。这就是一直以来我们看待那件事情的方式，而现在这已经被完全改变了。”

移动购物用户并未把购物看成一件需要一次性完成的事情，因为他们经常保持和世界连接的状态，并且能够在任何地方任何时间进行购物。Giant Eagle 认为，杂货购物和采购流程是一个连续性的周期，并且在整个流程中积极参与并与他们的客户互动。“我们基本上认为这是一个无限的循环。”帕赫说，“我们可以在客户进行最初的思考时，也就是当客户正在搜索特定商品的时候影响他们。这对我们来说尤为重要，因为我们仍然是以实体形式为主，我们开展了一些在线商务，但是我们正在从数字化的立场尝试让客户选择 Giant Eagle, 争取让他们进入实体店，并在他们进入实体店后为他们提供帮助。之后与客户在售后阶段保持联系，从而维持客户的忠诚度促成他们第二次来本店购物。”

传统零售商的机会是，整合他们多年的传统营销成果，并且将他们从中学到的经验和在移动环境下学到的经验合并起来。在预购阶段，Giant Eagle 找到了一些方法来完成这类工作。“很明显，我们传统的团队一直在传统的媒体资源上开展工作，并尝试创造出新东西，”帕赫说，“利用从顾客的预购阶段学到的经验，我们推出了一个全新的 Giant Eagle.com 并且在移动终端推出了配套措施。最关键的事情是优化定位，并且重构宣传册、电子信息和产品目录，而我们在过去从未这么做过，因为之前没有完全互联网化。不过我们认为改变客户的思维模式十分重要，因为他们对于在 Giant Eagle 购物表现出了很强烈的意愿。我们完成了一系列的网站设计，并将营销物资投入其中，而这些网站会让你接触到客户在寻找的更加核心的事物，比如每周的宣传册和电子优惠券。我们已经把这些放在前面，现在还没有其他人像我们这样做。”

“我们把宣传册直接放在网站主页上。从移动视角来看，如果你看看我们现在的移动 App 就会发现，我们没有按照大部分人的做法，但是每个人仍然通过这获得了不同的东西。我们推出了一些宣传册和优惠券在前台展示，然后采纳了像 Facebook 一样的菜单来帮助客户进入想要的页面。通常情况下它和每个人正在做的事情都不相同。人们和你谈论他们获得的营销信息，而且所有的项目和客户都能够弄清楚这点，但关键还是宣传册、电子信息和电子优惠券。

一步到位的方法

除了将宣传册同时显示在智能手机和平板电脑上，Giant Eagle 还信任依据多种因素提供定制化的客户体验方法，这些因素中包括设备的使用年限。“当登录网站时，你会看到 Circular 提供的完整产品目录，而且很显然我们不能带走整个目录并且将它放入手机中。”帕赫说，“因此我们所做的是，根据我们所掌握的个人信息、你所在的商店名来放入商品，而后续我们将继续进行个性化思考。因此所有的产品都是基于你的购物历史而提供的。另外我们还根据你在社交网络上积累的兴趣数据对产品进行分类。很明显我们不能在网站里尽可能地展示所有内容，因此我们所做的就是设置了一个重点区域给客户提供了一键到位的直接通道。我会告诉你这个区域对布局进行了优化并且进行了重新组织，我们已经把所有客户需要即时进入的东西打包在一起。因此无需不断进行点击。”Giant Eagle 通过多种方式在整个移动购物生命周期中保持活跃，帕赫说：“让我们回到对预购阶段的最初思考中。我们利用社交广告和手机广告在最初时刻吸引客户的注意力。我们使用所有最热门的产品和新项目，并且尝试进入那种思维模式，然后下一步就是在预购阶段等待收获。之后，网站和移动终端所有预购阶段的工作人员都团结起来进行计划，提供一份购物清单、一份菜单或类似的东西，因此我们能够继续让客户在前往实体商店时向最终购买更进一步。”

每件事情都进行了整合，你能够在网站上使用的所有功能也都与你能够在手机 App 上看到的东西进行了整合。因此从理论上讲，客户通过他们的移动终端能够在任何地方完成这些事情。他们可以浏览特价产品、创造待购物品清单，可以在去商店的路上查看优惠信息或者在商店里查看特价商品。他们需要做的就是扫描他们的 Giant 优惠卡并且购买一件优质产品，然后折扣就会自动被减去。每件东西都与回馈项目进行了绑定。

在店客户能够使用他们的待购物品清单，在商店里讨价还价，并且在付款时享受到优惠。

我们使很多客户的购物体验轻松了很多，因为现在 App 就像一个拥有很多功能的整体，而且我们还给这些东西赋予了优先权，因为从多年来积累的数据中我们发现，其中一半的东西都是客户经常使用的。我们不希望让消费者为它工作。

我们与 Shopkick 进行了一个整合，而且在他们的 App 中拥有“Kick”。我们刚刚和他们一起推出了试点，那就是在客户进入商店之前而不是客户正在商店的时候。客户可以在商店里进行扫描，但是我们确实通过与他们的合作更进了一步并且拥有了他们称为“虚拟币兑换”的机会。“虚拟币”也就是客户能够下载的电子优惠券，并且我们已经将这种优惠券进行了整合。因此这种优惠券也能够被下载到卡上。

在售后阶段，我们一直在关注的是如何在售后阶段吸引客户。采用电子账单形式无疑是很好的选择，但我们离实现这个目标仍然很远。如果能够实现，我们就可以把正在提供的一些特价商品输入 Catalina 打印机，把正在寄出的东西通过直邮方式寄出，然后把这些东西通过手机和电子邮件寄给客户。此外，当到了能够在社会渠道上实现个性化的时候，我们同样能够通过社会渠道推动它们。

如果我们已经拥有 App 且已经能够将你连接入服务器，那么我们可以着手个性化，也可以推出特价商品，而你可以进行点击加载卡片。因此我们提倡通过点击来载入卡片的所有功能，因为我们需要客户表现出购买意愿。我们不会只把产品推给客户却不让客户表现出购买意愿。我们会在售后做出这个行动，或者如果有了数据支持，我们可能把它作为再营销的方法来使用。你注意到了我们，但是不会在特定时间购买任何东西，因此我们可能会把特价商品推送给你。

通过在售后阶段使用社交媒体，我们将能够阐明客户进行共享的多种方法。我们正在通过网站研究这项工作，并且将着手这么做。我们正在为所有的场所创建社交签名，从而可以早早连接上客户并且开始收集数据。我们正在尝试在所做的每件事情和活动中放入分享模块。我们确实在观察，而这是一个长期的过程。但是我们一直在回馈客户并创造社交货币，使之与针对在线行为的忠诚度项目相绑定以回馈客户。你就可以摘取电子特价部分然后同朋友分享，而我们可能给你提供点数，之后你可以将这些点数直接连接到我们的回馈项目中。

最重要的一课

现在已经有了很多的移动影响力领导者，而 Giant Eagle 也在一路上通过各种尝试和密切关注客户的行为动向学到了很多新的知识。“我们学到的最重要的一课就是，我们在过去的多年中存在一个缺陷，即没有很好地利用自己的传统媒体渠道。”帕赫说，“我们已经在数字方面进行了大量投资来引起客户的注意，但是现在才开始利用一些传统媒体来引起客户的注意。我认为来说这才是中心任务。因此，我们需要利用传统媒体渠道。”

企业深入移动化转型是一件普通的事情。企业可以利用所有的传统资源，并且在很多情况下，将已经非常成熟的产品或服务的传播方式和不断扩展的移动方面的成果连接起来，而这就是 Giant Eagle 采取的方式。“我们确实花费了大量时间并且投入了大量资源来加强自己的影响力网络。”帕赫说，“因此我们不断培训我们的社区里最有影响力的博主，和他们一起举办活动，设计了一些他们可以吸引和刺激受众的道具，以让他们代表我们影响别人。我们已经发现从中赢得的好印象是无价之宝。当我们举办这些活动并且让博主们为我们发声时，整个场景就像朋友们和家庭内的话题讨论一样，这样就不再是 Giant Eagle 不断灌输自己的产品很优秀这个模式了。”

就像其他很多零售商一样，这家连锁店也在展望自主结账的场景。“能够让客户接受推着购物车进行扫描后直接走出收银台的方式，是我们一直期盼的场景。”帕赫说，“我们的想法是，可以投入资源并且将这些资源在实体店使用，从而更好地吸引客户。他们可以在将商品放入购物车时使用移动终端进行扫描，或者扫描商品发现更多有用信息。这就是我们正在考虑的事情，但是我们还不能确保实现这一点。”

帕赫说扫描很可能通过 Catalina Marketing 来实现，他们公司正在和 Stop & Shop 合作，致力于它现有的店内扫描系统上。

很多引领移动影响力的企业利用其内部资源和移动影响力的推动者资源形成的合力，有效地实现了他们在移动购物方面的主动权。帕赫考虑与其他 App 进行整合。“我们的产品数据具有很好的客户亲和力，并且根据消费者对于健康的追求设置了替代品，从而提高了产品吸引力。”她说，“健康是我们整个商店的经营重点。我们已经在很多分店扩展了健康美容产品区，并在一些地点安排了驻店营养学家和美学家。不管是从社会角度还是从移动互联网角度，健康正在发挥越来越重要的作用。”

“我们已经做了大量的工作，但是不幸的是那使我们目前的市场反应速度比应有的速度要慢一点，因此我们正在寻找一些真正强有力的、第三方合作伙伴来帮助我们获得大发展。”Giant Eagle 还专注于针对未来的长期性战略。帕赫说：

我认为客户会比较易于接受这些工具，他们应该会有所期待。从我们的立场来说，最重要的事情是满足客户的期望，因为现实显示出社交网络在购物周期中发挥了重要力量。你动动手就能获得接连不断的信息，轻而易举就能够进行产品间的比较并跟你的朋友家人分享，所以我想我们公司必须要做好每一点以维护好客户。同样，我们还有机会在进行购物时利用数字和在线购物资源。举个例子来说，塔吉特在实体店里设置了 QR 码，你可以通过 QR 码订购前 60 名的过圣诞节时的一些热门商品，并且当采用传统方式购物时，你可以扫描代码在线上订购产品，然后就可以享受商品快递到家的服务了。我想对于杂货店来说有不少机会，而其他零售商也同样会有一些机会。

如果你曾经想过一些通过传统的实体商业模式难以实现的目标，因为你要不就是拥有你的俱乐部或者你的杂货店，而且你通常不会看见那些合并很快的东西。客户通常必须选择一样或者另外一样，或者是两样都纳入囊中。并且我真的认为一些商品可以放在网络上，这样客户就可以在实体商店时通过他们的移动终端很方便地在网上订购商品了，而你就能够扩展提供给客户的选择范围。举个例子来说，这就像是客户坐地铁时在线上预定好商品，但是在实体店拿到实物。

我们正在一些分店测试快递，因为客户虽然在线上订购好商品但是还是需要取得实物。对于他们来说，不用前往实体店就能看见实物并且完成购物是十分方便的事情。因此我们正在为他们代劳一部分工作，但是他们还是必须去网上挑选好所有心仪的商品，然后去实体店取得实物。

从移动角度来看，我们要做的就是深化我们具有推动力和舒适的服务模式。我们将利用移动、社交网络以及任何一种数字化资源来保证我们成为在消费者有需求时的首选，并且可以在客户犹豫时刺激他们进入实体店。我们将使用基于位置的服务和不同类型的签到功能为正在加油站的客户设计有吸引力的优惠。当客户前来兑换油料时他们得扫描他们的 Giant 积分卡，并且当客户这么做时我们就能知道他们是谁以及他们是否选择接收我们发送的短信。我们可以发信息给他们，提供有吸引力的优惠以驱使他们再次走进我们的商店。

Giant Eagle 的移动购物用户主要使用苹果和安卓 App——这一 App 被下载了 10 万次，而且他们还可以在其他移动终端上浏览手机网站。就像其他公司发现的情况一样，随着时间的推移，相对于通过传统设备登录互联网的用户而言，使用移动终端访问他们心仪的商品的客户呈指数级增长。

移动影响力的领导者们，比如 Giant Eagle 、史泰博 和 Rue La la，很清楚对于它们各自不同的客户群来说什么最能够发挥作用。不管是在超市、办公用品商店还是通过网购方式购物，移动购物用户都在移动购物生命周期的各个阶段中。

数说移动

Foresee关于移动互联网用户的研究报告中指出，68%的人通过移动终端浏览零售商的网站，而32%最近使用过零售商的App。使用零售商App的用户比那些使用手机网站的用户满意度略高。当消费者访问手机网和App时，最常见的活动是查找产品细节（28%）、查找价格信息（19%）以及查询产品是否还有库存（17%）。

得终端者得天下

移动影响力致力于在客户寻找新的购买方式时给他们提供价值。移动购物用户关于移动终端的认识水平参差不齐。移动购物生命周期中的关键点说明了营销人员是如何在整个过程中与客户互动的。现在由于客户装备的移动终端变得更加强大，这一切已经没有回头路了。购物的过程已经被永久性地改变了。

就像你在这本书里看到的一样，移动影响力的领导者和移动影响力的推动者在引领着趋势，并共同处于领先位置。那些在移动方面投入了大量精力的先行者会在前进路中遇到一些挫折，但是如果一直能够满足客户的需求，他们就能够获得最终的成功。那些涉足于移动趋势的公司如果犹犹豫豫地不能决定是否应该将主要资源投入到移动终端上，那最终会发现自己始终处于追赶状态，而其中一些参与者则不能在移动趋势的背景下生存。当然，那些在移动大潮中什么也没做的公司最终会一无所获。

需要弄明白的是，你的客户在购物的过程中使用移动终端的比例有多大。最终的答案是所有的客户都会使用移动终端。一个公开的数据显示，虽然绝大部分客户都使用移动终端，但通常只有少于 1% 的广告预算会花在移动终端上面。

你从书中可以看到，通过移动终端购买的产品和服务范围已经十分广泛。这些产品和服务从汽车、贷款、汽油、衣服到杂货不一而足。只要是能在现实中买到的东西，就能够通过移动终端完成购买。

你既然现在你掌握了移动趋势带来的购物行为方式转变的相关信息，那么你能够做些什么？这里将提供一些关于你可以如何行动的建议：

- **检查步骤。**你的公司积极参与了移动购物生命周期的6个阶段中的多少个阶段？你要积极参与那些你现在知道应该要参与的阶段。

- **充分发挥实体店作用。**如果你拥有一家实体店，那你的实体店里就已经出现了一些移动购物用户。当他们出现在实体店时要做好服务。你可以在现场加入Wi-Fi，这样你的客户就可以在现场使用手机了。

- **让销售人员熟悉移动环境。**确保你的销售助理了解并且理解移动趋势，以及移动购物用户在实体店内使用移动终端的行为方式。让销售人员都成为移动方面的专家。

- **全球化思维。** 不管你处于哪个位置，移动购物是一个全球性的现象。充分利用好那些处于你的市场范围之外的潜在移动购物用户的力量。

- **捕捉手机号码。**如果缺少了客户的手机号码，那你不可能在你的客户中完成最全面的移动营销策略。这本书提到了应该如何做的多个例子。

- **使用多种方法。**有很多移动工具可以被用来与移动购物用户互动，其中包括短信、彩信、QR码、App和手机网站。使用好这些工具。另外，尽可能地发挥手机网站的作用。

- **价格检查。**经常在你的产品上使用比价App，以发现竞争对手的报价情况。这就是你的移动购物用户会做的事情。

- **利用好位置因素。**位置是移动环境中最有力量的一个因素，如果利用好这个因素，那就能够完成符合客户需求的交易。不要忘记前面的例子。

- **开始行动。**一味等待就会丧失机会。一边测试一边学习的方法是在智能手机出现后的通常做法。你可能会犯上一到两个错误，但是你可以进行修改之后继续前进。

这本书的目的是提供一些关于购物行为方式趋势的洞见，并阐明移动终端蕴藏的巨大影响力。我们希望这本书提出的意见能够帮助你在正在持续的移动革命中取得成功，同时能够指导你发挥出自己的移动影响力。

手机普及率 VS 人口总量

国家或地区	手机普及率	手机用户	人口总量
Macao, China	236%	1,353,194	573,003
United Arab Emirates	228%	11,727,401	5,148,664
Panama	210%	7,281,074	3,460,462
Hong Kong, China	210%	14,930,948	7,122,508
Saudi Arabia	206%	53,705,808	26,011,703
Antigua & Barbuda	185%	162,773	87,884
Cayman Islands	185%	95,120	51,384
Russia	180%	256,116,581	142,525,588
Montenegro	177%	1,170,000	661,807
Libya	173%	10,000,000	5,767,159
Anguilla	172%	26,019	15,094
Suriname	171%	947,000	553,159
Finland	170%	8,940,000	5,259,250
Kuwait	170%	4,400,000	2,595,628
St. Kitts and Nevis	159%	80,000	50,314
Oman	159%	4,809,248	3,027,959
Austria	158%	13,022,578	8,217,280
British Virgin Islands	154%	46,825	30,391
Dominica	152%	111,000	72,969
Luxembourg	152%	764,973	503,302
Italy	151%	92,300,000	61,016,804
Guatemala	150%	20,715,677	13,824,463
Trinidad and Tobago	149%	1,825,200	1,227,505
Singapore	148%	7,755,200	5,246,787

国家或地区	手机普及率	手机用户	人口总量
Bulgaria	148%	10,475,083	7,093,635
Estonia	145%	1,863,120	1,282,963
Uruguay	144%	4,757,425	3,308,535
Seychelles	142%	126,594	89,188
Lithuania	142%	5,004,150	3,535,547
Viet Nam	141%	127,318,045	90,549,390
Botswana	140%	2,900,263	2,065,398
Bahrain	139%	1,693,650	1,214,705
Serbia	139%	10,182,023	7,310,555
Maldives	134%	530,449	394,999
St. Lucia	134%	216,530	161,557
Kazakhstan	134%	23,102,700	17,304,513
Germany	133%	108,700,000	81,471,834
Chile	132%	22,399,969	16,915,020
Argentina	132%	55,000,000	41,769,726
South Africa	131%	64,000,000	49,004,031
United Kingdom	130%	81,612,000	62,698,362
El Salvador	129%	7,837,000	6,071,774
Bermuda	128%	88,200	68,679
Poland	128%	49,200,000	38,441,588
Malta	128%	521,748	408,333
Malaysia	128%	36,661,261	28,728,607
Switzerland	128%	10,017,000	7,850,100
Denmark	127%	7,047,000	5,529,888
St. Vincent and the Grenadines	127%	131,809	103,869
Czech Republic	126%	12,810,000	10,190,213
Taiwan, Province of China	125%	28,861,762	23,174,265
Qatar	124%	2,302,290	1,849,257
Aruba	124%	131,800	106,113
Sweden	123%	11,194,000	9,088,728
Ukraine	123%	55,566,881	45,134,707
Israel	123%	9,200,000	7,473,052
Brazil	123%	242,231,503	197,595,498
Norway	123%	5,750,000	4,691,849
Barbados	121%	347,917	286,705
Faroe Islands	121%	59,446	49,267
Belgium	120%	12,540,603	10,431,477
Netherlands	119%	19,835,000	16,653,734
Thailand	118%	78,667,910	66,720,153
Hungary	117%	11,689,937	9,976,062
Tunisia	117%	12,387,656	10,629,186
Jordan	115%	7,482,561	6,508,271
Morocco	114%	36,553,943	31,968,361
Portugal	114%	12,284,594	10,760,305
Gabon	114%	1,800,000	1,576,665
Croatia	114%	5,115,140	4,483,804

国家或地区	手机普及率	手机用户	人口总量
Vanuatu	114%	285,300	250,716
Namibia	114%	2,439,281	2,147,585
Spain	114%	53,066,828	46,754,784
Greece	113%	12,127,985	10,760,136
Australia	113%	24,490,000	21,766,711
Grenada	112%	121,946	108,419
New Zealand	112%	4,820,000	4,290,347
Gibraltar	112%	32,500	28,956
San Marino	111%	35,465	31,817
Peru	111%	32,461,415	29,248,943
Belarus	111%	10,694,900	9,661,508
Iceland	111%	344,085	311,058
Brunei Darussalam	110%	443,161	401,890
Slovak Republic	109%	5,983,059	5,477,038
TFYR Macedonia	109%	2,257,118	2,077,328
Slovenia	108%	2,168,548	2,000,092
Armenia	108%	3,210,802	2,967,975
Korea (Rep.)	108%	52,506,793	48,754,657
Azerbaijan	108%	10,120,105	9,397,279
Romania	107%	23,400,000	21,904,551
United States	106%	331,600,000	311,591,917
Ireland	105%	4,906,352	4,670,976
Latvia	105%	2,309,000	2,204,708
Venezuela	104%	28781999	27,635,743
Kyrgyzstan	104%	5,653,000	5,450,776
Jamaica	104%	2,974,715	2,868,380
Albania	104%	3,100,000	2,994,667
Colombia	103%	46,200,421	44,725,543
Ecuador	102%	15,332,715	15,007,343
Japan	102%	129,868,418	127,469,543
Greenland	102%	58,742	57,670
Egypt	102%	83,425,145	82,079,636
France	102%	66,300,000	65,296,094
Liechtenstein	102%	36,970	36,422
Paraguay	101%	6,529,053	6,459,058
Mauritania	100%	3,283,371	3,281,634

注：a. 人口总量的数据源于美国人口调查局在 2011 年的数据统计。
Aruba, Bermuda, British Virgin Islands, Faroe Islands, Grenada, Kuwait, Montenegro, Netherlands, St. Kitts and Nevis, 以及 Vanuatu 的手机用户数据是 2010 年的。
b. 手机用户数据源于国际通信组织。
c. 手机普及率由手机用户 / 人口总量得出。
d. 在 2011 年 106 个国家的手机普及率达到 100% 甚至更高。

《决胜移动终端》深化题

本测试题由著名营销及销售行为专家孙路弘特别编制，测试后请登录以下链接查询测试结果。

链接:http://www.salestrainings.org/itest/ydzd.asp

1.你认为移动终端购物对终端使用者来说，如下哪一项意义更大？（ ）

A. 实体店铺内获取产品信息

B. 去实体店铺的路上需要一些店铺的信息

C. 在路上临时想到要购买一样产品，然后搜索

D. 在自己的终端上随意闲逛

2.运用移动终端对消费者进行有效的影响，你认为哪个形式更有效？（ ）

A. 主动推入信息　　B. 被动提供所需信息

C. 基于地点的互动信息　　D. 基于个性化的针对性信息

3.移动终端对营销的作用，你倾向于采用哪个数据作为测量指标：（ ）

A. 使用特定App的时间　　B. 使用移动终端的时间

C. 使用移动终端导致的数据流量　　D. 通过移动终端收发信息的总量

4.移动终端对使用者来说，其信息敏感性较强的是：（ ）

A. 基于其个体的人口统计资料数据

B. 基于其个体的文化教育水平

C. 基于其个体所处的地点位置

D. 基于其个体的经济收入水平

5.你认为与移动终端用户互动的最好的形式是：（ ）

A. 短信　B. 二维码

C. 社交界面　D. 专属App

6.有关你自己的产品，你认为消费者最有可能因为什么原因通过移动终端寻找你：（ ）

A. 投诉　B. 需求服务

C. 了解价格　D. 了解类似产品

7.你认为目前中国市场中，多数使用移动终端的人群是哪类？（ ）

A. 50%以上月收入超过8 000元

B. 50%以上月收入在3 000元左右

C. 50%以上月收入不到2 000元

D. 50%以上月收入超过10 000元

8.了解了移动终端的一些信息后，你更倾向于把移动终端这个通路当作：（ ）

A. 发布全新产品的一个通路

B. 与老客户建立联系的一个通路

C. 与竞争对手展开竞争的新阵地

D. 整体营销策略中的一个组成部分

9.有关移动终端的领域，你更加在意的是：（ ）

A. 发展的趋势　B. 移动终端的重要性

C. 对市场营销的操作方法　D. 终端用户的使用习惯

10.中美两国之间在移动终端的使用方面有许多不同，你认为这些表面上不同的本质其实是：（ ）

A. 经济发展阶段的不同　B. 文化习惯的不同

C. 本质上没有太大的不同　D. 技术水平发展阶段的不同

译者后记 MOBILE INFLUENCE

移动互联网的普及已经成为了一个世界性的现象。移动终端的迅速发展和无线网络的不断普及推动了移动互联网的发展。而争夺移动互联网入口的争斗在中国已经愈演愈烈，就今年以来，阿里巴巴并购高德地图和入股新浪微博，百度并购 PPS 和 91 无线以及腾讯的并购动作，都说明基于移动互联网的争夺已经在几大互联网巨头中打响。

而基于移动互联网的电子商务同样在迅速发展当中，正当中国的零售商面临越来越多的电子商务带来的市场份额流失威胁时，基于移动终端的电子商务对于阿里巴巴、京东商城等电子商务大佬是一场革命。无论是阿里巴巴还是京东商城，这些中国的电子商务巨头都把移动终端的商务看成了下一个金矿。不管是智能手机还是 iPad，或是未来出现的智能电视等各种类型的智能终端，在不断方便客户进行网购的同时，它们也在悄然改变网购的行为方式。

在出版了畅销书《决战第三屏》后，作者查克·马丁转而开始研究移动电子商务的问题，他在《决胜移动终端》这本书中提出了移动影响力这个概念。他认为移动终端的不断发展不但使得人们越来越多地使用移动终端购物，同时也在不断改变购物者的行为方式，并给商家带来了很多商机。

他提出了移动购物生命周期的概念，将这个周期分成了若干个阶段，认为在每个阶段都存在大量的商机。在这本书中他描述了大量公司在这方面的作为，从比较知名的 Foursquare 在签到商业化的探索到 Ruelala 等传统企业在电子商务的尝试，从拉丁美洲银行业的街枚疾走到不太为国内业内所知的 Mogreet，V&D 的创新，移动方面的探索者在不断改变着移动领域的疆界。而商家的工具箱将变得越来越大，二维码、彩信等小工具都可以用来为个性化的服务于客户做出贡献。移动购物用户的购物方式和支付方式的不断变化并不意味着传统零售商的消亡，传统零售商同样可以利用移动终端的力量对自身进行改造，而移动购物用户的福利最终会得到提高。

今天的世界已经被技术的力量深刻地改变，所有的行业都是如此，而商业只是冰山一角。从移动影响力的概念来看，笔者认为移动终端带来的影响一方面是无处不在的购买行为，即消费者可以在每个地方发出购买请求；另一方面消费者和商家的行为方式都会变得更加专业化和个性化。今天的商家面对的是前所未有的专业化的消费者，因此信息不对等的现象将会大幅度减少，而商家的服务方式也将变得越来越个性化。中国的电子商务企业目前已经在世界范围内取得了很大成绩，阿里巴巴的 2013 年“双十一”一天内销售额过百亿的壮举犹在眼前。而来自国外的经验当可以为中国的电子商务企业提供一些帮助，为精细化运营和更好的服务客户提供一些启示。

作为一个在电信运营商工作，同时在投行有过工作经历的人员，笔者一直对 TMT 行业有着浓厚的兴趣，也在各类媒体发表了不少拙见，对于各类媒体的厚爱，笔者深感幸运和惭愧。对于互联网企业，虽然阅读过大量的文章，但由于没有相关从业经验，总觉得还是有不够有切身体会的感觉。但是相对于电信业强调流程化集中化的风格来说，互联网作为建立在基础通信网络上的虚拟网络，具有广阔的融合性和创新性，未来的信息产业将会由于物联网、大数据、可穿戴设备等新元素而变得更加丰富多彩。而翻译这本书本身对于我而言就是一个深入学习和思考的过程。作为第一次翻译书的译者，笔者也庆幸有这样的机会能够翻译作者查克·马丁的这本书。感谢湛庐文化的信任，感谢湛庐文化编辑的耐心帮助。笔者同样要感谢家人的支持和帮助，感谢谢翠云老师、周明、杨朔、胡涛、彭江辉、龚关、向丽霖、贺琴、黄窑芳等师友在翻译过程提供的帮助，感谢领导和同事的帮助和支持，感谢生命中的经历、挫折和缘分。同时谢谢移动研究院院长黄晓庆博士拨冗为这本书写了推荐语。

翻译是一个有苦有乐的过程，在这个过程中译者体会到了和写作不尽相同的感觉，度过了很多深夜独自面对电脑的日子。而在这段时间笔者的心境沉浮和现实境遇的变迁伴随着翻译进度的不断完成。夏去秋来，寒暑交替，时间的步伐越来越快，曾经觉得遥不可及的目标也一步步接近完成。当我每次翻译疲惫时看看窗外深沉厚重如同一望无尽的时间的黑夜，总是觉得一切深沉得像一个巨大的谜语。笔者想用一句小说《基督山伯爵》的结束语作为这篇文章的结束，“人类的一切智慧就包含在这四个字里面：‘等待’和‘希望’”。

湛庐，与思想有关……

如何阅读商业图书

商业图书与其他类型的图书，由于阅读目的和方式的不同，因此有其特定的阅读原则和阅读方法，先从一本书开始尝试，再熟练应用。

阅读原则1 二八原则

对商业图书来说，80%的精华价值可能仅占20%的页码。要根据自己的阅读能力，进行阅读时间的分配。

阅读原则2 集中优势精力原则

在一个特定的时间段内，集中突破20%的精华内容。也可以在一个时间段内，集中攻克一个主题的阅读。

阅读原则3 递进原则

高效率的阅读并不一定要按照页码顺序展开，可以挑选自己感兴趣的部分阅读，再从兴趣点扩展到其他部分。阅读商业图书切忌贪多，从一个小主题开始，先培养自己的阅读能力，了解文字风格、观点阐述以及案例描述的方法，目的在于对方法的掌握，这才是最重要的。

阅读原则4 好为人师原则

在朋友圈中主导、控制话题，引导话题向自己设计的方向去发展，可以让读书收获更加扎实、实用、有效。

阅读方法与阅读习惯的养成

（1）回想。阅读商业图书常常不会一口气读完，第二次拿起书时，至少用15分钟回想上次阅读的内容，不要翻看，实在想不起来再翻看。严格训练自己，一定要回想，坚持50次，会逐渐养成习惯。

（2）做笔记。不要试图让笔记具有很强的逻辑性和系统性，不需要有深刻的见解和思想，只要是文字，就是对大脑的锻炼。在空白处多写多画，随笔、符号、涂色、书签、便签、折页，甚至拆书都可以。

（3）读后感和PPT。坚持写读后感可以大幅度提高阅读能力，做PPT可以提高逻辑分析能力。从写读后感开始，写上5篇以后，再尝试做PPT。连续做上5个PPT，再重复写三次读后感。如此坚持，阅读能力将会大幅度提高。

（4）思想的超越。要养成上述阅读习惯，通常需要6个月的严格训练，至少完成4本书的阅读。你会慢慢发现，自己的思想开始跳脱出来，开始有了超越作者的感觉。比拟作者、超越作者、试图凌驾于作者之上思考问题，是阅读能力提高的必然结果。

好的方法其实很简单，难就难在执行。需要毅力、执著、长期的坚持，从而养成习惯。用心学习，就会得到心的改变、思想的改变。阅读，与思想有关。

［特别感谢：营销及销售行为专家 孙路弘 智慧支持！］

我们出版的所有图书，封底和前勒口都有“湛庐文化”的标志

并归于两个品牌

找“小红帽”

为了便于读者在浩如烟海的书架陈列中清楚地找到湛庐，我们在每本图书的封面左上角，以及书脊上部 47mm 处，以红色作为标记——称之为 **“小红帽”**。同时，封面左上角标记 **“湛庐文化 Slogan”**，书脊上标记 **“湛庐文化 Logo”**，且下方标注图书所属品牌。

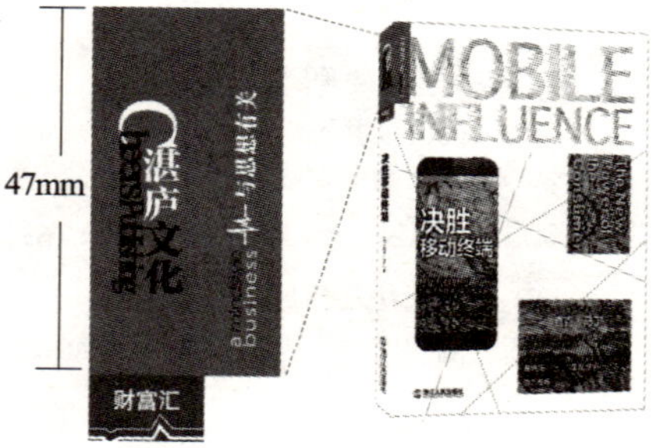

湛庐文化主力打造两个品牌：**财富汇**，致力于为商界人士提供国内外优秀的经济管理类图书；**心视界**，旨在通过心理学大师、心灵导师的专业指导为读者提供改善生活和心境的通路。

阅读的最大成本

读者在选购图书的时候，往往把成本支出的焦点放在书价上，其实不然。

时间才是读者付出的最大阅读成本。

阅读的时间成本=选择花费的时间+阅读花费的时间+误读浪费的时间

湛庐希望成为一个“与思想有关”的组织，成为中国与世界思想交汇的聚集地。通过我们的工作和努力，潜移默化地改变中国人、商业组织的思维方式，与世界先进的理念接轨，帮助国内的企业和经理人，融入世界，这是我们的使命和价值。

我们知道，这项工作就像跑马拉松，是极其漫长和艰苦的。但是我们有决心和毅力去不断推动，在朝着我们目标前进的道路上，所有人都是同行者和推动者。希望更多的专家、学者、读者一起来加入我们的队伍，在当下改变未来。

湛庐文化 Cheers Publishing
a mindstyle business 与思想有关

湛庐文化2008-2012年获奖书目

《正能量》
《新智囊》2012年经管类十大图书，京东2012好书榜年度新书。
35年职业经理人养成心得，写给有追求的职场人。
聆听总裁的职场故事，发掘自己与生俱来的正能量。

《牛奶可乐经济学》
国家图书馆“第四届文津奖”十本获奖图书之一，唯一获奖的商业类图书。
搜狐、《第一财经日报》2008年十本最佳商业图书。
用经济学的眼光看待生活和工作，体验作为“经济学家”的美妙之处。

《清单革命》
《中国图书商报》商业类十大好书。
全球思想家正在读的20本书之一。
一场应对复杂世界的观念变革，一部捍卫安全与正确的实践宣言。

《大而不倒》
《金融时报》·高盛2010年度最佳商业图书入选作品。
美国《外交政策》杂志评选的全球思想家正在阅读的20本书之一。
蓝狮子·新浪2010年度十大最佳商业图书，《智囊悦读》2010年度十大最具价值经管图书。
一部金融界的《2012》，一部丹·布朗式的鸿篇巨制。

《金融之王》
《金融时报》·高盛2010年度最佳商业图书。
蓝狮子2011年度十大最佳商业图书，《第一财经日报》2011年度十大金融投资书籍。
一部优美的人物传记，一部独特视角的经济金融史。

《快乐竞争力》
蓝狮子2012年度十大最佳商业图书。
赢得优势的7个积极心理学法则，全美10大幸福企业“幸福感”培训专用书。

《大客户销售》
蓝狮子·新营销2012最佳营销商业图书。
著名营销及销售行为专家孙路弘最新作品，一本提升大客户销售能力的实战秘笈。

《自营销》
百道网2013年度潜力新书。
全球最具创意广告公司CP+B掌门人的洞见之作，让好产品和好营销同唱一首歌。

《认知盈余》
2011年度和讯华文财经图书大奖。
看“互联网革命最伟大的思考者”克莱·舍基如何开启无组织的时间力量。
看自由时间如何成就“有闲”世界，如何引领“有闲”经济与“有闲”商业的未来。

《爆发》
百道网2013年度潜力新书。
大数据时代预见未来的新思维，颠覆《黑天鹅》的惊世之作，揭开人类行为背后隐藏的模式。

《微力无边》
2011年度和讯华文财经图书大奖“最佳装帧设计奖”。
中国最早的社会化媒体营销研究者杜子建首部作品，一部微博前传，半部营销后传。

《神话的力量》
《心理月刊》2011年度最佳图书奖。
在诸神与英雄的世界中发现自我，当代神话学大师约瑟夫·坎贝尔毕生精髓之作。

《真实的幸福》
《职场》2010年度最具阅读价值的10本职场书籍。
积极心理学之父马丁·塞利格曼扛鼎之作。
哈佛最吸引人、最受欢迎的幸福课。

延伸阅读

《大数据时代》

◎ “大数据时代的预言家”维克托·迈尔-舍恩伯格力作。
◎ 迄今为止全世界最好的一本大数据专著。
◎ 国外大数据系统研究的先河之作，一场生活、工作与思维的大变革。

扫码直达本书购买链接

《大数据云图》

◎ 亚马逊、Google、IBM、Facebook、LinkedIn……超过一百家大数据公司的商业法则深度解密。
◎ 教育、医疗、电子、汽车、建筑……十几个行业的成功企业案例全面分享。
◎ 大数据时代商业应用之作，从大数据行业入手，描绘出大数据时代的商业分布。

扫码直达本书购买链接

《企鹅与怪兽》

◎ 合作、共享与创新的巅峰之作。
◎ 继《人人时代》《认知盈余》后最值得关注的作品。
◎ 哈佛大学伯克曼互联网与社会研究中心主任、哈佛大学教授、著名互联网思想家尤查·本科勒最新力作。

扫码直达本书购买链接

《孵化 TWITTER》

◎国内首部源自真实采访的 Twitter 成长史。
◎一个关于金钱，权力，友谊，背叛的真实故事。

扫码直达本书购买链接

Mobile influence:the new power of the consumer

ISBN: 978-1-137-27850-0

图书在版编目（CIP）数据

决胜移动终端：移动互联时代影响消费者决策的 6 大关键 /（美）马丁著；向坤译 .—杭州：浙江人民出版社，2014.1

ISBN 978-7-213-05863-9

Ⅰ . 决… Ⅱ . ①马… ②向… Ⅲ . ①网络营销 Ⅳ . ① F713.36

中国版本图书馆 CIP 数据核字（2013）第 267583 号

浙江省版权局
著作权合同登记章
图字：11-2013-228 号

上架指导：移动互联网 / 网络趋势

决胜移动终端：移动互联时代影响消费者决策的6大关键

作　　者：[美] 查克·马丁　著
译　　者：向　坤　译
出版发行：浙江人民出版社（杭州体育场路 347 号　邮编　310006）
市场部电话：（0571）85061682　85176516
集团网址：浙江出版联合集团　http://www.zjcb.com
责任编辑：金　纪
责任校对：张志疆　张谷年　姚建国
印　　刷：藁城市京瑞印刷有限公司
开　　本：720 mm × 965 mm 1/16　　**印　　张**：17.25
字　　数：21.6 万　　**插　　页**：3
版　　次：2014 年 1 月第 1 版　　**印　　次**：2014 年 1 月第 3 次印刷
书　　号：ISBN 978-7-213-05863-9
定　　价：52.90 元

如发现印装质量问题，影响阅读，请与市场部联系调换。